Mirko Broll
Eva Fleischmann (Hg.)

Handeln in einer schlechten Welt

Zur Kritik im Handgemenge

IfS

Aus der Reihe 3

BERTZ + FISCHER

Inhalt

Handeln in einer schlechten Welt

Kritik und Praxis

Kritik der Praxis

Handeln in einer schlechten Welt
Zur Einleitung

Mirko Broll und Eva Fleischmann

> »Herzustellen wäre ein Bewußtsein von Theorie und Praxis, das beide weder so trennt, daß Theorie ohnmächtig würde und Praxis willkürlich; noch Theorie durch den [...] urbürgerlichen Primat der praktischen Vernunft bricht.« (Adorno 2003: 761)

> »Wir meinen mit Praxis wirklich, daß man mit dem Gedanken, daß die Welt sich von Grund auf ändern müsse, ernst macht. Das muß sich sowohl im Denken wie im Tun zeigen.« (Horkheimer in Horkheimer und Adorno 1996: 61)

Zwei Ereignisse aus der Geschichte der Kritischen Theorie jährten sich 2023 zum hundertsten Mal.[1] Zum einen wurde 1923 das Institut für Sozialforschung (IfS) in Frankfurt am Main gegründet,[2] zum anderen wurde im selben Jahr – als erstes Theorieseminar des neu gegründeten Instituts – die erste *Marxistische Arbeitswoche* (MAW) ausgerichtet.[3] Beide Ereignisse verweisen auf die diesem Sammelband zugrundeliegende Thematik: das Verhältnis von gesellschaftskritischer Theorie und Praxis im Angesicht gesellschaftlich unhaltbarer Zustände.

In seiner Anfangszeit stand das IfS in einer engen Verbindung zum politischen Marxismus. Das Ziel der Institutsgründung war es, diesem eine »akademische Heimstätte« (Felix Weil; zit. in Erazo Heufelder 2017: 24) zu schaffen. Zu den frühen Beschäftigungsfeldern des IfS gehörten etwa die Herausgabe der ersten Marx-Engels-Gesamtausgabe, eine Zeitschrift zur Geschichte des Sozialismus und der Arbeiterbewegung sowie eigene Forschungstätigkeiten zur Kritik der politischen Ökonomie. Mit dem Antritt Max Horkheimers als Institutsdirektor im Jahr 1931 begann sich dann langsam jene spezifische Denktradition herauszukristallisieren, die in innovativer Weise den Marx'schen Materialismus mit der Freud'schen Psychoanalyse verband, sowie mit den Mitteln der Sozialphilosophie ein interdisziplinäres Programm der gesellschaftskritischen Sozialforschung entwarf. Spätestens seit Horkheimers programmatischem Aufsatz aus dem Jahr 1937 steht das IfS für *den* Ort Kritischer Theorie. Diese, so Horkheimer, zielt »nirgends bloß auf Vermehrung des Wissens als solchen ab, sondern auf die Emanzipation des Menschen aus versklavenden Verhältnissen« (Horkheimer 2009: 219). Durch diesen Emanzipationsanspruch, der ex negativo – in der bestimmten Negation der Herrschaftsverhältnisse und nicht in der Beschreibung revolutionärer, umwälzender Praxis – vermittelt ist, unterscheidet sich die Kritische Theorie wesentlich von der traditionellen Wissensproduktion. Sie ist nämlich »nicht nur eine intellektuelle Tradition, die eine spezifische Methode artikuliert; sie hat auch einen bestimmten praktischen und politischen *Zweck*, nämlich Emanzipation« (Allen 2023: 20).

An der Unhaltbarkeit gesellschaftlicher Verhältnisse und der Notwendigkeit von deren Überwindung hat sich seit der ersten *Marxistischen Arbeitswoche* und der Gründung des IfS vor 100 Jahren wenig geändert, wenngleich die spezifischen gesellschaftlichen Bedingungen heute andere sind als damals. Massive Erschütterungen durchziehen die Welt des 21. Jahrhunderts und treffen zunehmend auch die kapitalistischen Zentren. Mittlerweile bestimmen ökonomische Verwerfungen und Prekarität das Leben großer Bevölkerungsteile und die digitale Revolutionierung sämtlicher gesellschaftlicher Lebensbereiche trägt eher zur Verschärfung dieser Tendenz als zur Entlastung der Arbeitenden bei. Gleichzeitig werden wir Zeugen eines globalen Aufstiegs von Rechtsautoritarismus, Antisemitismus und Neofaschismus, dem keine nennenswerte antifaschistische Gegenbewegung gegenübersteht. Vielerorts herrscht Krieg, Millionen Menschen sind weltweit auf der Flucht und werden durch eine militarisierte Grenz- und Abschottungspolitik brutal bekämpft. Derweil nimmt die Klimakrise an Fahrt auf und nichts deutet darauf hin, dass der ökologischen Verwüstung Einhalt geboten würde. Diese krisenhafte Zuspitzung von gesellschaftlichen Verhältnissen ist strukturell mit der politischen Ökonomie des Kapitalismus verbunden.

In der gegenwärtigen Krisendynamik stellt sich die Frage nach verändernder Praxis in einer dringlichen Weise. Dass es nicht anders wird, obwohl es anders werden müsste, gibt Anlass für diesen Band. Praktische Kritik an den unhaltbaren Zuständen wird tagtäglich geleistet. Sei es auf der Arbeit, im Alltag, in der Akademie oder in den Feldern des politischen Aktivismus: *den* Ort der Kritik gibt es nicht. Von einigen politischen Versuchen, die bestehenden Verhältnisse herauszufordern, und ihrem Verhältnis zur kritischen Gesellschaftstheorie, erzählt dieses Buch. Es wird deutlich: Theorie und Praxis können sich beeinflussen, befördern und behindern. Der Streit um die ›richtige‹ Praxis ist nicht immer produktiv und oft frustrierend. Soll kritische Gesellschaftstheorie praktisch werden, muss sie beweglich bleiben, sich irritieren lassen und sich immer wieder der Selbstbefragung unterziehen. Sie ist schonungslos gegenüber den gesellschaftlichen Verhältnissen wie gegenüber sich selbst.

Die Frage, die uns in diesem Band maßgeblich beschäftigt, entspringt den laufenden Debatten am Institut für Sozialforschung (IfS 2023a: 13 f.): »*Inwiefern und in welcher Weise vermögen Kritische Gesellschaftstheorie und Sozialforschung*«, fragt das IfS in seinem kollektiv erarbeiteten Perspektivenpapier, soziale Praktiken und politische Kämpfe »*befördern*«, die »dem ›Weiter so‹ kapitalistischer Reproduktion auf je eigene Weise in emanzipatorischer Absicht« entgegentreten?

»Scheitern, wieder scheitern, besser scheitern« (Samuel Beckett). Theorie und Praxis heute

Der Einspruch gegen das Bestehende gehört seit eh und je zum guten Ton der Kritischen Theorie; er drückt mit dem Anspruch der Abschaffung aller Zwangsverhältnisse und der Überwindung nicht notwendigen Leidens deren Selbstverständnis aus. Dass die Kritische Theorie deswegen eine unproblematische Beziehung zur praktischen Gesellschaftskritik hätte, wird man allerdings nicht behaupten können. Zwar verstand sich das IfS in seiner Gründungsphase »als intellektueller Begleiter, wenn nicht sogar als aktiver Teil einer politischen Emanzipationsbewegung, als wissenschaftlicher Akteur einer Kritik von gesellschaftlichen Verhältnissen, die systematisch Ausbeutung und Entfremdung, Verdinglichung und vermeidbares Leid produzieren« (IfS 2023a: 4). Aber diese frühe, emphatische Bezugnahme auf praktische Gesellschaftskritik wich relativ bald einem von Distanz geprägten, gebrochenen Verhältnis.

Die Erfahrung des Ersten Weltkrieges, das Ausbleiben der proletarischen Revolution 1918/1919 und das Scheitern der Arbeiter:innenbewegung, die Stalinisierung der Sowjetunion sowie die Erfahrung des aufziehenden Nationalsozialismus, der viele Institutsangehörige in die Flucht und das IfS ins (erst schweizerische, dann amerikanische) Exil zwang, gaben allen Grund, die Hoffnung auf eine Versöhnung von Theorie und Praxis im Sinne einer gesellschaftlichen Emanzipationsbewegung wenn nicht ganz aufzugeben, so doch mindestens zu vertagen. Das Bewusstsein über die Möglichkeit eines Dissenses zwischen Theorie und Praxis und der reaktionären Aufhebung der Verhältnisse war fortan im Denken der Kritischen Theorie fest verankert.

Der marxistische Historiker Perry Anderson (2023) hat in seiner erstmals 1976 erschienenen kanonischen Abhandlung *Über den westlichen Marxismus* beschrieben, wie dieser, zu dem sowohl die meisten Teilnehmer:innen der ersten *Marxistischen Arbeitswoche* als auch das Institut für Sozialforschung gezählt werden, in der historischen Situation entstanden war und wie in ihm die Trennung der vermeintlichen Einheit von Theorie und Praxis vollzogen worden ist. Die Kritische Theorie als eine Strömung im westlichen Marxismus[4] zeichne sich durch eine »Zurückhaltung« (ebd.: 82) bei politischen (und ökonomischen) Problemen und eine inhaltliche Hinwendung zur Ideologie- und Kulturkritik aus. Kurzum: In ihr fielen Theorie und Praxis auseinander. Das Primat der revolutionären Einheit von Theorie und Praxis, wie es der klassische Marxismus postuliert hat, verliere in seiner »westlichen« Spielart an Bedeutung. Vor allem nach der Rückkehr aus dem amerikanischen Exil habe das IfS »jede Verbindung zur sozialistischen Praxis« (ebd.: 44) aufgekündigt. Auch wenn Anderson die institutionelle Abspaltung von der revolutionären Praxis im westlichen Marxismus als Produkt der gesellschaftlichen Kräfteverhältnisse jener Zeit, als »Resultat einer *Niederlage*« (ebd.: 52) beschreibt, ist sein Text im Wesentlichen eine Abrechnung mit dem westlichen Marxismus und als polemischer Vorwurf hinsichtlich dessen vermeintlicher Praxisferne formuliert (und rezipiert) worden (Lessenich 2023: 131).

Dem Vorwurf sind mindestens zwei Aspekte entgegenzuhalten. Zum einen handelt es sich bei dem theoretischen und institutionellen Abstand, den die ältere Kritische Theorie zur Praxis eingenommen hat, nicht um eine aktive Distanzierung von der Praxis. Im Gegenteil: »Wir haben nicht die Praxis verlassen, sondern die Praxis hat uns verlassen«, beschreibt Leo Löwenthal (1980: 79) in einem autobiografischen Gespräch aus dem Jahr 1979 nachträglich den politischen Entstehungskontext des Instituts für Sozialforschung in Hinblick auf die immer autoritärer werdende Sowjetunion und den historischen Aufstieg des Nationalsozialismus, der massenhaft von Arbeiter:innen getragen wurde. Mehr noch war das Auseinanderfallen von Theorie und Praxis der Ausgangspunkt der Reflexion, Revision und Weiterentwicklung marxistischer Theorie – kein Verrat an dieser, wie es von Anderson nahegelegt wird. Anders formuliert: Die Kritische Theorie ist eine intellektuelle Reaktion auf das Scheitern der revolutionären Praxis.

Zum anderen hat Anderson, wenn er von Praxis spricht, streng orthodox ausschließlich die proletarische Massenbewegung vor Augen und klammert andere Emanzipationsbewegungen, etwa die feministischen Bewegungen oder die sozialen Kämpfe von Migrant:innen, die vor allem in der zweiten Hälfte des 20. Jahrhunderts relevant wurden und dem westlichen Marxismus (vor allem in Frankreich und Italien) mitunter nahestanden, systematisch aus (Lessenich 2023: 132): »ein guter Teil jener Praktiken, die für eine Revolutionierung der gesellschaftlichen Verhältnisse infrage kämen, geriet ihm gar nicht in den Blick« (ebd.: 136).[5]

In der Geschichte der Kritischen Theorie ging es immer auch um eine Bestimmung des Verhältnisses zwischen Theorie und politischen bzw. sozialen Bewegungen mit emanzipatorischem Anspruch.[6] Von diesem niemals konfliktfreien Theorie-Praxis-Verhältnis handeln die Beiträge in diesem Buch, ebenso wie von der Frage, wie Theorie und Praxis heute in eine »dynamische Einheit« (Horkheimer 2021: 42) treten können. Denn dass dieses Verhältnis von Wechselwirkungen und Spannungen gekennzeichnet ist, zeigt sich damals wie heute. Der vorliegende Band lotet Nähe und Distanz von Theorie und Praxis vor dem Hintergrund der gegenwärtigen Krisenkonstellation aus, um so die Möglichkeiten und Grenzen einer praktisch werdenden

Gesellschaftskritik heute zu untersuchen. Um die Idee einer dynamischen Einheit von Theorie und Praxis zu fassen und das Spannungsverhältnis von verschiedenen Blickwinkeln her auszuloten, nähern wir uns mit einem zunächst weit gefassten Begriff der Kritik. Unter ›Kritik‹ fassen wir heuristisch auf der einen Seite die K/kritische Theorie der Gesellschaft, auf der anderen die praktische Infragestellung der bestehenden Verhältnisse durch soziale Bewegungen und Kämpfe.[7] Der Sammelband erkundet Vermittlungsmomente und Brüche zwischen diesen beiden Feldern der Kritik und systematisiert Konstellationen von Theorie und Praxis, die die Autor:innen an Phänomenen der historischen oder gegenwärtigen empirischen Wirklichkeit untersuchen. Theorie, so zeigen die Beiträge, kann sich dabei vorantreibend bzw. gestaltend (*Praxis der Kritik*), dynamisierend (*Praxis und Kritik*) und reflektierend (*Kritik der Praxis*) ins Verhältnis zur Praxis setzen.

Handeln in einer schlechten Welt

Der Titel des Bandes schließt an Geoffroy de Lagasneries *Denken in einer schlechten Welt* (2017) an (siehe dazu auch das Interview in diesem Band). Er beschreibt darin ein Verständnis von Sozialforschung, welches er als oppositionell bezeichnet und von affirmativer Sozialforschung abgrenzt. Oppositionelle Sozialforschung nimmt die »Negativität und Falschheit« (Lagasnerie 2018: 67) der Welt zum Ausgangspunkt. Es gehe nicht nur darum, die Gesellschaft zu begreifen, sondern auch Herrschaftsverhältnisse zu hinterfragen und »Gewalt und Repression« freizulegen (ebd.: 59). Eine Sozialforschung, die sich in einer »schlechten Welt« auf den Standpunkt der Neutralität zurückziehe, affirmiere das Bestehende. Jede vermeintlich objektivierte Nicht-Positionierung ist damit eine positive Positionierung gegenüber den Verhältnissen.

Lagasnerie schließt in diesem Gedanken an Horkheimers programmatische Unterscheidung von traditioneller und kritischer Theorie an. Der Rückzug auf den Standpunkt der vermeintlichen Neutralität ist die Haltung der traditionellen Sozialwissenschaft und Theoriebildung (vgl. Horkheimer 2021). Aufgabe kritischer Sozialwissenschaft sei es hingegen, oppositionelles Wissen zu schaffen: »Sie definiert sich als Infragestellung von Ideologien, Institutionen und gesellschaftlichen Rahmenstrukturen. Die soziale Welt zu objektivieren heißt das zu objektivieren, was in ihr nicht in Ordnung ist, sowie die Gründe dafür« (Lagasnerie 2018: 61). Kritische Theorie kann damit »als Moment einer auf neue gesellschaftliche Formen abzielenden Praxis« (Horkheimer 2021: 43) gedacht werden.

Für die Fragestellung des Bandes als relevant erweisen sich unterschiedliche Zugriffe, die das Verhältnis von kritischer Theorie und Praxis ausloten. Geoffroy de Lagasnerie, Sarah Speck und Stephan Lessenich, die wir für diesen Sammelband interviewt haben, setzen sich auf je eigene Weise mit dem Zusammenhang zwischen dem gesellschaftskritischen »Handeln in einer schlechten Welt« und kritisch-intellektueller Arbeit auseinander und sind mit ihrer jeweiligen Perspektive instruktiv für das Thema des Bandes.

Für »Kämpfe Partei zu ergreifen« bedeutet für Geoffroy de Lagasnerie (2018: 77), »für ein Mehr an Bewusstsein und somit an Wissen einzutreten«, das über das alltagsweltliche Wissen der Akteure der Kritik hinausgeht. Dazu gehört auch, diese mit den Widersprüchen und Ambivalenzen ihrer eigenen Praxis zu konfrontieren und auf deren Fallstricke hinzuweisen. Parteiisch zu sein meint hier keineswegs, die wissenschaftliche Position zu verlassen und »für eine Auflösung des Intellektuellen in sozialen Bewegungen zu plädieren oder den Unterschied zwischen Wissen und spontanen Meinungen zu leugnen« (ebd.: 104). Vielmehr gilt es, die Beziehung zu oppositionellen sozialen Bewegungen bewusst zu gestalten:

> »Die Positionierung als ein Autor, der Teil einer sozialen Bewegung ist, ihr zuhört, mit ihr spricht und Wissen produzieren will, *heißt daher nicht, den Abstand zwischen dem Wissenschaftler und den Aktivisten zu bestreiten, sondern ihn vielmehr zu gestalten.* Es ist genau dieser Unterschied – die Fähigkeit, Dinge zu sehen, an die man spontan nicht denkt –, der es ermöglicht, Wissen hervorzubringen, neue Angriffslinien zu entwerfen und so den Konflikt zu radikalisieren« (ebd. 105 f.).

Stärker noch als Geoffroy de Lagasnerie betont Sarah Speck (2020; sowie das Interview in diesem Band), dass es Teil der bewussten Gestaltung der Beziehung von Theorie und Praxis ist, die Differenz zwischen Aktivismus und Wissenschaft zu bewahren, da ihnen jeweils eigene epistemologische Voraussetzungen sowie unterschiedliche Logiken zugrunde liegen. Die Überlagerung beider Logiken könne Erkenntnismöglichkeiten beschränken, ebenso wie die rein strategische Indienstnahme von kritischer Wissenschaft für politische Anliegen. Kritische Theorie müsse dementsprechend auch (oder vielmehr: gerade) die subjektiven Aussagen und Deutungen kritisch befragen, die in der alltäglichen oder politischen Praxis von den ›Akteuren der Kritik‹ zum Ausdruck gebracht werden. Eine kritische Forschungspraxis müsste diesem Verständnis nach latente Widersprüche und Konflikte empirisch herausarbeiten und begrifflich objektivieren. »Allein die ›Sicht der Unterdrückten‹ einzunehmen, [...] vermag die Komplexität von Herrschaft und die Beteiligung der Beherrschten an der Aufrechterhaltung der Ordnung [...] theoretisch nicht zu erfassen« (Speck 2020: 99 f.). Nur so können auch der Praxis innewohnende widersprüchliche Tendenzen identifiziert werden.[8]

Stephan Lessenich wiederum versucht eine Verbindung von kritischer Theorie und Praxis, die weder die Differenz von Wissenschaft und Aktivismus auflösen möchte, noch sie als zwei voneinander getrennte Sphären setzt, die sich höchstens wechselseitig beeinflussen können. Im Vordergrund steht eine kooperative Wissensgenerierung über systemische und epistemologische Grenzen hinweg, die die Veränderung der gesellschaftlichen Verhältnisse zum Ziel hat. Zusammenfassend lässt sich dies, wie Stephan Lessenich (2014) in Rekurs auf Luc Boltanski vorschlägt, als Doppelbewegung einer ›kritischen Soziologie der Kritik‹ konzeptualisieren:

> »Eine kritische Soziologie der Gegenwartsgesellschaft hat […] dem programmatischen Anliegen der Soziologie der Gesellschaftskritik zu folgen, ›sich den kritischen Aktivitäten der Akteure anzuschließen und sie zu unterstützen‹ – dabei aber neben dem Fehler einer intellektuellen ›Distanz gegenüber den von den Akteuren in den Alltagssituationen entfalteten kritischen Fähigkeiten‹ auch jenen einer übermäßigen emotionalen Nähe zu den Akteuren und ihren gewissermaßen antikritischen Praktiken zu vermeiden.« (Ebd.: 22)

Eine kritische Soziologie der Kritik beobachtet und beschreibt einerseits die soziale Praxis der Kritik, wie sie von gesellschaftlichen Akteuren alltäglich und politisch umgesetzt wird.[9] Andererseits hat eine kritische Soziologie der Kritik die Aufgabe, Widersprüche, Probleme sowie Momente der Wirkungslosigkeit dieser praktischen Gesellschaftskritik zu analysieren. Zusammengenommen geht es der kritischen Soziologie der Kritik um »eine umfassende, über die Kritik der sozialen Praxis vermittelte Kritik gesellschaftlicher Verhältnisse« (ebd.), wozu auch folgende Fragen gehören: Warum kommt es trotz massenhaft praktizierter Gesellschaftskritik nicht zur umfassenden Transformation des Bestehenden? Wer oder was verhindert gesellschaftliche Veränderung? Da immer die Gefahr einer Nutzbarmachung und Einverleibung von Kritik in die Funktionalität des Systems besteht (vgl. Boltanski und Chiapello 2003), muss sich kritische Sozialforschung dementsprechend immer auch selbst zum Gegenstand machen und schonungslos kritisch und radikal sich selbst gegenüber sein, sowohl hinsichtlich ihrer Inhalte wie auch deren potenzieller Folgen.

Im Sinne dieser Perspektiven diskutieren die Beiträge des vorliegenden Bandes das Verhältnis von kritischer Gesellschaftstheorie und gesellschaftsverändernder Praxis entlang der Frage, wie diese sich wechselseitig stärken und in eine kritisch-solidarische Beziehung setzen lassen. Das Verhältnis von Theorie und Praxis verstehen wir mit Robin Mohan (in diesem Band) als »Dialog mit wechselseitigem Aufklärungseffekt«. Ziel des Sammelbandes ist es, das Augenmerk unter den gegebenen Umständen einmal mehr darauf zu richten, dass Kritik weder allein im stillen Kämmerlein noch unmittelbar auf der Straße, sondern »im *Handgemenge*« (Marx 1981: 381) gedeiht. Kritische Gesellschaftstheorie kann als Korrektiv politische Praxis schärfen, so dass sie ihren Ansprüchen gerecht wird. Zugleich aber muss sie, um auf Höhe ihrer Zeit zu bleiben, die vielfältigen Kämpfe gegen herrschende Verhältnisse im Blick behalten. So wird die eigene Perspektive kritisch reflektiert und neu justiert, die Theorie bleibt damit offen, beweglich. Es wird zudem deutlich, inwiefern kollektive Praxis bestehende Zusammenhänge überschreiten kann.

***

Um das Verhältnis zwischen Theorie und Praxis zu bestimmen, erweisen sich drei diesen Band strukturierende Dimensionen als sinnvoll: In der ersten Rubrik *Praxis der Kritik* steht die kritisch-intellektuelle Arbeit im Mittelpunkt, die radikal über das Bestehende hinausweist. Hier kommt der Theorie eine die Praxis vorantreibende Funktion zu. Mittels wissenschaftlicher Erkenntnisse sollen emanzipatorische Perspektiven entwickelt und grundlegende Veränderungen angestoßen werden. In der zweiten Rubrik *Praxis und Kritik* werden Beiträge versammelt, in denen sich Praxis und Kritik wechselseitig inspirieren, durchdringen und im steten Austausch stehen. Hier werden Praxis und Kritik in ein dynamisierendes Wechselverhältnis gebracht, wodurch sowohl die Theoriebildung wie auch die konkreten Praktiken weiterentwickelt werden. In der dritten Rubrik *Kritik der Praxis* finden sich Beiträge, die Praktiken mit emanzipatorischem Anspruch reflektieren, um so die inhärenten Widersprüche und Limitationen aufzuzeigen, ihnen zu begegnen und die Praxis auf dieser Grundlage weiterzuentwickeln.

Den Rubriken vorangestellt ist der grundlegende Beitrag »Das Theorie-Praxis-Problem« von *Robin Mohan,* der eine konzeptionelle Rahmung für den Sammelband vorschlägt. Er benennt vier Orientierungspunkte für eine gelingende Vermittlung von Theorie und Praxis und ein gesellschaftstheoretisch informiertes Handeln: Erstens müsse die Vermittlung darin bestehen, die jeweilige Praxis in Bezug auf die kapitalistische Totalität zu kontextualisieren und damit auch ihre Widersprüchlichkeit zu begreifen (Totalitätsbezug). Zweitens seien die Praxis und ihr Bezugsproblem in ihrer jeweiligen Genese zu historisieren (Geschichtsbezug). Drittens habe eine kritische Theorie der Praxis die realutopischen Potenziale der emanzipatorischen Veränderung aufzuzeigen (Potenzialanalyse). Viertens könnten Theorie und Praxis über das Moment der Strategie als eine Art Scharnier in Vermittlung gebracht werden (Strategiebezug). Diese Orientierungspunkte, so Mohan, können dabei behilflich sein, dass »das Handeln in einer schlechten Welt nicht zum blinden Aktionismus wird«. Seine Überlegungen zum Verhältnis von kritischer Theorie und emanzipatorischer Praxis veranschaulicht er, um die großen Fragen gleich auf den Boden der realen politischen Auseinandersetzungen zu holen, am Beispiel der Arbeitskämpfe im Charité-Klinikum in Berlin.

Auf diesen einführenden Beitrag folgt die Rubrik, die sich mit der *Praxis der Kritik* befasst. Hier steht die Übersetzung von kritischer Theorie und ihrer Analysen in praktisches Handeln im Mittelpunkt. Im Zuge theoretischer Auseinandersetzung werden gesellschaftliche Verhältnisse grundlegend kritisiert, um Möglichkeiten ihrer Überwindung aufzuzeigen. Die kritisch-theoretische Perspektive ermöglicht eine Problematisierung, die vom konkreten Phänomen abstrahiert, die bestimmenden Verhältnisse in den Mittelpunkt rückt und so die Praxis vorantreibt. Allen Beiträgen dieses Abschnitts ist gemeinsam, dass die theoretisch fundierte Kritik bzw. die kritisch-intellektuelle Arbeit der Wissenschaftler:in und deren Potenzial für Praxis im Fokus steht, und zwar in dem Sinne, als dass sie neue Möglichkeiten und Perspektiven aufzeigen und damit radikal andere Optionen bieten. Durch die theoretische Auseinandersetzung können neue und auch ungewöhnliche Strategien entwickelt werden, die über das Bestehende hinausweisen.

Janina Puder unterbreitet in ihrem Beitrag »Unhaltbare Arbeitsverhältnisse?« einen Vorschlag für die Konzeptualisierung eines marxistischen Überausbeutungsbegriffs, der einen Ansatzpunkt für eine (klassenpolitische) Praxis liefert. Sie fokussiert auf gerinqualifizierte migrantische Arbeitskraft und zeigt an Arbeitsmarktregimen auf, inwiefern sich mittels unterschiedlicher Steuerungsinstrumente, aber auch durch die eigensinnigen Migrationspraktiken unterschiedliche Segmentierungen Lohnabhängiger etablieren: Auf Grundlage dieser empirischen Beobachtung regt sie eine dezidiert theoriegeleitete, empirisch gestützte Auseinandersetzung mit dem Überausbeutungskonzept an. Dass theoretische Begriffsarbeit es ermöglicht, von Einzelfällen zu abstrahieren und den Blick auf größere Zusammenhänge zu richten, ist die zugrunde liegende These dieses Aufsatzes.

Ähnlich argumentiert *Lena Reichardt*. Sie begibt sich in ihrem auf empirischer Forschung basierenden Beitrag an einen zentralen Ort gegenwärtiger gesellschaftlicher Kämpfe: »Die soziale Fabrik«. Ihr Gegenstand ist das Feld der Gesundheitsversorgung, die durch Ökonomisierung und Privatisierung in einer Versorgungskrise ist. In Krankenhäusern organisieren sich Beschäftigte gegen die schlechten Arbeitsbedingungen und die profitförmige Organisation des Pflegealltags. Reichardt analysiert die Streikbewegungen aus einer feministisch-materialistischen Perspektive, deutet diese als feministische Klassenkämpfe und interpretiert den sogenannten Pflegenotstand als Ausdruck des sozialreproduktiven Widerspruchs zwischen sozialer Reproduktion und profitorientierter Produktionsweise im Kapitalismus. Sie zeigt dabei auf, welche politische Bedeutung der Form des Reproduktionsstreiks in feministischen und emanzipatorischen Bewegungen zukommt.

Die Arbeitsbedingungen im Krankenhaus stehen auch im Zentrum des englischsprachigen Beitrags »Fuck the clapping, let's get angry!«. Darin analysiert ein Pflegebeschäftigter, der im *Health Workers United*-Kollektiv in Großbritannien organisiert ist, warum es den Gewerkschaften im Jahr 2021, als eine weitere Reallohnkürzung der Regierung verabschiedet wurde, nicht gelang, mehr als nur ein Viertel ihrer Mitglieder zu mobilisieren. Er führt verschiedene Begründungsstränge an, unter anderem die neoliberale Restrukturierung des Krankenhauses oder die Erfahrungen aus den 1980er Jahren, die deutlich machen, wie und warum Arbeitskämpfe gescheitert sind. Davon ausgehend zeigt der Beitrag auf, inwiefern die Kämpfe in der Pflege nicht nur die Pflege, sondern breite Teile der Gesellschaft betreffen und dementsprechend auch anders organisiert werden könnten. Auch hier werden mittels Theorie Verhältnisse grundlegend kritisiert und Möglichkeiten zu deren qualitativer Veränderung aufgezeigt.

Den Abschluss dieser Rubrik bildet das Interview mit *Geoffroy de Lagasnerie*, in dem er seine Überlegungen zum »›Denken in einer schlechten Welt‹« sowie zur Rolle von kritischen Theoretiker:innen und ihr Verhältnis zu sozialen Bewegungen zuspitzt. Für ihn ist es Aufgabe kritischer Intellektueller, sich in Bewegungen einzumischen, diese kritisch zu hinterfragen und die Veränderung der Verhältnisse theoriegeleitet zu unterstützen. Dabei ist es vor allem die Begriffsarbeit, die eine Radikalisierung der Praxis anregen soll, aber auch die ständige Reflexion der politischen Praxis selbst, die jene befördern soll. Er regt darüber hinaus an, neue Formen der politischen Praxis zu etablieren. Dieses Interview hat also die Praxis der Kritik selbst zum Gegenstand.

In der nachfolgenden Rubrik steht das dynamisierende Wechselspiel zwischen *Kritik und Praxis* im Zentrum. Die Autor:innen der hier versammelten Beiträge sind gleichermaßen involviert in eine konkrete politische Praxis sowie in die kritisch-intellektuelle Arbeit, die die politischen Kämpfe reflektiert. In allen Beiträgen durchdringen sich Theorie und Praxis gegenseitig. Sowohl die Möglichkeiten, wie auch die Grenzen und Widersprüche der Praxis werden hier in die Kritik einbezogen und ernstgenommen; sie werden immerzu im Wechselspiel bearbeitet, da die Autor:innen an der Praxis aktiv teilnehmen, diese aber auch aus theoretischer Perspektive reflektieren. Damit wird sowohl die Theorie wie auch die Praxis wechselseitig geprüft und dementsprechend kooperativ weiterentwickelt.

Im Zentrum von *Jenny Stupkas* Beitrag »Nicht irgendeine Praxis« steht die politische Strategiebildung in sozialen Bewegungen als Moment einer produktiven Vermittlung von Theorie und Praxis. Ausgehend von ihren Erfahrungen in der Berliner Initiative »Deutsche Wohnen & Co. enteignen« (DWE), die sich die Enteignung und Vergesellschaftung großer Wohnungskonzerne auf die Fahnen geschrieben hat, erläutert die Autorin die Bedeutung von Strategie für politische Kämpfe. Sie plädiert für eine strategisch informierte und involvierte kritische Theorie, damit politische Praxis nicht eine beliebige Praxis ist, sondern strategisch geleitetes Handeln, das auf Mittel, Leerstellen, Widersprüche und Kontingenzen der eigenen Praxis reflektiert und so die politische Handlungsfähigkeit und gesellschaftliche Durchsetzungsmacht befördert.

Aus der Innenperspektive des Gewerkschaftsnetzwerkes »tie« beschreiben *Janina Hirth* und *Martin Lechner* in ihrem Aufsatz unter dem Titel »Digitale Transformation aneignen und gestalten« die transnationalen Arbeitskämpfe in der Bekleidungsindustrie (konkret: bei H&M) im Kontext der Digitalisierung. Beide sind kritische Theoretiker:innen und Praktiker:innen in Personalunion und waren an den gewerkschaftlichen Debatten beteiligt. Sie plädieren für ein organisches, strategisches und sich wechselseitig inspirierendes Verhältnis von sozialen Bewegungen und kritischer Theoriebildung und zeigen auf, inwiefern dies einem blinden Aktionismus einerseits und einer Theorie als Selbstzweck andererseits entgegenwirken kann. Auch dieser Aufsatz begibt sich in die Widersprüche der Praxis und lotet diese aktualisierend mit theoretischen Begriffen aus.

Im Beitrag »Zwischen Besetzung und kritischer Intellektualität« von *Gianna Gumgowski, Anton Fromageot* und *Lukas*

Geisler steht die Gleichzeitigkeit von Theorie und Praxis im Zentrum. Ausgehend von der Besetzung eines Hörsaals der Goethe-Universität in Frankfurt durch »End Fossil: Occupy!« im Jahr 2023 und den Umständen der darauffolgenden Räumung beleuchten die Autor:innen die Rolle von kritischen Theoretiker:innen im Staatsapparat und weisen auf deren Handlungsmöglichkeiten wie auch deren Versäumnisse hin. Zudem reflektieren sie die Praxis der Besetzung theoretisch wie praktisch und betonen deren Potenziale für die Theoriebildung. Indem die Ereignisse vor Ort mit theoretischen Analysen verknüpft werden, sollen Impulse zur Reflexion gesetzt und die zukünftige Ausrichtung der politischen Praxis justiert werden.

Die Rubrik schließt unter dem programmatischen Titel »Theoretische Gesellschaftskritik darf die gegenwärtigen Kämpfe nicht aus dem Blick verlieren« mit einem Interview mit *Sarah Speck,* die als Mitglied des Kollegiums am IfS tätig ist und – wie auch fast alle anderen Autor:innen – als Referentin an der *Zweiten Marxistischen Arbeitswoche* beteiligt war. Ausgehend von einer feministisch-materialistischen Auseinandersetzung mit der Omnipräsenz und Brutalisierung geschlechtsbezogener Gewalt zeigt sie auf, inwiefern der Begriff der geschlechtsspezifischen Arbeitsteilung nicht ausreicht, um die Prozesse der vergeschlechtlichten Vergesellschaftung zu untersuchen und die Ko-Konstitutionsprozesse von Arbeit und Geschlecht in unserer Gesellschaft zu verstehen. Aus diesem Grund plädiert sie für den Begriff der geschlechterkonstituierenden Arbeitsteilung. Am Gegenstand zeigt sie, inwiefern die Differenz zwischen Theorie und Praxis – verstanden als unterschiedliche gesellschaftliche Sphären – bewahrt werden sollte, da sie auf verschiedenen epistemologischen Grundlagen operieren und je eigenen Handlungslogiken unterliegen. Zugleich aber betont sie die Verschränkung beider Sphären und die Notwendigkeit des »dialektische[n] Nachdenkens darüber«. Der Theorie kommt der Status eines Korrektivs zu, wohingegen die Empirie überhaupt erst die kritische Reflexion anstößt und auf neue Möglichkeiten verweist.

Die dritte Rubrik fokussiert unter dem Titel *Kritik der Praxis* nun noch einmal im Besonderen auf diese reflektierende Funktion der intellektuellen Arbeit. Die Beiträge haben konkrete empirische Praktiken zum Gegenstand, die einem emanzipatorischen Anspruch folgen. Die Kritik der Praxis geht von bestimmten empirischen Phänomenen aus, weist auf konkrete Grenzen und Ambivalenzen von Praktiken hin und ist in dem Sinne Beispiel für eine sozialwissenschaftliche Kritik von Praxis. Die Autor:innen machen deutlich, inwiefern die konkrete Praxis durch die theoretisch-kritische Arbeit weiterentwickelt werden kann, um dergestalt dem diesen Praktiken immanenten emanzipatorischen Anspruch näherzukommen oder jedenfalls nicht dahinter zurückzufallen. Nur mithilfe der fortwährenden kritischen Reflexion qua begrifflicher Analyse kann die Praxis vorangebracht und verhindert werden, dass sie selbst »früher oder später ein Opfer des Bestehenden wird« (Marcuse 2022: 3).

Der Beitrag »Eine Therapie Sozialen Leidens?« von *Sabine Flick, Ina Braune* und *Alexander Herold* beschäftigt sich mit den Limitationen der psychotherapeutischen Praxis am Beispiel der Behandlung von arbeitsbedingter Erschöpfung in psychosomatischen Akutkliniken. Die Autor:innen führen in das Konzept des Sozialen Leidens ein – verstanden als »eine Form des Leidens, die *aus* gesellschaftlichen Bedingungen hervorgeht und *in* ihnen behandelt wird«. Kritische Theorie kann über die Grenzen des psychotherapeutischen Settings aufklären, da eine individualisierte Behandlung Sozialen Leidens die gesellschaftlichen Anforderungen reproduziere und mitunter an der Stabilisierung des Bestehenden mitwirke. Soll an einem emanzipatorischen Anspruch festgehalten werden, sei es notwendig, sich die strukturierende Macht gesellschaftlicher Verhältnisse im psychotherapeutischen Handeln bewusst zu machen.

Lisa Yashodhara Haller rekonstruiert in ihrem Aufsatz »Wenn die Verhältnisse als unantastbar erscheinen« mittels der Marx'schen Formanalyse die Gründe für die Persistenz einer geschlechtlichen Arbeitsteilung im Anschluss an die Familiengründung und sucht nach Möglichkeiten ihrer Überwindung. Sie konstatiert, dass Kinder in einer kapitalistisch organisierten Welt ein Verwertungshindernis darstellen und dass deshalb das, was als Vereinbarkeitsdilemma skandalisiert wird, der Verwertungslogik struktureigen ist. Die Beharrlichkeit der geschlechtlichen Arbeitsteilung verweist auf die materiellen und institutionellen Bedingungen, wobei die Autorin als Ausweg die kollektive Organisierung setzt.

Der Beitrag von *Christina Engelmann* und *Alexander Kern* beschäftigt sich schließlich unter dem Titel »Wessen Freiheit?« mit dem Verhältnis von Theorie und Praxis im materialistischen Feminismus. In einem historischen Rückblick unterscheiden sie die Frauenbewegung zu Beginn des 20. Jahrhunderts zunächst entlang der Differenzen zwischen der bürgerlichen und der proletarischen Strömung. Sie zeigen dabei auf, inwiefern die jeweiligen theoretischen Analysen unterschiedliche Praxisverständnisse hervorbrachten, die sich auch in konkreten Praktiken niederschlugen. Während die bürgerliche bzw. liberale Frauenbewegung in erster Linie formal-rechtliche Gleichheit forderte, kämpfte die proletarische Frauenbewegung um eine umfassende Emanzipation, die auch die gesellschaftliche Reproduktionsarbeit mit einbezieht. Anhand eines empirischen Beispiels aus der Gegenwart kritisieren die Autor:innen die liberal-feministische Praxis als unzureichend.

Das Interview mit *Stephan Lessenich*, dem aktuellen Direktor des IfS, schließt den Sammelband mit dessen Blick auf das Wechselspiel zwischen Kritik und Praxis. Er beleuchtet das Verhältnis des Instituts zu emanzipatorischen Bewegungen und charakterisiert Kritische Theorie als »Ausdrucksgestalt einer politischen bzw. politisierten Wissenschaft, die nicht anders kann (und nicht anders will), als die irrationale Rationalität [dieser] Vergesellschaftungsform aufzuzeigen und bloßzustellen«. Kritische Theorie, die aufs Ganze zielt, sei in letzter Instanz eine Theorie, der es um eine »Veränderung zum Richtigen« (Horkheimer 2021: 46) geht.

Anmerkungen

1 Wir möchten uns herzlich bei Tobias Heinze und Robin Mohan für wertvolle Hinweise zu diesem Text bedanken. Besonderer Dank gilt Saskia Gränitz, die uns maßgeblich bei der Konzeption des Sammelbandes sowie der Einleitung unterstützt hat.

2 Zur Frühgeschichte des IfS siehe insbesondere Lenhard (2024) und Wiggershaus (1986).

3 Im Mai 1923 fand im heutigen Geraberg im Thüringer Wald die *Marxistische Arbeitswoche* statt, deren Teilnehmer:innen intellektuell an der frühen Ausrichtung des IfS mitwirkten und deren Arbeiten zum Teil bis heute Bezugspunkt Kritischer Theorie sind. Neben Programmpunkten zu Methodenfragen und organisatorischen Fragen der marxistischen Forschung wurden »Behandlungsarten des gegenwärtigen Krisenproblems« diskutiert (vgl. IfS 2023b).

4 Dem westlichen Marxismus werden von Anderson unter anderen auch durchaus divergierende Denker wie Jean-Paul Sartre und Georg Lukács sowie Vertreter des strukturellen Marxismus wie Henri Lefebvre, Antonio Gramsci oder Louis Althusser zugerechnet.

5 So lässt sich etwa nach der Rückkehr des IfS nach Frankfurt eine gewisse Annäherung an die Studentenbewegung der 1960er Jahre feststellen, auch wenn dieses Verhältnis durchaus von wechselseitigem Befremden geprägt war. In der Person Hans-Jürgen Krahls, Schüler Adornos und einer der Vordenker des Sozialistischen Deutschen Studentenbundes (SDS), wird die (neuerliche) Verbindung von Theorie und Praxis verkörpert (vgl. Gerber, Kapfinger und Volz 2022). Nicht ganz ohne Ironie ist dabei die Tatsache, dass Theodor W. Adorno (und Ludwig von Friedeburg) die Beset-

zung des IfS durch Studierende (darunter Krahl) im Januar 1969 von der Polizei räumen ließen. Zwar legt das staatsanwaltschaftliche Protokoll der Vernehmung Adornos nahe, dass dieser versuchte, zwischen Besetzer:innen und Polizei zu vermitteln und er darin aussagte, niemanden von den Student:innen namentlich erinnern zu können (vgl. IfS 2024a). Darüber hinaus versuchte Adorno die Freilassung Krahls aus der Untersuchungshaft durch einen Brief an den Generalbundesanwalt Fritz Bauer zu erwirken. Dennoch wird dieses Ereignis häufig »als Chiffre für eine Entfremdung kritischer Wissenschaft von den politischen Bewegungen der Zeit« (IfS 2024a: 5) gelesen. Der Briefwechsel zwischen Herbert Marcuse und Adorno gibt auch Aufschluss über den Disput zum Verhältnis von Theorie und Praxis *innerhalb* der Kritischen Theorie (vgl. Kraushaar 1998).

6 Anzuführen gegen den Vorwurf der Praxisaversion ist hier die Nähe des IfS zu Gewerkschaften (vgl. IfS 2024b) und zur feministischen Bewegung (vgl. Bojadžijev, Eckart und Speck 2023), vor allem in den 1970er Jahren. Christel Eckart, ab 1972 Mitarbeiterin am IfS, betonte kürzlich in einem *WestEnd*-Gespräch über feministische und rassismuskritische Forschung am Institut (ebd.: 104) den politischen Anspruch der dort stattfindenden wissenschaftlichen Arbeit. Die Forscher:innen am IfS haben »nicht in erster Linie für die Akademie gearbeitet [...]. Wir waren ganz stark auf Kontexte bezogen, mit denen es viel Austausch gab und in die wir auch mit Vorträgen ›hineingewirkt‹ haben: Bildungseinrichtungen, autonome Einrichtungen wie die Frankfurter Frauenschule, Gewerkschaften bzw. die Frauen dort, oder die erste grüne Koalition, sowohl in Frankfurt als auch auf hessischer Ebene mit Frauenministerium bzw. Frauendezernentin. Unsere Arbeit war auf diese Adressatengruppen hin orientiert. Also nicht so sehr in die Universität und in die akademische Diskussion – was nicht heißt, dass es nicht akademisch zuging in den Diskussionen. Jedenfalls prägte auch das den Charakter dieses unabhängigen Forschungsinstituts. Die Auseinandersetzungen waren viel unmittelbarer an dem politischen Anspruch orientiert, der dahintersteckte.«

7 Wir verwenden im vorliegenden Text bewusst sowohl die Schreibweise mit großem ›K‹ als auch mit kleinem ›k‹, um auszuweisen, an welcher Stelle wir uns auf die Kritische Theorie Frankfurter Prägung und wo auf andere materialistische Theorietraditionen im Anschluss an Marx beziehen.

8 Historisch betrachtet steht diese Position in der Tradition Adornos, die er in den *Marginalien zu Theorie und Praxis* ausbuchstabiert: »Praxis ohne Theorie, unterhalb des fortgeschrittensten Standes von Erkenntnis, muß mißlingen, und ihrem Begriff nach möchte Praxis es realisieren. Falsche Praxis ist keine.« (Adorno 2003: 766)

9 Die von Pierre Bourdieu mitverfasste Studiensammlung *Das Elend der Welt* (1993) ist dafür ein prominentes Beispiel. Herbert Marcuse hat in einem Briefwechsel mit Adorno darauf hingewiesen, dass Praxis auch die Theorie vorantreiben könne: »Aber ich glaube, daß es Situationen, Momente gibt, in denen die Theorie von der Praxis weitergetrieben wird – Situationen und Momente, in denen die sich von der Praxis fernhaltende Theorie sich selbst untreu wird.« (Marcuse zit. in Kraushaar 1998: 601 f.). Nichtsdestotrotz war sich auch Marcuse bei aller Sympathie für praktische Versuche der Veränderung des Bestehenden über die Problematik eines begriffslosen Aktionismus bewusst, der sich an den Verhältnissen die Zähne ausbeißt: »Leider muss ich sagen, dass ich irgendwie ein tiefes Verständnis habe für das Argument, das behauptet, dass [...] man im Angesicht dessen, was heute in der Welt vor sich geht, eben nur noch handeln muss. [...] Aber gleichzeitig kann ich eben nicht darüber hinwegsehen, dass ein solcher Aktionismus, wenn er sich nicht selbst der Anstrengung des Begriffs unterwirft, früher oder später ein Opfer des Bestehenden wird [...]. Nur eine begriffliche Analyse, die die Ansatzpunkte zeigt, wo das System verwundbar ist, und die Möglichkeiten, die innerhalb des Systems sich ergeben, es zu verändern – ohne eine solche Analyse bleibt eben nun wirklich jeder Aktionismus blind.« (Marcuse 2022: 3)

Literatur

Adorno, Theodor W. 2003 [1969]: Marginalien zu Theorie und Praxis, in: ders.: Gesammelte Schriften. Band 10.2: Kulturkritik und Gesellschaft II. Eingriffe, Stichworte, Anhang. Hg. von Rolf Tiedemann. Frankfurt a. M.: Suhrkamp, 759–782.

Allen, Amy 2023 [2020]: Kritik auf der Couch. Warum die Kritische Theorie auf die Psychoanalyse angewiesen ist. Übers. von Michael Adrian. Frankfurt a. M. und New York: Campus.

Anderson, Perry 2023 [1976]: Über den westlichen Marxismus. Übers. von Reinhard Kaiser. Berlin: Dietz.

Bojadžijev, Manuela, Christel Eckart und Sarah Speck 2023: Auch eine Geschichte des IfS. Ein Gespräch über feministische und rassismuskritische Forschung am Institut, in: WestEnd. Neue Zeitschrift für Sozialforschung 20(2), 101–114.

Boltanski, Luc und Ève Chiapello 2003 [1999]: Der neue Geist des Kapitalismus. Übers. von Michael Tillmann. Konstanz: UVK.

Bourdieu, Pierre et al. 1997 [1993]: Das Elend der Welt. Zeugnisse und Diagnosen alltäglichen Leidens an der Gesellschaft. Konstanz: UVK.

Erazo Heufelder, Jeanette 2017: Der argentinische Krösus. Kleine Wirtschaftsgeschichte der Frankfurter Schule. Berlin: Berenberg.

Gerber, Meike, Emanuel Kapfinger und Julian Volz 2022: Für Hans-Jürgen Krahl. Beiträge zu seinem antiautoritären Marxismus. Wien und Berlin: Mandelbaum.

Horkheimer, Max und Theodor W. Adorno 1996 [1956]: [Diskussion über Theorie und Praxis], in: Max Horkheimer: Gesammelte Schriften. Band 19: Nachträge, Verzeichnisse und Register. Hg. von Alfred Schmidt und Gunzelin Schmid Noerr. Frankfurt a. M.: Fischer, 32–72.

Horkheimer, Max 2009 [1937]: Nachtrag. Traditionelle und kritische Theorie, in: ders.: Gesammelte Schriften. Band 4: Schriften 1936–1941. Hg. von Alfred Schmidt. Frankfurt a. M.: Fischer, 217–225.

Horkheimer, Max 2021 [1937]: Traditionelle und kritische Theorie. Hg. von Frieder Vogelmann. Ditzingen: Reclam.

IfS 2023a: 100 Jahre IfS | Perspektiven. IfS Working Paper Nr. 20. Frankfurt a. M.: Institut für Sozialforschung. ‹www.ifs.uni-frankfurt.de/publikationsdetails/ifs-ifs-perspektiven-perspectives-perspectivas.html›.

IfS 2023b: Schlaglicht 9: Marxistische Arbeitswoche 1923, in: ‹www.ifs.uni-frankfurt.de/schlaglichter.html#modal-schlaglicht-9-marxistische-arbeitswoche-1923›.

IfS 2024a: Schlaglicht 19: Die Besetzung des IfS im Jahr 1969, in: ‹www.ifs.uni-frankfurt.de/schlaglichter.html#modal-schlaglicht-19-die-besetzung-des-ifs-im-jahr-1969›.

IfS 2024b: Schlaglicht 8: Kontakte und Konflikte - Gewerkschaften und Institut für Sozialforschung in den 1970er Jahren, in: ‹www.ifs.uni-frankfurt.de/schlaglichter.html#modal-schlaglicht-8-kontakte-und-konflikte-gewerkschaften-und-institut-fur-sozialforschung-in-den-1970er-jahren›.

Kraushaar, Wolfgang 1998: Frankfurter Schule und Studentenbewegung. Von der Flaschenpost zum Molotowcocktail 1946 bis 1995. Band 2: Dokumente. Frankfurt a. M.: Rogner & Bernhard bei Zweitausendeins.

Lagasnerie, Geoffroy de 2018 [2017]: Denken in einer schlechten Welt. Übers. von Felix Kurz. Berlin: Matthes & Seitz.

Lenhard, Philipp 2024: Café Marx. Das Institut für Sozialforschung von den Anfängen bis zur Frankfurter Schule. München: C.H.Beck.

Lessenich, Stephan 2014: Soziologie - Krise - Kritik, in: Soziologie 43(1), 7–24.

Lessenich, Stephan 2023: Perry Andersons Auseinandersetzung mit dem westlichen Marxismus als Spiegelbild seines Scheiterns - Nachwort zur Neuauflage, in: Perry Anderson: Über den westlichen Marxismus. Übers. von Reinhard Kaiser. Berlin: Dietz, 127–136.

Löwenthal, Leo 1980: Mitmachen wollte ich nie. Ein autobiographisches Gespräch mit Helmut Dubiel. Frankfurt a. M.: Suhrkamp.

Marcuse, Herbert 2022 [1970]: »Ich habe nie behauptet, dass der Kapitalismus krisenfest ist« - Interview aus express international,

Nr. 95, April 1970, in: express. Zeitung für sozialistische Betriebs- und Gewerkschaftsarbeit 9/2022, 2–3.

Marx, Karl 1981 [1844]: Zur Kritik der Hegelschen Rechtsphilosophie, in: Marx-Engels-Werke. Band 1. Berlin: Dietz, 201–333.

Speck, Sarah 2020: In Verteidigung der epistemischen Asymmetrie, in: WestEnd. Neue Zeitschrift für Sozialforschung 17(2), 97–108.

Wiggershaus, Rolf 1986: Die Frankfurter Schule. Geschichte. Theoretische Entwicklung. Politische Bedeutung. München und Wien: Hanser.

Das Theorie-Praxis-Problem
Ein fragmentarischer Orientierungsversuch

Robin Mohan

Vorbemerkungen

Der folgende Text basiert auf einem Input, der im Mai 2023 den Workshop »Widerständiges Wissen. Kritische Theorie und Arbeitskämpfe im Krankenhaus« während der Zweiten Marxistischen Arbeitswoche eröffnete. Dieser Workshop hatte einen stark experimentellen Charakter, ist die Verbindung von Kritischer Theorie mit Arbeitskämpfen doch eher ungewöhnlich. Anders als in anderen kritischen Weiterentwicklungen der marx(isti)schen Tradition – wie etwa durch Cornelius Castoriadis, Oskar Negt oder den Operaismus – war es nicht gerade ein Kernanliegen der Kritischen Theorie, sich zu Arbeitskämpfen ins Verhältnis zu setzen – und noch weniger, sich der Frage zu widmen, wie Arbeiter:innen nicht nur zum Objekt des Forschungsinteresses gemacht, sondern in einem emanzipationsdienlichen Sinne in die Wissensproduktion mit einbezogen werden können. Zwar betrachtete Max Horkheimer die – damals natürlich noch kleingeschriebene – Kritische Theorie als »intellektuelle Seite des historischen Prozesses« der Emanzipation des Proletariats (Horkheimer 1988: 189), das Forschungsinteresse ihrer Protagonisten galt aber in erster Linie den Mechanismen der Integration der Arbeiter:innenklasse und der weitgehenden Stillstellung des Klassenkampfes, was angesichts ihrer historischen Erfahrungen nur allzu verständlich ist. Die theorieprägende Annahme, dass verändernde Praxis (im emphatischen Sinne) bis auf Weiteres verstellt sei, dürfte dazu geführt haben, dass man sich die Praxis der immer wieder aufbrechenden Arbeits- und Arbeiter:innenkämpfe gar nicht erst genauer angeschaut hat.

Vor diesem Hintergrund war schon der Sinn der Ausgangsproblematik des Workshops aus Perspektive der ›klassischen‹ Kritischen Theorie fragwürdig, weshalb im Folgenden überall dort, wo es nicht explizit um die Kritische Theorie geht, wie sie sich im institutionellen Zusammenhang des Instituts für Sozialforschung (IfS) ab den 1930er Jahren entwickelt hat, ›kritische Theorie‹ kleingeschrieben wird.[1]

In den letzten Jahren haben sich ausgehend von Tarifauseinandersetzung an der Charité in Berlin unter dem Stichwort ›Entlastung‹ zunehmend Arbeitskämpfe und Streiks in den Krankenhäusern formiert (Dribbusch 2023: 141 ff.; Habekost et al. 2022). Diese haben mindestens in dreifacher Hinsicht Neuigkeitswert: Erstens handelt es sich um Kämpfe in einem Bereich, der lange Zeit als notorisch konfliktarm und unorganisierbar galt. Zweitens drehen sich die Kämpfe nicht nur um partikulare Lohninteressen einer bestimmten Kategorie von Lohnabhängigen, sondern um eine Verbesserung von Arbeitsbedingungen, die potenziell auch all jenen zugutekommt, die auf Versorgung im Krankenhaus angewiesen sind. Drittens kommen hierbei Organisationsformen zum Einsatz, die auf eine möglichst weitgehende Beteiligung der Basis zielen und als Triebkraft einer Demokratisierung und Erneuerung gewerkschaftlicher Arbeit diskutiert werden. Insofern scheint es durchaus angemessen, diese Arbeitskämpfe zu thematisieren, wenn es um *Handeln in einer schlechten Welt* geht.

I.

> »Wir meinen mit Praxis wirklich, daß man mit dem Gedanken, daß die Welt sich von Grund auf ändern müsse, ernst macht. Das muß sich sowohl im Denken wie im Tun zeigen.« (Horkheimer)

> »Wo man die Utopie nicht will, stirbt der Gedanke selber ab.« (Adorno)[2]

Die Frage, in welchem Verhältnis Theorie und Praxis zueinanderstehen, stellt sich allen Theorieformen. Wissenschaftssoziologien, die sich um das Verhältnis von Wissenschaft und Gesellschaft drehen, legen davon Zeugnis ab. Jede Theorie hat »praktische Implikationen« (Ritsert 2020: 115 ff.); jede halbwegs elaborierte Theorie der Gesellschaft reflektiert sich selbst als Teil der Gesellschaft. In der marxistischen Tradition stellt sie sich jedoch in besonderer Weise. Von Marx' Feuerbach-Thesen bis zum gegenwärtigen Ökomarxismus oder materialistischen Feminismus geht es letztlich um eine *besondere Form* von gesellschaftlicher Praxis: nicht um sozialtechnologisch zerstückelte Problemlösungen durch herrschende Instanzen, sondern um allgemein-menschliche Emanzipation, um »revolutionäre Praxis« als »Ändern der Umstände« und »Selbstveränderung« (Marx 1969: 6; vgl. ausführlich Stapelfeldt 2021). In *Marxismus und Philosophie* hatte Karl Korsch den Marxismus noch offensiv als Theorie der sozialen Revolution bestimmt (vgl. Korsch 1993). Genau das nicht mehr zu sein, war ein Vorwurf, den Hans-Jürgen Krahl an die Kritische Theorie und seinen akademischen Lehrer Theodor W. Adorno richtete (Krahl 2008: 291 ff.; vgl. Gerber 2022). Es ließe sich also diskutieren, wie marxistisch die Kritische Theorie insbesondere ab den 1940er Jahren eigentlich noch war. Unabhängig davon will ich in diesem Beitrag dafür plädieren, ihre auch heute noch angemessene Form darin zu sehen, dass es sich um eine revolutionäre Theorie handeln sollte – also eine Theorie, »deren Aussagen die Gesellschaft unter dem Aspekt ihrer revolutionären Veränderbarkeit beschreiben« (Krahl 2008: 212).[3]

Es gibt auch gegenwärtig allerlei Gründe dafür, die realen Chancen revolutionärer Veränderung pessimistisch einzuschätzen. Anstatt diese Einsicht in die Verstelltheit und die Ohnmacht verändernder Praxis bloß theoretisch zu verdoppeln, lässt sich aus ihr aber auch der Schluss ziehen, dass eine Spurensuche nach verborgenen Potenzialen der Veränderung – ohne in Illusionen über diese Potenziale zu verfallen – einen Versuch wert sein könnte. Im Sinne einer solchen Spurensuche scheint es sinnvoll und geboten, neben einem Praxisverständnis, das auf einen revolutionär-emanzipatorischen Fluchtpunkt hin zugespitzt ist, einen allgemeinen Begriff von gesellschaftlicher oder sozialer Praxis als zentralem Vermittlungsmoment von Individuum, Gesellschaft, Geschichte und Natur mitzuführen, wie er den vielen soziologischen und philosophischen, auch marxistischen Varianten von Praxistheorie bzw. philosophie zugrunde liegt. Das führt – auch im Folgenden – zu einer Mehrdeutigkeit im Praxisbegriff. Sinnvoll und geboten scheint dieser allgemeine Begriff von Praxis, weil die Eigenschaft, revolutionär zu sein, einer Praxis nicht einfach aus sich heraus zukommt. Es schlummert in ihr vielmehr ein Potenzial, das sich erst *in Relation* zu anderen Praktiken, zu gesellschaftlichen Strukturen und historischen Entwicklungsprozessen entfalten kann – oder eben auch nicht. Geht man von solch einem relationalen Praxisbegriff aus, wird die Frage, worin *die* revolutionäre Praxis besteht, ebenso sinnlos wie die Frage, wer *das* revolutionäre Subjekt ist – als würde es sich um eine intrinsische Eigenschaft von bestimmten Praktiken oder Gruppen handeln. Wichtig wird demgegenüber die Frage, welches *Potenzial* bestimmte Praktiken und ihre ›Trägersubjekte‹ in einer konkreten Situation, also in Relation zu anderen Praktiken und zu bestimmten Strukturen, haben und wie sie revolutionär werden und bleiben können.[4] So gedacht lassen sich vielfältige gesellschaftliche Praktiken auf ihr revolutionäres oder emanzipatorisches Potenzial hin befragen.

Die folgenden kurzen Anmerkungen stellen den Versuch dar, das Theorie-Praxis-Problem dergestalt kleinzuarbeiten, dass sich Fragen ergeben, die an das Verhältnis von so verstandener kritischer Theorie und Arbeitskämpfen im Krankenhaus herangetragen werden können.[5]

II.

Um die Diskussion des Verhältnisses von Theorie und Praxis mit Blick auf die Arbeitskämpfe im Krankenhaus etwas zu strukturieren, lassen sich zunächst drei Dimensionen oder Fragerichtungen unterscheiden:

1. Praxis → Theorie: In dieser Richtung geht es *allgemein* um die Frage: Wie ist der gesamtgesellschaftliche Praxiszusammenhang strukturiert, aus dem heraus Theorie entsteht und erarbeitet wird? Woher kommt das Bedürfnis nach Theorie und Erkenntnis, welche nicht-wissenschaftlichen Voraussetzungen fließen in sie ein? So bestimmte Korsch den Marxismus im Anschluss an Engels als theoretischen Ausdruck des revolutionären Klassenkampfes. Adorno und Ursula Jaerisch wiesen noch im Jahr 1968 auf den praktischen Willen zur Veränderung als eine wesentliche subjektive Voraussetzung von objektiver Erkenntnis hin. Um ein Organ für das zu entwickeln, was die Einzelerscheinungen

> »prägt und zugleich von ihnen verleugnet wird [...] genügt nicht methodische Schulung allein: hinzutreten muß, als Konstituens der Erkenntnis, der praktische Wille zur Veränderung, der einmal die soziologische Wissenschaft inspirierte, bis über ihn das wissenschaftliche Tabu erging. Er ist aber nichts der Wissenschaft Äußerliches, sondern wird von ihrem physiognomischen Vermögen verinnerlicht, und berichtigt sich ebenso an der fortschreitenden Erfahrung wie an der Theorie.« (Adorno und Jaerisch 1972: 195)

Mit Blick auf die Arbeitskämpfe im Krankenhaus lässt sich in dieser Hinsicht *konkret* fragen: Nach welchem ›theoretischen Ausdruck‹ verlangen diese Kämpfe? Welche Bedürfnisse nach theoretischer Einsicht gehen aus konkreten Kämpfen wie denen im Krankenhaus hervor?

2. Theorie = Praxis: Theorie- oder Wissensproduktion lässt sich natürlich auch selbst als eine Form von Praxis verstehen. So lässt sich *allgemein* fragen, welcher Logik der Praxis eigentlich die Wissensproduktion selbst unterliegt, welchen formellen und informellen Regeln, welchen Normen (Objektivität, Werturteilsfreiheit et cetera) sie folgt. Theorie- und Wissensarbeit ist dabei selbst ein eigenständiger Teil des praktischen Kampfes um Veränderung der Verhältnisse, Kampf um ihre Deutung. In diesem Sinne betonte bereits Korsch die Bedeutung von ideologischen Formen wie Philosophie und Wissenschaft als durchaus »materieller (d.h. hier: ein theoretisch-materialistisch in seiner Wirklichkeit zu begreifender und praktisch-materialistisch in seiner Wirklichkeit umzuwälzender) Bestandteil der geschichtlich-gesellschaftlichen Gesamtwirklichkeit.« (Korsch 1993: 348)

Mit Blick auf die Arbeitskämpfe im Krankenhaus lässt sich in dieser Hinsicht *konkret* fragen: Welche Rolle spielen Konzepte und Befunde verschiedener Wissenschaften für die hegemoniale Deutung der faktischen oder gewünschten Entwicklung des Krankenhaussektors (Gesundheitsökonomie, Versorgungsforschung et cetera)? Wie sind diese Konzepte und Deutungen zu kritisieren und welche alternative Praxisformen von Wissensproduktion sind dafür nötig?

3. Theorie → Praxis: In dieser Richtung geht es *allgemein* um die Frage, welchen Nutzen die Theorie in der nicht-wissenschaftlichen Praxis hat oder haben sollte bzw. welche praktischen Implikationen sie hat: ob sie eher dazu dient, Beratungswissen für herrschende Instanzen oder Befreiungswissen für die Kämpfe derjenigen zu produzieren, die versuchen, etwas an der bestehenden Misere zu verändern – auch wenn sich beides nicht schematisch voneinander tren-

nen lässt. Hier stellen sich der kritischen Theorie ganz eigene Probleme, verwehrt sie sich doch einerseits gegen das Diktat der Nützlichkeit des Wissens, andererseits aber soll sie verändernder Praxis ›dienen‹. In diesem Sinne findet sich im Protokoll einer Diskussion über Theorie und Praxis von 1956 der Gedanke Horkheimers wieder: »Die Theorie ist nur dort im eigentlichen Sinne Theorie, wo sie der Praxis dient. […] Andererseits ist sie auch schlechte Theorie, wenn sie nur dafür da ist, etwas herauszubringen.« (Horkheimer und Adorno 1996: 60)

Mit Blick auf die Arbeitskämpfe im Krankenhaus lässt sich in dieser Hinsicht *konkret* fragen: Welche Art der theoretischen und empirischen Wissensproduktion kann dazu dienen, die Selbstbefreiungskräfte in den Arbeitskämpfen und die Perspektive auf eine umfassende Veränderung[6] ebenso zu stärken wie die Fähigkeit zur eigenständigen strategischen Orientierung?

Diese drei Dimensionen des Theorie-Praxis-Problems sind nicht schematisch voneinander zu trennen, das zu tun ist Kennzeichen ›traditioneller‹ (Wissenschafts-)Theorien. Kritischer Theorie geht es vielmehr um die bewusste Vermittlung dieser Dimensionen, sowohl in der (revolutionären) Theorie als auch – wenn die historischen Bedingungen nicht so miserabel aussehen würden – in der (revolutionären) Praxis. Bewusste *Vermittlung* meint dabei etwas anderes als die ominöse *Einheit* von Theorie und Praxis, nämlich die Einsicht in die unhintergehbare Selbständigkeit und Eigenlogik der beiden gegensätzlichen Momente, die jedoch von sich aus auf das jeweils andere als Sinnesimplikat verweisen: Praxis meint stets (möglichst) bewusste, also erkenntnisbasierte Veränderung, während theoretische Erkenntnis, kritische zumal, ihrem eigenen Sinn nach zur Praxis treibt.[7] Was das genauer bedeuten würde, kann hier angesichts der gebotenen Kürze nicht ausgeführt werden. Stattdessen sollen praxisrelevante Aufgaben kritischer Theorie benannt werden, die sie bei der Untersuchung von Praxis in emanzipationsdienlicher Absicht zu erfüllen hätte.

III.

> »Leider muss ich sagen, dass ich irgendwie ein tiefes Verständnis habe für das Argument, das behauptet, dass [...] man im Angesicht dessen, was heute in der Welt vor sich geht, eben nur noch handeln muss. [...] Aber gleichzeitig kann ich eben nicht darüber hinwegsehen, dass ein solcher Aktionismus, wenn er sich nicht selbst der Anstrengung des Begriffs unterwirft, früher oder später ein Opfer des Bestehenden wird [...]. Nur eine begriffliche Analyse, die die Ansatzpunkte zeigt, wo das System verwundbar ist, und die Möglichkeiten, die innerhalb des Systems sich ergeben, es zu verändern – ohne eine solche Analyse bleibt eben nun wirklich jeder Aktionismus blind.« (Marcuse 2022: 3)

Wie könnte eine solche von Herbert Marcuse angemahnte Analyse aussehen, die dazu beiträgt, dass das *Handeln in einer schlechten Welt* nicht zum blinden Aktionismus wird? Im Folgenden werden vier Orientierungspunkte angeschnitten, die sich wiederum mit Blick auf die Kämpfe in den Krankenhäusern konkretisieren lassen.

1. Totalitätsbezug: Die jeweilige Praxis ist im übergreifenden (globalen) gesellschaftlichen Gesamtzusammenhang und seinen Widersprüchen zu verorten bzw. als Bewegungsform von Widersprüchen zu begreifen (vgl. Mohan 2018: 54 f.). Dieser Totalitätsbezug unterscheidet Befreiungs- von Herrschaftswissen. Letzteres basiert gerade auf der Aufspaltung gesellschaftlicher Problemzusammenhänge in kleinteilige, immanent bearbeitbare Problemfelder gemäß der herrschenden Arbeitsteilung und der Arbeitsteilung der Herrschen-

den – man denke nur an die Aufgabenteilung von Ministerien, die Trennung von betriebs- und volkswirtschaftlichen, von ökonomischen und politischen oder ökonomischen und kulturellen Problemen. Befreiungswissen hinterfragt diese Aufspaltungen und stellt den Gesamtzusammenhang her. In diesem Sinne wären die Arbeitsverhältnisse im Krankenhaus, alltägliche Arbeitserfahrungen sowie die Erfahrungen, die im Arbeitskampf etwa mit den Gegenstrategien der ›Arbeitgeber‹ gemacht werden, in politökonomischen Rahmenbedingungen, Geschlechterverhältnissen, Migrationsregimen et cetera zu situieren. Das zielt darauf, die gesellschaftlichen Mechanismen der Produktion von (Arbeits-)Leid zu begreifen, um sie verändern zu können.[8]

2. Geschichtsbezug: Zusammen mit dem Totalitätsbezug von Praxis ist ihr historisches Gewordensein – ebenso wie das Gewordensein der Strukturen, in denen sie sich bewegt und gegen die sie sich richtet – zu theoretisieren. *Retrospektiv* geht es dabei um langfristige historische Entwicklungsprozesse (Periodisierung), also um langfristige ökonomische (etwa Krisenverläufe, Tertiarisierung, Finanzialisierung et cetera), politische (etwa die Transformation von Wohlfahrtsstaatlichkeit) und kulturell-symbolische (etwa die Verberuflichung und Professionalisierung der Pflege) Veränderungen. So scheint es beispielsweise sinnvoll, die Geschichte der Ökonomisierung der Krankenhäuser, gegen deren Auswirkungen sich die gegenwärtigen Arbeitskämpfe richten, weiter zurückzuverfolgen als bis zur Einführung des Fallpauschalensystems vor 20 Jahren (vgl. Mohan 2018: 127 ff.). Dadurch erst wird deutlich, dass die modernen Krankenhäuser, wie wir sie kennen, sich schon seit ihrer Entstehung mit dem Widerspruch konfrontiert sehen, eine strukturell nur schwer profitabel zu organisierende Versorgungspraxis finanzieren zu müssen – und das in einem kapitalistischen Gesamtzusammenhang, in dem die Finanzierung unpro-

fitabler Arbeit als Abzug vom Mehrwert erscheint, dessen Produktion verselbstständigter Selbstzweck ist. Aus diesem Widerspruch kommt kein noch so wohlwollend reformiertes Krankenhauswesen innerhalb einer kapitalistischen Gesellschaftsformation heraus, er lässt sich nur in verschiedene Bewegungsformen überführen. Die verändernde Praxis wäre entsprechend auf die Überwindung dieser einschränkenden kapitalistischen Gesellschaftsstrukturen hin auszurichten. *Prospektiv* geht es darum, die weiteren Entwicklungstendenzen und -möglichkeiten abzuschätzen, die negativen sowie die positiven Potenziale zu eruieren – das allerdings nicht im Sinne von statistisch unterfütterten Prognosen, sondern im Sinne einer Analyse von strukturell bedingten Kräfteverhältnissen, was zu den nächsten beiden Punkten führt.

3. Potenzialanalyse: Den »Angry Workers of the World« ist zuzustimmen, wenn sie in ihrem Buch *Class Power! Über Produktion und Aufstand* (2022) schreiben: »Das Allerwichtigste ist es, sich die Potenziale und Grenzen gegenwärtiger Kämpfe anzusehen.« (AngryWorkers 2022: 440) Dabei geht es weniger um die normative Bewertung von Kämpfen als progressiv oder regressiv, sondern zunächst einmal um das Verstehen ihrer Logik und Dynamik in – wie eingangs angeschnitten – Relation zu ihren spezifischen gesellschaftlichen und historischen Zusammenhängen.[9] Wie und warum unterscheidet sich beispielsweise und zugespitzt ein Arbeitskampf im Krankenhaus, der unter dem Motto »Mehr von uns ist besser für alle« firmiert, von einem, in dem es heißt: »Wir sind Opel!«?

Mir scheint es im Sinne einer Analyse von Potenzialen zudem wichtig, gegen das tendenziell konformistische Gedächtnis, dem am Ende von (Arbeits-)Kämpfen immer nur der institutionalisierte (Miss-)Erfolg (hier: Tarifeinigungen) erinnerlich ist, den überschießenden Erfahrungsgehalt der Kämpfe festhalten und zu erinnern. So steckt in der Praxis, dass neben dem Streik am Krankenhaus zugleich der Notfallbetrieb von den Streikenden selbst organisiert wurde, doch ein Vorschein der realen Möglichkeit, Versorgungsprozesse selbst zu organisieren. Und ebenso steckt in der Parole »Wir entscheiden, wie wir in Zukunft arbeiten«, die von den Streikenden der Uniklinken in Nordrhein-Westfalen im Sommer 2022 gerufen wurde,[10] die Perspektive auf die umfassende Aneignung des Arbeitsplatzes – weitergedacht auf die Abschaffung der ›Arbeitgeber‹-Seite und ein herrschaftsfreies Krankenhaus (wiederum: so ohnmächtig eine solche Perspektive gegenwärtig auch sein mag). Zwar ist es nicht ganz so einfach, »dass die Welt längst den Traum von einer Sache besitzt, von der sie nur das Bewusstsein besitzen muss, um sie wirklich zu besitzen« (Marx 1988: 346), denn was bewusst geworden ist, muss schließlich noch praktisch umgesetzt werden. Dennoch scheint mir das Aufzeigen und Festhalten dieser realutopischen Potenziale eine zentrale Aufgabe kritischer Theorie.

4. Strategiebezug: Macht man sich klar, dass in der gesellschaftlichen Wirklichkeit, auf deren Veränderung Praxis zielt, letztlich nicht die »Macht der Argumente«, sondern die »Argumente der Macht« (Bourdieu 2001: 84) entscheidend sind, gerät schließlich die strategische Funktion von kritischer Theorie in den Blick. Die Herstellung eines Strategiebezugs ist wohl diejenige Aufgabe, mit der sich kritische Theorie heute am schwersten tut – und das nicht ohne Grund. Was Isabelle Garo in Anschluss an Daniel Bensaïd als »eclipse of strategic reason« (Garo 2023: 7) bezeichnet, hat auch mit dem Schwinden einer revolutionären Perspektive zu tun: Strategisches Denken »lived only at the point of contact between theory and struggles, inasmuch as both were vectors of alternatives to capitalism« (ebd.: 8). Strategie stellt damit das zentrale Scharnier in der Vermittlung von Theorie und Praxis dar: Sie »ist das praxisnächste Element der Theorie« (Krahl 2008: 170). Allerdings gilt es, sich vor einem zu einfachen

Bild von Strategie im Sinne eines einfach zu deduzierenden, kohärenten Aktionsplans zu hüten. Vielmehr wären zunächst einmal die Widersprüche zu benennen, also bewusst zu machen, in die die praktischen Kämpfe verstrickt sind. Erst auf dieser Grundlage ließen sich ›kluge‹ Wege diskutieren, wie sie in eine möglichst emanzipatorische und transzendierende Bewegungsform gebracht, also in eine solche Praxis überführt werden können, die die gesellschaftlichen Bedingungen der Reproduktion dieser Widersprüche auflöst.

IV.

Diese rahmenden Anmerkungen zum Theorie-Praxis-Problem sind notwendig abstrakt, aber doch relevant für die Reflexion konkreter (Bildungs- und Wissens-)Praktiken der Theorie-Praxis-Vermittlung. In den Kämpfen, die in der Regel Ausdruck bestimmter Krisen- und Leidenserfahrungen sind, entsteht ein Bedürfnis nach theoretischer Aufklärung der Verhältnisse, gegen die sie sich richten – und über die es immer schon ein bestimmtes Wissen gibt. In welchen Wissenspraktiken dieses »Bedürfnis nach Theorie, das in solchen [widerständigen, R. M.] Kreisen vorhanden ist« (Horkheimer 1985: 138), am ehesten aufgegriffen werden kann und wie die verschiedenen Wissensformen miteinander in einen Dialog mit wechselseitigem Aufklärungseffekt gebracht werden können, bleibt stets auch eine Frage des Einzelfalls.[11] In ihre Beantwortung muss von Seiten der Theorieproduzent:innen eine Sensibilität für die jeweilige Logik der Praxis einfließen.[12] In jedem Fall aber hätte die Theoriearbeit sich zu fragen, ob sie dazu beiträgt, die Verhältnisse aufzuklären, die das Leiden produzieren, gegen das die Kämpfe sich wenden. Das heißt auch Begriffe zu entwickeln, die sich mit den jeweiligen Alltagserfahrungen der Akteure vermitteln lassen und helfen, diese im Zusammenhang mit gesellschaftlichen Strukturen und ihrer Geschichte zu reflektieren. Wie ich selbst bei verschiedenen Workshops und Diskussionsveranstaltungen mit Beschäftigten aus dem Gesundheitswesen in den letzten Jahren erfahren durfte: das Bedürfnis danach besteht tatsächlich.

Anmerkungen

1 Ein zweiter Grund dafür liegt darin, dass zur Verortung der Krankenhauspflege in der kapitalistischen Gesellschaftsformation auch andere, insbesondere feministisch-materialistische, Theoriebezüge nötig sind (vgl. dazu Mohan und Reichardt 2023 sowie Reichardt in diesem Band).

2 Die beiden Zitate stammen aus einer Diskussion zwischen Horkheimer und Adorno über Theorie und Praxis (Horkheimer und Adorno 1996: 60 und 35).

3 Dabei unterliegt auch die Idee der sozialen Revolution historischen Wandlungen, sie kann nicht mehr dasselbe bedeuten wie im 19. oder 20. Jahrhundert. Was unter ihr heute sinnvollerweise verstanden werden könnte, wäre überhaupt erst einmal wieder zu diskutieren. Zwei aktuellere, sehr unterschiedliche Auseinandersetzungen finden sich bei Nunes (2021) und Redecker (2018).

4 »Nobody is radical intransitively, in the abstract. To be radical is to be radical *in relation to a concrete situation* [...]. Outside of that, ›radicality‹ is a purely aesthetic gesture, the reiteration of a singularity devoid of commitment to actually producing effects in the world« (Nunes 2021: 271).

5 Die Suche nach Antworten auf diese Fragen obliegt nicht dem vorliegenden Beitrag, sondern sollte der gemeinsamen Diskussion im besagten Workshop vorbehalten bleiben.

6 Diese Perspektive ist in den Kämpfen um die Krankenhäuser etwa in Forderungen wie der nach der Überwindung des Profitprinzips zugunsten einer bedarfsgerechten Versorgung schon angelegt, auch wenn sie im Vergleich zum realistisch Umsetzbaren (ein bisschen mehr Geld und Personal) ohnmächtig erscheint.

7 Ein Grundproblem von radikaler Gesellschaftskritik: Sie richtet sich zwar aufs Ganze, kann dies aber nicht unmittelbar von Praxis erwarten. Diese kann – da sie nur in raum-zeitlich konkreter Form vollziehbar ist – nie *in actu* aufs Ganze zielen, sondern stets nur *in potentia*. Radikale Kritik ist deshalb nie unmittelbar in Praxis zu übersetzen, die Praxis bleibt immer unzulänglich und kritikabel vom Standpunkt der Kritik des Ganzen aus. Dieses Grundproblem sollte Kritik aber nicht dazu verleiten, verändernde Praxis im emphatischen Sinne auf ewig für verstellt zu erklären – und damit

eine ohnehin vorherrschende Tendenz zu verstärken. Gleichzeitig darf verändernde Praxis, eben weil sie notwendig zu kurz greift, auch nie selbstzufrieden sein, muss über sich selbst hinaus gehen und für Kritik offen bleiben, weil sie noch nicht ist und erreicht hat, was sie sein und erreichen könnte. Nur wenn sich beide Seiten – kritische Theorie und verändernde Praxis – ihrer jeweiligen Grenzen bewusst sind, kann sich ein produktives Verhältnis zwischen beiden entwickeln. Allzu oft aber werden beide gegeneinander ausgespielt, weil den kritischen Kritikern die Praxis immer zu wenig, den praktischen Praktikern die Kritik immer zu viel ist.

8 Hierbei kommt ein Kritikverständnis zum Tragen, in dem es nicht um das Messen der Wirklichkeit an einem normativen Maßstab geht, sondern darum, »statt anzuklagen[,] Analysen« bereitzustellen, »die auch die Möglichkeiten aktiver Praxis verändern« (Heim 2013: 132).

9 Potenziale sind hier keineswegs bloß positiv konnotiert, es geht vielmehr auch darum, etwaige konservierende oder regressive Potenziale in den Blick zu nehmen.

10 Dokumentiert in dem Film *Höchstens vier Wochen*: ‹de.labournet.tv/hoechstens-vier-wochen›.

11 Ein praktisches Beispiel für den Beginn eines solchen Dialogs findet sich im Text von Hirth und Lechner in diesem Band.

12 Hier spielt dann auch das übergreifende praktische Problem hinein, kritische Theorie in nicht-revolutionären Zeiten zu produzieren, in Zeiten also, in denen das Interesse der kritischen Theorie an einer vernünftigen Einrichtung der Verhältnisse sich in der Regel nicht mit den praktischen Interessen der Kämpfenden deckt.

Literatur

Adorno, Theodor W. und Ursula Jaerisch 1972 [1968]: Anmerkungen zum sozialen Konflikt heute, in: ders.: Gesammelte Schriften. Band 8: Soziwologische Schriften I. Hg. von Rolf Tiedemann. Frankfurt a. M.: Suhrkamp, 177–195.

AngryWorkers 2022 [2020]: Class Power! Über Produktion und Aufstand. Übers. von Gabriel Kuhn. Münster: Unrast.

Bourdieu, Pierre 2001 [1997]. Meditationen. Zur Kritik der scholastischen Vernunft. Übers. von Achim Russer. Frankfurt a. M.: Suhrkamp.

Dribbusch, Heiner 2023: Streik. Arbeitskämpfe und Streikende in der Bundesrepublik Deutschland seit 2000. Daten, Ereignisse, Analysen. Hamburg: VSA.

Garo, Isabelle 2023 [2019]: Communism and Strategy. Rethinking Political Mediations. Übers. von Gregory Elliot. London: Verso.

Gerber, Meike 2022: »Kurz vor der Praxis wiederum in die Theorie«. Krahls Auseinandersetzung mit Adorno im Spannungsfeld von

Kritischer Theorie und Praxis, in: Meike Gerber, Emanuel Kapfinger und Julian Volz (Hg.): Für Hans-Jürgen Krahl. Beiträge zu seinem antiautoritären Marxismus. Wien und Berlin: Mandelbaum, 171–197.

Habekost, Silvia, Dana Lützkendorf, Sabine Plischek-Jandke, und Marie-Luise Sklenar (Hg.) 2022: Gebraucht, beklatscht – aber bestimmt nicht weiter so! Geschichte wird gemacht: Die Berliner Krankenhausbewegung. Hamburg: VSA.

Heim, Tino 2013: Metamorphosen des Kapitals. Kapitalistische Vergesellschaftung und Perspektiven einer kritischen Sozialwissenschaft nach Marx, Foucault und Bourdieu. Bielefeld: Transcript.

Horkheimer, Max 1985 [1938]: Idee, Aktivitäten und Programm des Instituts für Sozialforschung, in: ders.: Gesammelte Schriften. Band 12: Nachgelassene Schriften 1931–1949. Hg. von Alfred Schmidt und Gunzelin Schmid Noerr. Frankfurt a. M.: Fischer, 131–164.

Horkheimer, Max 1988 [1937]: Traditionelle und kritische Theorie, in: ders.: Gesammelte Schriften. Band 4: Schriften 1936–1941. Hg. von Alfred Schmidt und Gunzelin Schmid Noerr. Frankfurt a. M.: Fischer, 162–216.

Horkheimer, Max und Theodor W. Adorno 1996 [1956]: Diskussion über Theorie und Praxis, in: Max Horkheimer: Gesammelte Schriften. Band 19: Nachträge, Verzeichnisse und Register. Hg. von Alfred Schmidt und Gunzelin Schmid Noerr. Frankfurt a. M.: Fischer, 32–71.

Korsch, Karl 1993 [1923]: Marxismus und Philosophie, in: ders.: Gesamtausgabe. Band 3: Schriften zur Theorie der Arbeiterbewegung 1920–1923. Hg. von Michael Buckmiller. Amsterdam: Stichting beheer IISG, 299–370.

Krahl, Hans-Jürgen 2008: Konstitution und Klassenkampf. Zur historischen Dialektik von bürgerlicher Emanzipation und proletarischer Revolution. Schriften, Reden und Entwürfe aus den Jahren 1966–1970. Frankfurt a. M.: Neue Kritik.

Marcuse, Herbert 2022 [1970]: »Ich habe nie behauptet, dass der Kapitalismus krisenfest ist« -Interview mit Herbert Marcuse – aus express international, Nr. 95, April 1970, in: express. Zeitung für sozialistische Betriebs- und Gewerkschaftsarbeit 60(9), 2–3.

Marx, Karl 1969 [1845]: Thesen über Feuerbach, in: Marx-Engels-Werke. Band 3. Berlin: Dietz, 5–7.

Marx, Karl 1988 [1843]: Briefe aus den »Deutsch-französischen Jahrbüchern«, in: Marx-Engels-Werke. Band 1. Berlin: Dietz, 337–346.

Mohan, Robin 2018: Die Ökonomisierung des Krankenhauses. Eine Studie über den Wandel pflegerischer Arbeit. Bielefeld: transcript.

Mohan, Robin und Lena Reichardt 2023: »An der Basis spürt man's nicht«. Organisierte Krankenpflege zwischen Aufwertungspolitik und Abwertungserfahrungen. IfS Working Paper Nr. 19. Frank-

furt a. M.: Institut für Sozialforschung. ‹www.ifs.uni-frankfurt.de/publikationsdetails/ifs-robin-mohan-und-lena-reichardt-an-der-basis-spurt-man-s-nicht-organisierte-krankenpflege-zwischen-aufwertungspolitik-und-abwertungserfahrungen.html›.
Nunes, Rodrigo 2021: Neither Vertical nor Horizontal. A Theory of Political Organization. London und New York: Verso.
Redecker, Eva von 2018: Praxis und Revolution. Eine Sozialtheorie radikalen Wandels. Frankfurt a. M. und New York: Campus.
Ritsert, Jürgen 2020: Theorien über das Verhältnis zwischen Theorie und Praxis. Eine etwas andere Einführung in die Wissenschaftstheorie. ‹ritsert-online.de/download/ThuPRAXIS.pdf›.
Stapelfeldt, Gerhard 2021: Der Geist des Widerspruchs: Studien zur Dialektik. 3. Band: Theorie und Praxis. Freiburg: ça ira.

Praxis der Kritik

Unhaltbare Arbeitsverhältnisse?
Das Konzept der Überausbeutung als Anknüpfungspunkt für eine klassenpolitische Praxis

Janina Puder

Einleitung

Die Theoretisierung des Überausbeutungsbegriffs ebenso wie seine konzeptionelle, empirische und politische Brauchbarkeit sind alles andere als unstrittig; was indessen kein Grund ist, ihn voreilig ad acta zu legen. Eine Soziologie, der daran gelegen ist, die historisch materiellen Bedingungen und Reproduktionslogiken zu verstehen, auf Basis derer im Kapitalismus Arbeit organisiert wird, kommt nicht umhin, sich mit Ungleichheiten in der Arbeitskraftnutzung Lohnabhängiger zu beschäftigen. Versteht man Überausbeutung als eine besondere Spielart ungleicher Arbeitskraftnutzung im kapitalistischen Produktionsprozess, dann bedarf es folglich einer genaueren Untersuchung der Strukturen, Formen und sozialen Dynamiken der damit einhergehenden Arbeitsverhältnisse.

Im Verhältnis zur Debatte um ›rassifizierte‹ oder ›vergeschlechtlichte‹ Arbeitsverhältnisse, die auf eine konkrete Ungleichheitsdimension in der Zurichtung von Arbeitskräften fokussiert, setzt Überausbeutung konzeptionell auf einer darüberliegenden Ebene an (vgl. Puder 2022). Mehr noch als auf eine terminologische Präzisierung verweist der Überausbeutungsbegriff aber auf ein augenscheinliches Paradox kapitalistischer Vergesellschaftung, da er das Versprechen der materiellen (Mindest-)Absicherung und Reproduktionsfähigkeit Lohnabhängiger durch die Verausgabung ihrer Arbeitskraft infrage zu stellen scheint.

Eine dezidiert theoriegeleitete, empirisch gestützte Auseinandersetzung mit Überausbeutung – ob allgemein in der Soziologie oder der Kritischen Theorie im Speziellen – steht bisher noch aus. Wird der Begriff in öffentlichen Debatten erwähnt, lastet ihm meist eine moralische Konnotation an. Dies verstellt die Sicht auf die gesellschaftlichen Struktur- und Herrschaftslogiken sowie auf die ideologischen und kulturellen Rahmenbedingungen von Überausbeutung. Ein Überausbeutungsbegriff, der ohne kontextspezifische, historische Bestimmung auszukommen meint, kann die mit ihm einhergehenden sozialen Ungleichheiten in der Produktions- und Reproduktionssphäre letztlich nur deskriptiv abbilden. Derlei Konzeptionierungen besitzen nur eine eingeschränkte Aussagekraft hinsichtlich der Fragen, inwiefern Überausbeutung *erstens* ein Ausdruck des Zusammenhangs von abstrakten und konkreten Momenten der kapitalistischen Produktionsweise darstellt, aus welchen strukturellen Bedingungen des globalen Kapitalismus *zweitens* Überausbeutung erwächst, ob und unter welchen Bedingungen *drittens* Überausbeutungsverhältnisse sich verstetigen und inwiefern *viertens* dem Überausbeutungsparadox eine besondere Klassenspezifik zugrundeliegt.

Die folgenden Überlegungen sind als eine Vermessung eines Überausbeutungsverständnisses entlang dieser Leerstellen zu verstehen. Es geht dabei jedoch weder einzig und allein darum, auf abstrakter Ebene eine finale Aussage darüber treffen zu können, ob überausbeuterische Arbeitsverhältnisse dem Kapitalismus strukturell inhärent sind oder eben gerade nicht, noch gilt es die Frage zu klären, ob Überausbeutung aus einer spezifisch gesellschaftlichen Moral und (Gerechtigkeits-)Ethik heraus für unhaltbar befunden werden sollte. Stattdessen wird – dem Anliegen des vorliegenden Sammelbandes entsprechend – das Ziel verfolgt, ein Verständnis von Überausbeutung zu entwickeln, das Anknüpfungspunkte für eine (klassenpolitische) Praxis liefert.

Von Ausbeutung zu Überausbeutung

Wie Karl Marx darlegt, verausgaben Arbeiter:innen im Produktionsprozess Arbeit über dasjenige Maß hinaus, für das sie in Form von Lohn entschädigt werden (vgl. Marx 1962b: 181). Die lohnförmige Kompensation bemisst sich dabei nicht an dem gesamten im Produktionsprozess von Arbeiter:innen produzierten Wert, sondern nach dem Tauschwert der Ware Arbeitskraft. Dieser Tauschwert ist Ausdruck der gesellschaftlich durchschnittlich notwendigen Arbeit, derer es bedarf, um die Arbeitskraft zu reproduzieren. Der Lohn muss es Arbeiter:innen erlauben, ihre Arbeitskraft auf einem Mindestniveau zu reproduzieren, das heißt garantieren, dass sie Tag für Tag im Produktionsprozess zum Einsatz gebracht werden kann. Der Anteil verausgabter Arbeit, der unentlohnt bleibt (die Mehrarbeit), ist die Voraussetzung dafür, dass im Kapitalismus Mehrwert generiert und, insofern er sich in der Zirkulationssphäre als Profit realisiert, Kapital akkumuliert werden kann. So viel zur abstrakten Grundform und Funktion der Ausbeutung von Lohnarbeit. Wenden wir uns nun einem weiteren Aspekt zu, der für die Konzeptionierung eines marxistischen Überausbeutungsbegriffs vonnöten ist.

In kapitalistischen Gesellschaften existieren verschiedene Formen von Arbeit nebeneinander (vgl. Amin und van der Linden 1997). Lohnarbeit beschreibt dabei zwar nur eine, allerdings eine spezielle Form der Arbeit. Die Formspezifik des Lohnarbeitsverhältnisses besteht darin, dass der marktförmige Tausch – Arbeit gegen Lohn – als vertraglich fixierter Austausch von Äquivalenten zwischen freien und juristisch gleichgestellten Parteien (den doppelt freien Lohnarbeiter:innen einerseits und den Kapitalist:innen andererseits) organisiert wird.

Wie die Terminologie des Überausbeutungsbegriffs nahelegt, muss es sich bei überausbeuterischen Verhältnissen um einen speziellen Modus der Ausbeutung handeln, der zwar untrennbar mit dem Wesenskern des Marx'schen Theorems verbunden ist, aber auf eine entscheidende Entgrenzung hinweist: Wenn Arbeiter:innen in formbestimmten Ausbeutungsverhältnissen, die institutionell durch den Äquivalententausch abgesichert und gesellschaftlich legitimiert werden, ihre Arbeitskraft auf einem Mindestniveau reproduzieren können, dann muss diese Logik in Überausbeutungsverhältnissen durchbrochen werden. Fügen wir diesem Gedankengang eine weitere Ebene hinzu.

Im Kapitel zur »Verwandlung von Mehrwert in Kapital« legt Marx dar, dass das »Nichtskosten« der Arbeitskraft »eine Grenze im mathematischen Sinn« darstellt; »stets unerreichbar, obgleich stets annäherbar.« (Marx 1962b: 626) Allerdings, so fügt er hinzu, ist es »die beständige Tendenz des Kapitals, sie auf diesen nihilistischen Standpunkt herabzusetzen«, um höhere Mehrwerte zu erzielen (ebd.). Des Weiteren führt er aus, dass die »gewaltsame Herabsetzung des Arbeitslohns« unter den Wert der Ware Arbeitskraft »in der praktischen Bewegung« des Kapitals »eine zu gewichtige Rolle« spielt, als dass sie analytisch gänzlich ausgeklammert werden kann (ebd.). Aber: Was auf diese Weise zusätzlich an Mehrarbeit gewonnen werden kann, verlieren Arbeiter:innen an Arbeitssubstanz (ebd.: 248). Es handelt sich dabei nicht um einen einfachen Zusammenhang umgekehrter Proportionalität, sondern um ein Verhältnis, bei dem sich das Kapital die eigene Grundlage entziehen würde, wenn es dauerhaft versucht, auf allen Ebenen der Produktion aus »einem Arbeitstag zwei zu machen« (ebd.: 249). Der frühzeitige Verschleiß lebendiger Arbeit erscheint daher aus Sicht des Gesamtkapitals als irrational, da die Universalisierung von Überausbeutungsverhältnissen den Kapitalkreislauf nachhaltigen stören würde. Dennoch lässt sich eine gewisse Verräumlichung intensivierter Ausbeutungsmodi konstatieren (vgl. Wallerstein 1990), die bis in die Gegenwart anhält und folglich eine theoretische Reflektion erfordert, welche die Maßstabsebene der globalen Arbeitsteilung in die bisher angestellten Überlegungen integriert.

Überausbeutung als Ausdruck des globalen Kapitalismus

In der Weltsystem- und Dependenzdebatte wird argumentiert, dass die globale Organisation der Produktionsmittel und der Arbeit im Kapitalismus eine funktionale, herrschaftsförmige Arbeitsteilung zwischen Peripherien und Zentren impliziert. Voraussetzung hierfür ist unter anderem Ruy M. Marini zufolge die abhängige Integration der Peripherien als Ausdruck der Beziehung zwischen Kapital und Arbeit im globalen Maßstab (vgl. Marini 1974).

Die ökonomische Entwicklung der frühindustrialisierten Zentren beruht essenziell auf der kapitalistischen Unterentwicklung peripherer Regionen. Diese Entwicklungsunterschiede erzeugen eine Tendenz zur sozialräumlichen Konzentration von arbeitsintensiven Produktionsschritten in den Peripherien (vor allem zur Produktion geringverarbeiteter Waren) und weniger arbeitsintensiven, hochtechnologisierten Produktionsschritten (vor allem zur Produktion höherverarbeiteter Waren) in den Kernindustrieländern (vgl. Smith 2016). Die strukturelle Hierarchisierung und Arbeitsteilung zwischen Zentren und Peripherien sowie die Konkurrenz unter den Einzelkapitalist:innen auf dem Weltmarkt schafft die Voraussetzung für die Überausbeutung von Arbeitskräften in subordinierten Zonen des globalen Kapitalismus. Inwiefern sich diese Voraussetzung in beobachtbare Tatsachen übersetzt, begründet Marini wiederum mit der ökonomischen Funktion von Überausbeutungsverhältnissen: Zur Realisierung der erweiterten Reproduktion des Kapitals auf globaler Ebene bedarf es eines stetigen Werttransfers von den Rändern in die Zentren des Kapitalismus. Während in den frühindustrialisierten Zentren idealtypisch versucht wird, die Arbeitsintensität durch den Einsatz von Maschinen oder effizienteren Produktionsmethoden zu steigern, geschieht dies in peripheren Produktionsprozessen häufig durch eine extensive Ausbeutung von Arbeitskraft, das heißt durch die Vergrößerung der Masse an verfügbaren Arbeitskräften (der sogenannten Reservearmee; vgl. Marx 1962b: 661) und durch eine stetige Ausdehnung der im Produktionsprozess geleisteten Mehrarbeit bei gleichzeitiger Verringerung des Konsumtionsfonds der Arbeiter:innen. Der allgemeine Drang des Kapitals – der sich mal im normalen, mal im krisenhaften Modus der Reproduktion des Kapitals äußert –, die Mehrwerte zu erhöhen, hat somit unter den Bedingungen der asymmetrischen Abhängigkeitsverhältnisse auf dem Weltmarkt sowie der ökonomischen und politischen Machtkonzentration in den Zentrumsstaaten zur Folge, dass sich in peripheren Kapitalismen in bestimmten Produktionsbereichen intensivierte Ausbeutungsverhältnisse verstetigen können.

Ausgehend von diesen Ausführungen, sollen im nächsten Argumentationsschritt die ideologischen und kulturellen außerökonomischen Momente der Zurichtung von Arbeitskraft exploriert werden, um eine Aussage über die Reproduktion von Überausbeutung als gesellschaftliches Verhältnis treffen zu können, das sich unter bestimmten sozialräumlichen und historischen Bedingungen der kapitalistischen Produktionsweise manifestiert. Blicken wir zu diesem Zweck exemplarisch auf die Kommodifizierung geringqualifizierter migrantischer Arbeitskraft.

Die Segmentierung Lohnabhängiger

Migrantische Arbeit wird in der Regel innerhalb von Nationalstaaten über gesonderte politische Instrumente und Institutionen reguliert, die sich auf die Besonderheiten in der Produktion und auf die sozialen und kulturellen Normen beziehen, die in den jeweiligen Gesellschaften dominieren. Ob Anwerbeabkommen oder Arbeitsmarktbeschränkungen für migrantische Arbeiter:innen – die Gesamtheit der Steuerungsinstrumente konstituiert gemeinsam mit den (relativ) eigensinnigen Mobilitäts- und sozialen Reproduktionspraxen der Migrant:innen (vgl. Bojadžijev und Karakayali 2007) sogenannte ›Arbeitsmigrationsregime‹. Diese Regime passen sich in die jeweils vorherrschenden Arbeitsmarktstrukturen, Produktions- und Reproduktionsverhältnisse ein, wirken zur selben Zeit auf diese zurück und transformieren sie. Während die Kommodifizierung einheimischer Arbeiter:innen formell durch die allgemeine Arbeitsgesetzgebung reguliert wird, wird migrantische Arbeit darüber hinaus über zusätzliche bzw. eigene gesetzliche Regelungen zugerichtet. Migrantischen Arbeitskräften wird somit ein subalterner Status zugewiesen, der auf dem Arbeitsmarkt zu Segmentierungen und in der Arbeiter:innenklasse zu Distinktionen zwischen Arbeiter:innen verschiedener Staatsangehörigkeiten führen kann. Indes werden ›kulturelle‹ Trennlinien zwischen migrantischen und nicht-migrantischen Arbeiter:innen entlang von gruppenspezifischen Zuschreibungen gezogen – unter anderem in Bezug auf positive oder negative Attribute der jeweiligen Arbeitsvermögen, zum Beispiel ein gewisses Arbeitsethos, das einer vermeintlich geringeren Arbeitsdisziplin gegenübergestellt wird (vgl. Puder und Schreiber 2021) und in Bezug auf einen historisch-kulturell definierten Umfang an Mitteln, derer es bedarf, um die Reproduktion der Arbeitskraft auf einem Mindestmaß absichern zu können (Marx 1962b: 185).[1]

Diese politisch-institutionellen und kulturellen Mechanismen sind wechselseitig mit der ungleichen Arbeitskraftnutzung im Produktionsprozesse verbunden. Im Rahmen dessen können sich das Primat einheimischer Arbeiter:innen und rassistische Vorstellungen »des Anderen« (Miles 1991: 106 f.)

sowohl in der Arbeitssphäre als auch gesamtgesellschaftlich ideologisch Bahn brechen. Die Segmentierungs- und sozialen Ungleichheitsdynamiken wirken in der Arbeitssphäre als Hebel, migrantische Arbeitskraft dauerhaft unter ihrem Tauschwert zu bezahlen und in Bereichen mit besonders prekären bzw. schweren Arbeitsbedingungen einzusetzen. Denn: Hängt die Aufenthaltserlaubnis am Beschäftigungsverhältnis, bleibt der Zugang zum Wohlfahrtsstaat für Migrant:innen eingeschränkt, entstehen soziale Spannungen zwischen migrantischen und nicht-migrantischen Teilen der Arbeitsbevölkerung. Und existieren kaum alternative Einkommensquellen und Beschäftigungsmöglichkeiten für Arbeitsmigrant:innen, bereitet dies den Boden für eine intensivierte Disziplinierung migrantischer Arbeitskraft im Arbeits- und Produktionsprozess. Ideologisch bzw. kulturell begründete Verhältnisse sozialer Differenzierung, die die Abwertung des Arbeitsvermögens spezifischer Gruppen von Arbeiter:innen gesellschaftlich legitimieren, erlauben es dem Kapital folglich, die (Reproduktions-)Schranken formbestimmter Ausbeutungsverhältnisse zu überwinden.[2]

Eine theoretisch-konzeptionelle Herleitung überausbeuterischer Verhältnisse ist unerlässlich für eine robuste Begriffsbildung, allerdings bedarf es der empirischen Betrachtung von Überausbeutung im Arbeits- und Produktionsprozess, um die konkreten Praxen der Disziplinierung von Arbeit nachvollziehen und gesellschaftspolitische Schlüsse daraus ziehen zu können.

Überausbeutung als Herrschaftspraxis

Nun erfordert eine empirische Beweisführung überausbeuterischer Arbeitsverhältnisse wenigstens eine umrisshafte Darstellung der Arbeits- und Reproduktionsbedingungen jener Gruppen von Arbeiter:innen, bei denen der Verdacht der Überausbeutung aufgrund multipler Prekaritätsmomente nahezuliegen scheint. Die nachfolgenden Ausführen mögen zwar wenig überraschen, bedenkt man jedoch, dass es sich hierbei um eine analytische Zusammenfassung auf Grundlage aktueller empirischer Befunde handelt,[3] erscheint es dennoch bemerkenswert, dass ähnliche Formen intensivierter Arbeitskraftnutzung im kapitalistischen Produktionsprozess bereits im Marx'schen Werk anhand detailreicher Schilderungen Erwähnung fanden (Marx 1962b: 259 ff.). Dies lässt die Annahme, dass es sich bei überausbeuterischen Arbeitsverhältnissen lediglich um eine wiederkehrende Anomalie in der Kapitalakkumulation ohne eigene strukturelle Verankerung handelt, zumindest zweifelhaft erscheinen.

Überausbeutung im Arbeits- und Produktionsprozess

Empirisch zeigt sich, dass in Überausbeutungsverhältnissen der Äquivalententausch nicht zuletzt in zweierlei Hinsicht verletzt wird: *Erstens* werden überausgebeutete Arbeiter:innen – seien es südasiatische Bauarbeiter in Katar[4] oder indonesische Palmölarbeiter:innen im eigenen Land (vgl. Sinaga 2021) – unterhalb des jeweils geltenden gesetzlichen bzw. gesellschaftlich akzeptierten Mindestlohns bezahlt. Die Nichtentlohnung einzelner Arbeitsaufgaben, das Zurückhalten von vertraglich vereinbarten Löhnen oder willkürliche Lohnabzüge für die Bereitstellung von sozialer Infrastruktur durch Arbeitgeber:innen – es sind Praxen wie diese, die dazu führen, dass Millionen von lohnabhängigen Arbeiter:innen weltweit de facto zu nichtreproduktionssichernden Löhnen beschäftigt werden. Was dem Konsumtionsfond der Arbeiter:innen so über das Mindestmaß ihrer Reproduktionssicherung hinaus entzogen wird, wandert wertentsprechend in Form von Extramehrwerten – die, wenn sie sich als Profite realisieren, gegenüber Marktkonkurrent:innen zu einem Wettbewerbsvorteil werden – in den (Re-)Investitions-, Akkumulations- bzw. Konsumtionsfond der Kapitalseite. *Zweitens* lässt sich in der Bandbreite überausbeuterischer Arbeitsverhältnisse eine zeitliche Entgrenzung des (ebenfalls meist gesetzlich regulierten) Normalarbeitstages feststellen. Überstunden in Gestalt unentlohnter Mehrarbeit werden so zu einem integralen Bestandteil des Arbeits- und Produktionsprozesses.

Mit Blick auf die konkreten Arbeitsbedingungen können sich Überausbeutungsverhältnisse zusätzlich zu den beiden genannten Hauptfaktoren in speziellen Praxen der physischen und psychischen Übernutzung der Arbeitskraft andeuten, infolgedessen es zu einem frühzeitigen Ausscheiden der Arbeiter:innen aus dem Produktionsprozess durch Tod, Erschöpfung, schwere Krankheiten oder Verletzungen kommt (vgl. International Labour Office 2002).

Nicht selten werden Überausbeutungsverhältnisse im Arbeits- und Produktionsprozess durch eine ideologische Herabsetzung des Reproduktionsminimums für einzelne Gruppen von Arbeiter:innen zementiert. Postulierte Tugenden wie etwa die Bescheidenheit polnischer Pflegekräfte (vgl. Haubner 2017) oder ein attribuierter geringerer Lebensstandard rumänischer Spargelstecher:innen fungieren dabei als Legitimationsmechanismen, um den historisch moralisch definierten Umfang der notwendigen Reproduktionsmittel zu verringern.

Die Reproduktion überausgebeuteter Arbeitskraft

Es ist weder allein die schiere Masse an verfügbaren Lohnarbeiter:innen in den Peripherien, die einen vorzeitigen Verschleiß von Arbeitskräften ausgleicht, noch die Verallgemeinerung einer mangelhaften Ausstattung mit grundlegenden Reproduktionsmitteln, die Überausbeutungsverhältnisse dauerhaft stabilisieren. Ein Blick auf die Reproduktionspraxen überausgebeuteter Arbeitskräfte verdeutlicht, dass nicht-reproduktionssichernde Lohnarbeitsverhältnisse durch kapitalistisch formunbestimmte Arbeitsverhältnisse (durchaus unfreiwillig) ›subventioniert‹ werden. Derlei Arbeitsverhältnisse umfassen Subsistenzarbeit zur nicht-marktförmigen Aufrechterhaltung der Grundversorgung mit Reproduktionsmitteln, zusätzlich zum formellen Lohnarbeitsverhältnis informell ausgeführte Arbeit (eine Form des Einkommenserwerbs ohne rechtlichen Regulierungsrahmen) sowie Konsumschulden oder Tauschgeschäfte zum unmittelbar gebrauchswertorientierten Austausch von Gütern oder Leistungen auf Basis persönlicher Beziehungen. Diese strukturell bedingte, unabgeschlossene Proletarisierung (das heißt Semi-Proletarisierung) überausgebeuteter Arbeitskräfte ermöglicht die Verstetigung überausbeuterischer Verhältnisse, ohne dass sich das Kapital der Grundlage seiner eigenen Existenz berauben würde (vgl. Wallerstein und Smith 1992).

Fazit

Der von mir unterbreitete Vorschlag für eine Konzeptionierung eines marxistischen Überausbeutungsbegriffs kann und will im Rahmen des begrenzten Umfangs dieses Textes keinen Anspruch auf Ganzheitlichkeit erheben. Lediglich ein Teil der politökonomischen und politisch-institutionellen Bedingungen, der ideologischen und kulturellen Mechanismen sowie der analytischen Ansatzpunkte, anhand derer Überausbeutung empirisch dargelegt werden kann, wurden hier zur Diskussion gestellt. Eines der größten Versäumnisse in der gegenwärtigen Debatte um Überausbeutung liegt in der unzureichenden Rückkopplung des Überausbeutungsparadoxes an aktuelle Fragen der Klassenanalyse. Die Feststellung von Fraktionierungen, Segmentierungs- und Spaltungsdynamiken innerhalb der lohnabhängigen Bevölkerung, die auf unterschiedliche Modi der Ausbeutung zurückgeführt werden, bieten nur im begrenzten Ausmaß gesellschaftspolitische Anknüpfungspunkte für eine Überwindung von Überausbeutungsverhältnissen. Diesbezüglich bleiben mir an dieser Stelle nur noch einige lose Gedanken zusammenzufassen, die stattdessen Anlass geben sollen, über eine übergreifende klassenpolitische Praxis von ausgebeuteten und überausgebeuteten Arbeitskräften nachzudenken.

Die Kämpfe zwischen dem Kapital und dem Staat auf der einen und den vulnerabelsten Teilen der Lohnarbeiter:innen auf der anderen Seite verbleiben meist im Verborgenen. Gewerkschaften sind grundsätzlich mit unterschiedlichen Widrigkeiten (mal in den eigenen Reihen, mal im praktischen Vorgehen) konfrontiert, wenn es um die Organisierung subalterner Klassenfraktionen geht. Dynamiken multipler Prekarität (vgl. Birke 2021), die eng mit der Überausbeutung von Arbeitskraft verknüpft sind, schaffen hohe Hürden für betriebliche und überbetriebliche Auseinandersetzungen. Es wäre dennoch fatal und falsch, aus der dargelegten Analyse keinerlei Angriffspunkte für eine Organisierung überausgebeuteter Arbeiter:innen abzuleiten. Die Möglichkeiten der Organisierung sollten dabei zuvorderst aus Perspektive der spezifischen Unterdrückung überausgebeuteter Arbeitskräfte gedacht werden.

> »The working class is not only classed in [the] sense [of its inner divisions, J. P.], but classed through myriad social oppressions and lived experiences. So, the emancipation of the working class must also be emancipation from the ways specific constraints on labor powers are formed and experienced.« (Jaffe 2020: 91 f.)

Doch was bedeutet dies? Der Kampf gegen außerökonomische Unterdrückungsmechanismen kann, insofern diese klassenspezifisch rückbezogen werden (vgl. Mendívil und Sarbo 2021), zu einer Quelle von kollektiver Gegenmacht aller Lohnabhängigen werden. Konkret bedeutet dies nichts anderes als den politisch-institutionellen Rahmen, der spezifischen Produktions- und Arbeitsregimen den Weg bereitet, anzufechten. Über gemeinsame Kämpfe und geteilte Erfahrungen zwischen unterschiedlichen Segmenten der Arbeiter:innenklasse können die kulturell-ideologischen Momente, die im Betrieb und der Gesamtgesellschaft fragmentierend wirken, herausgefordert werden. Im Hinblick auf überausgebeutete Arbeitskräfte muss die Politisierung prekärer Reproduktionsverhältnisse im Zentrum stehen. Es bedarf dahingehend nicht nur einer Skandalisierung der unhaltbaren Verhältnisse, unter denen überausgebeutete Arbeiter:innen versuchen, ihre Arbeitskraft zu reproduzieren, sondern einer analytisch fundierten Perspektive auf die spezifischen Lagen und Klasseninteressen überausgebeuteter Arbeitskräfte sowie eines Bewusstseins für den von ihnen praktizierten Widerstand (vgl. Scott 1989) in der Produktions- und Reproduktionssphäre. Dieses Verständnis allein kann letztlich den Boden für eine umfassende klassenpolitische Praxis bereiten.

Anmerkungen

1 Letztgenannter Aspekt bezieht sich auf jene Waren und Dienstleistungen, die zu einem bestimmten Zeitpunkt in der Geschichte in einer bestimmten Gesellschaftsformation zur Grundversorgung gezählt werden. Dieses historisch-moralische Element der Wertbestimmung der Arbeitskraft (Marx 1962b: 185) ist Gegenstand klassenspezifischer Kämpfe und Aushandlungen und kann innerhalb eines Landes durchaus selektiv auf verschiedene Segmente der Arbeiter:innenklasse angewendet werden, siehe zum Beispiel Marx-Engels-Werke Band 16 (Marx 1962a: 388).

2 Diese Überlegungen sind nicht auf die Kommodifizierung geringqualifizierter migrantischer Arbeiter:innen beschränkt, auch wenn der Zusammenhang zwischen Arbeitsmigration und intensivierten Formen der Ausbeutung von Arbeitskraft eine erstaunliche Evidenz aufzeigt. Ähnliches ließe sich beispielsweise durchaus über die Ausbeutung weiblicher Arbeitskraft in peripheren Produktionsprozessen sagen, siehe zum Beispiel Custer (2012).

3 Neben meinen eigenen Forschungsergebnissen (vgl. Puder 2022) lassen sich in der empirischen Literatur zum Arbeitsmigrationskomplex zahlreiche Anhaltspunkte finden, die meine These der Überausbeutung zu bestätigen scheinen. Vgl. zum Beispiel Birke (2021) sowie Friedrich und Pierdicca (2016).

4 Vgl. Amnesty International (2022).

Literatur

Amin, Shahid und Marcel van der Linden 1997: Introduction, in: dies. (Hg.): »Peripheral« Labour? Studies in the History of Partial Proletarianization. Cambridge: Cambridge University Press, 1–8.

Amnesty International 2022: Ausbeutung und Todesfälle: Wie Arbeitsmigrant*innen für die FIFA-WM in Katar leiden. ‹https://www.amnesty.at/themen/wm-in-katar-2022/ausbeutung-und-todesfaelle-wie-arbeitsmigrant-innen-fuer-die-fifa-wm-in-katar-leiden/#ausbeutung-und-tote›.

Birke, Peter 2021: Die Fleischindustrie in der Coronakrise: Eine Studie zu Migration, Arbeit und multipler Prekarität, in: Sozial. Geschichte Online 29, 1–47.

Bojadžijev, Manuela und Serhat Karakayali 2007 [2006]: Autonomie der Migration. 10 Thesen einer Methode, in: TRANSIT MIGRATION Forschungsgruppe (Hg.): Turbulente Ränder. Neue Perspektiven auf Migration an den Grenzen Europas. Bielefeld: transcript, 203-210.

Custers, Peter 2012 [1995]: Capital Accumulation and Women's Labour in Asian Economies. New York: Monthly Review Press.

Friedrich, Sebastian und Marika Pierdicca 2016: Willkommen in der Ausbeutung. Autonomie der Migration, Rassismus und Kapitalismus in Deutschland, in: Denknetz, Jahrbuch, 50–58.

Haubner, Tine 2017: Die Ausbeutung der sorgenden Gemeinschaft. Laienpflege in Deutschland. Frankfurt a. M.: Campus.

International Labour Office (ILO) 2002: Report VI: Decent work and the informal economy. Sixth item on the agenda. Geneva: International Labour Office.

Jaffe, Aaron 2020: Social Reproduction Theory and the Socialist Horizon. Work, Power and Political Strategy. London: Pluto Press.

Marini, Ruy M. 1974: Die Dialektik der Abhängigkeit, in: Dieter Senghaas (Hg.): Peripherer Kapitalismus. Analysen über Abhängigkeit und Unterentwicklung. Übers. von Maya Reichel. Frankfurt a. M.: Suhrkamp, 98–136.

Mendívil, Eleonora R. und Bafta Sarbo 2021: Materialistischer Antirassismus - zurück zu den Wurzeln, in: Thomas Sablowski, Judith Dellheim, Alex Demirović, Katharina Pühl und Ingar Solty (Hg.): Auf den Schultern von Marx. Münster: Westfälisches Dampfboot, 297–309.

Marx, Karl 1962a: Der Generalrat an den Föderalrat der romanischen Schweiz, in: Marx-Engels-Werke. Band 16. Berlin: Dietz, 384–391.

Marx, Karl 1962b [1867/1890]: Das Kapital. Kritik der politischen Ökonomie. Erster Band. Buch I: Der Produktionsprozeß des Kapitals, in: Marx-Engels-Werke. Band 23. Berlin: Dietz.

Miles, Robert 1991 [1989]: Rassismus. Einführung in die Geschichte und Theorie eines Begriffs. Übers. von Michael Haupt. Hamburg und Berlin: Argument.

Puder, Janina 2022: Akkumulation – Überausbeutung – Migration. Arbeit im malaysischen Palmöl-Industriellen-Komplex. Frankfurt a. M.: Campus.

Scott, James C. 1989: Everyday Forms of Resistance, in: The Copenhagen Journal of Asian Studies 4(1), 33–62.

Sinaga, Hariati 2021: Buruh Siluman. The Making and Maintaining of Cheap and Disciplined Labour on Oil Palm Plantations in Indonesia, in: Maria Backhouse, Rosa Lehmann, Kristina Lorenzen, Malte Lühmann, Janina Puder, Fabricio Rodríguez und Anne Tittor (Hg.): Bioeconomy and Global Inequalities. Socio-Ecological Perspectives on Biomass Sourcing and Production. Cham: Palgrave Macmillan, 175–193.

Smith, John 2016: Imperialism in the Twenty-First Century. Globalization, Super-Exploitation, and Capitalism's Final Crisis. New York: Monthly Review Press.

Wallerstein, Immanuel 1990 [1988]: Die Konstruktion von Völkern: Rassismus, Nationalismus, Ethnizität, in: Etienne Balibar und Immanuel Wallerstein (Hg.): Rasse, Klasse, Nation. Ambivalente Identitäten. Übers. von Michael Haupt und Ilse Utz. Hamburg und Berlin: Argument, 87–106.

Wallerstein, Immanuel und Joan Smith 1992: Households as an institution of the world-economy, in: dies. (Hg.): Creating and Transforming Households. The Constraints of the World-Economy. Cambridge: Cambridge University Press, 3–23.

Die soziale Fabrik
Sorgearbeit und Klassenkämpfe im Krankenhaus

Lena Reichardt

Das Krankenhaus als Institution sozialer Reproduktion geriet in den letzten Jahrzehnten zusehends durch den Abbau des Wohlfahrtsstaates mit seiner Politik der Privatisierung in eine Versorgungskrise, die in der medialen Öffentlichkeit als Pflegenotstand[1] skandalisiert und in feministischen Gesellschaftsanalysen als Bestandteil einer Reproduktionskrise (vgl. Aulenbacher 2009; Jürgens 2010) gefasst wird. Alltagspraktisch sind zudem viele Menschen mit den drastischen Veränderungen in der Gesundheitsversorgung konfrontiert und erfahren diese am eigenen Leib. Indessen formieren sich seit Jahren Kämpfe seitens der Beschäftigten gegen die profitförmige Reorganisation von Krankenhäusern (vgl. Dück 2018 und 2022) und verweisen auf den für diesen Beitrag einschlägigen gesellschaftskritischen Horizont. Kämpfe dieser Art entzünden sich im Kern an einem zentralen Widerspruch: Die kapitalistische Gesellschaftsformation beruht auf Bedingungen – wesentlich für den hier betrachteten Bereich sind das soziale Reproduktionsarbeiten –, die systematisch abgewertet und untergraben werden, gleichzeitig aber die inhärente Voraussetzung jeglicher Kapitalakkumulation ausmachen (vgl. Fraser 2016, 2017 und 2023). Im vorliegenden Beitrag werden die sich auftuenden Kämpfe und der Widerspruch zwischen sozialer Reproduktion und kapitalistischer Produktionsweise gleichermaßen anhand eines auf der frühen Kritischen Theorie und mittels eines auf der feministischen Theoriebildung fußenden theoretischen Fundaments ergründet.[2] Sodann sollen die gegenwärtigen Streikbewegungen im Krankenhaus als feministische Klassenkämpfe reflektiert und der sogenannte Pflegenotstand als Ausdruck des sozialreproduktiven Widerspruchs im Gegenwartskapitalismus interpretiert werden. Um der Frage nachzugehen, wie gegenwärtig eine Wissensproduktion erfolgen kann, die es vermag, konkrete Kämpfe mit einer Kritik der gesellschaftlichen Verhältnisse zu verklammern, werden abschließend die in diesen Kämpfen enthaltenen Widerstandspotenziale in den Fokus gerückt und als richtungsweisend für die Entwicklung einer durch soziale Kämpfe verbürgten Kritischen Theorie der Gesellschaft ausgewiesen. Dabei geht es auch darum, der emanzipatorischen Aufgabe Kritischer Theorie gerecht zu werden: Sie zielt »nirgends bloß auf Vermehrung des Wissens als solchen ab, sondern auf die Emanzipation des Menschen aus versklavenden Verhältnissen« (Horkheimer 2009: 219).

Über Marx hinaus – Sozialreproduktiver Widerspruch im Krankenhaus

Eine Möglichkeit, soziale Reproduktion im Sinne einer Kritischen Theorie der Gesellschaft zu betrachten und die Chancen von Interventionen auszuloten, kann über das Einnehmen einer materialistisch-feministischen Theorieperspektive erfolgen, da auf diese Weise gesellschaftstheoretisch und in emanzipatorischer Absicht die Gesamtheit der kapitalistischen Verhältnisse in den Blick genommen wird, die als Verschränkung verschiedener Herrschaftsverhältnisse begreifbar werden und unter denen soziale Reproduktion organisiert und Geschlechterasymmetrie (re-)produziert wird (Dück und Schütt 2014: 2 f.).

In Analogie zum Verhältnis zwischen Kapital und Arbeit haken materialistisch-feministische Ansätze sozialer Reproduktion an der Marx'schen Passage zu »Kauf und Verkauf der Arbeitskraft« als Scharnierstelle ein (Butollo und Nachtwey 2018a: 35 und 2018b: 170), um das Verhältnis von sozialer Reproduktion und kapitalistischer Wertschöpfung zu bestimmen (Vogel 2013: 143 ff.; Dück und Hajek 2019: 591). Marx folgend stellt die Reproduktion der Ware Arbeitskraft den Ursprung des kapitalistischen Mehrwerts dar und ist damit die Voraussetzung des Produktionsprozesses (Marx 1962: 185), das Streben nach Mehrwertsteigerung geschieht jedoch meistens zulasten der Reproduktion der Arbeitskraft (Dück und Hajek 2019: 591). Die Trennung der sozialen Reproduktion von der Produktion im Zuge der Herausbildung des Kapitalismus ging mit Hierarchisierungen, Vergeschlechtlichungen und Abwertungen im Trennungsprozess einher (Dück 2022: 54 ff.).[3] Encarnación Gutiérrez-Rodríguez zeigt anhand der Konzepte ›Feminisierung‹ und ›Kolonialität‹ auf, dass es sich um eine permanente gesellschaftliche Abwertung bestimmter Arbeitssektoren handelt, in denen eine Überrepräsentation von *feminisierten* und *rassifizierten* Subjekten wahrnehmbar ist (Gutiérrez-Rodríguez 2014: 75 f.). Diese Mechanismen und die kapitalistische Tendenz zur Senkung des Wertes der Ware Arbeitskraft (Dück 2022: 52) wirken sich bis heute auf die gesellschaftliche Situierung von erwerbsförmiger Sorgearbeit respektive Krankenhauspflege aus. Die gegenwärtigen Reproduktions- und Fürsorgegefährdungen verweisen auf einen zentralen Widerspruch, den Nancy Fraser in ihrem programmatischen Aufsatz *Contradictions of Capital and Care* als sozialreproduktiven Widerspruch bezeichnet. Eine Wirtschaftsweise, die im Kern auf Wertakkumulation und Profit ausgerichtet ist, untergräbt die notwendige Reproduktionsarbeit zur Erhaltung von Leben und sozialen Bedingungen (Fraser 2016: 100; Fraser 2023: 98 f.). Der sozialreproduktive Widerspruch ist Fraser zufolge dadurch gekennzeichnet, dass soziale Reproduktion einerseits eine Ermöglichungsbedingung für die dauerhafte Kapitalakkumulation darstellt, während die Ausrichtung der kapitalistischen Produktionsweise auf unbegrenzte Akkumulation andererseits zur Tendenz führt, die Prozesse der sozialen Reproduktion, auf die sich diese stützt, zu destabilisieren.

Feministische Klassenkämpfe und Politiken sozialer Reproduktion

In aktuellen Kämpfen um soziale Reproduktion, wie sie von der Streikbewegung im Gesundheitswesen geführt werden, flackern die Ausgangsthemen der 1970er Jahre wieder auf,[4] da diese die Auswirkungen der materiellen Bedingungen von Reproduktionsarbeit auf (migrantisierte) Frauen anzeigen (Beier 2021: 7). Sie finden sich an strategischer Stelle in den Widersprüchen des Kapitals wieder, das unaufhörlich den Boden unterwühlt, auf dem es gedeiht (Vogel 2019: 10). Eingeordnet in fünf Jahrzehnte feministische Bewegungsgeschichte avanciert die soziale Reproduktion wieder zu einem zentralen Bezugspunkt dieser Bewegungen und drückt sich in Forderungen nach einer *Care Revolution* oder in der ›transnationalen Frauen*streikbewegung‹ erneut aus (Hartmann 2020: 7). Insbesondere bei jüngeren feministischen Mobilisierungen wie den Protesten in Polen (Verteidigung reproduktiver Rechte), Spanien (Generalstreik für die Gleichberechtigung von Frauen) und Argentinien (Aufbegehren gegen Feminizide unter der Maxime »Ni una menos«) fällt auf, dass die Form des Reproduktionsstreiks wieder in die feministische Bewegung zurückkehrt (vgl. Federici und Schultes 2018). Die argentinische Feministin und prominente Vertreterin der lateinamerikanischen Frauen*streikbewegung Verónica Gago betont, dass

> »Feminismen [...] durch den Streik die Grenzen dessen in Frage [stellen], was als Arbeit definiert wird – und damit auch die Arbeiter*innenklasse. So öffnen sie die Kategorie wieder für neue Erfahrungen und zeigen ihre historisch ausschließende Bedeutung. Mehr noch: Der Streik

> erweitert feministische Erfahrungen und trägt sie in Räume, Generationen und Körper, die früher nicht Teil der feministischen Praxis waren.« (Gago 2021: 14)

Wie bereits im Zitat angedeutet, haben feministische Interventionen die wichtige Funktion, bestimmte Subjekte in den (Klassen-)Kämpfen sichtbar und Differenzen bearbeitbar zu machen (Dück 2022: 280). Ein Bereich, in dem sich in den letzten Jahren ein neuer Möglichkeitsraum für Klassenkämpfe eröffnet hat, ist das Krankenhaus – und es ist auch ein Beispiel dafür, feministische Kämpfe und Arbeitskämpfe nicht getrennt voneinander, sondern über gemeinsame Konfliktachsen auszutragen (Dück und Hajek 2019: 591). Das Krankenhaus ist einer der zentralen Bereiche zur Sicherstellung der sozialen Reproduktion in Form von erwerbsförmiger (und professioneller) Sorgearbeit. Seit Jahrzehnten vollziehen sich gravierende Veränderungen[5] in den gesellschaftlichen Reproduktionsverhältnissen, die mit dem Wandel von historisch spezifischen Produktionsweisen sowie deren politischer Regulierung (Dück 2022: 115) verknüpft sind. Diese Veränderungen lassen die Widersprüche der sozialen Reproduktion anwachsen und bilden zunehmend den Ausgangspunkt gesellschaftlicher Auseinandersetzungen (Dück 2018: 129). Die Sorgekämpfe (vgl. Artus et al. 2017) im Krankenhaus drehen sich um die Ausgestaltung der Arbeits- und Versorgungsbedingungen sowie um die Folgen der profitförmigen Reorganisation für die Krankenhausbeschäftigten (Dück 2018: 129).

Im Jahr 2015 wurde an der Berliner Charité eine Personalbemessung nach Tarifvertrag gefordert und das Konzept des Betten- und Stationsstreiks entwickelt, das es den Pflegebeschäftigten auf Normalstationen erstmals ermöglichte, ohne Angst vor Patient:innengefährdungen zu streiken. Dahingehend kann den Arbeitskämpfen an der Berliner Charité eine Schlüsselrolle zugesprochen werden (Dribbusch

2023: 149), da hier ein konkreter Weg eingeschlagen wurde, um die Entlastung der Pflege tariflich zu flankieren und somit nicht allein auf politisch-rechtliche Veränderungen zu warten (ebd.: 152). Im Jahr 2017 formierten sich unter dem Aufruf »Pflegestreik Saar« verschiedene Streiks in unterschiedlichen Kliniken. Die gewerkschaftlich organisierten Arbeitskämpfe konzentrierten sich in den folgenden Jahren auf die Durchsetzung von Entlastungstarifverträgen an Universitätskliniken (Quetting 2022: 11 f.). Zuletzt führte ein gewaltiger Arbeitskampf im nordrhein-westfälischen Gesundheitswesen in Form eines mehr als elf Wochen andauernden Streiks unter dem Kampagnennamen »Notruf NRW« an sechs Unikliniken zum sogenannten Tarifvertrag Entlastung (vgl. Notruf NRW 2022). Die Krankenhausstreiks sind ein eindrückliches und zugleich hoffnungsvolles Beispiel des emanzipatorischen Potenzials von Selbstorganisierung der Beschäftigten im Gesundheitswesen. Umkämpft ist dabei das Verhältnis der sozialen Reproduktion zu ihren politökonomischen Rahmenbedingungen und zu den Erfordernissen der kapitalistischen Produktionsweise (Dück 2022: 107 f.).

Auf die Praxis zielen: Widerständiges Wissen

Sorgearbeiten sind für jede Gesellschaft unverzichtbar. Den Großteil dieser nicht bzw. schlecht entlohnten Arbeiten leisten in den westlichen Industrieländern bis heute Frauen (vgl. Statistisches Bundesamt 2019; Bauhardt 2017: 256 ff.), so auch im Bereich der Krankenhauspflege, die mit einem Frauenanteil von 75 Prozent (vgl. Statistisches Bundesamt 2024) als hochgradig geschlechtsspezifische Arbeit ausgewiesen werden kann. Die Arbeitskämpfe im Krankenhaus berühren gesellschaftspolitische Kernfragen (Dribbusch 2023: 136): Wie muss die Relation zwischen Produktion und sozialer Reproduktion verändert werden? Wie wäre die gesellschaftliche Organisation der sozialen Reproduktion zu gestalten (vgl. Fraser 2019)? Zudem wirken die Arbeitskämpfe als Kristallisationspunkte, an denen die Öffentlichkeit auf Defizite des Gesundheitswesens aufmerksam wird (Dribbusch 2023: 136).

Eine materialistisch-feministische Analyse leistet eine Kritik an der Funktion von vergeschlechtlichter Arbeitsteilung im Kapitalismus. Sie blickt auf die Bedingungen, die (migrantisierte) Frauen besonders vulnerabel für die Übernahme von Sorgearbeit macht und bietet einen Erklärungsansatz für die Beharrungskraft von geschlechtsspezifischer Arbeitsteilung. Diese Beharrungskräfte drücken sich derzeit in einer Umverteilung von Sorge- und Versorgungsarbeit entlang von Klassenverhältnissen und Migrationsregimen aus. Geschlechterverhältnisse und ethnische Segregationen auf dem Arbeitsmarkt gehen nicht nur in Klassenverhältnisse ein, sondern modulieren bzw. determinieren diese: beide sind in einem hohen Maße ökonomischen Ursprungs und für die gesellschaftliche Arbeitsteilung in unterschiedlicher Weise prägend (Arruzza 2017: 122). Empirisch ist nicht nur der hohe Anteil von Frauen im Feld der Krankenhauspflege auffällig, sondern zugleich die hohe Zahl international angeworbener weiblicher Pflegekräfte, anhand derer die Verlagerung des Ausbeutungsverhältnisses und die rassistische Verfasstheit der in Dienst nehmenden Institution sozialer Reproduktion deutlich wird. Dass Sorgearbeit an migrantisierte Arbeiterinnen delegiert wird, verdeutlicht erneut, auf welche Weise die soziale Reproduktion in kapitalistischen Gesellschaftsformationen fortwährend ausgelagert wird. Gesellschaftstheoretisch rückgebunden erscheinen die gegenwärtigen Belastungen im Gesundheitswesen nicht mehr zufällig. Der akute Pflegenotstand in den Krankenhäusern kann dann als Ausdruck eines sozialreproduktiven Widerspruchs im Gegenwartskapitalismus und dieser als tiefenstrukturelle Ursache identifiziert werden (Fraser 2022: 54).

Vielmehr ist der sozialreproduktive Widerspruch des Kapitalismus die Wurzel der Pflegekrise (Fraser 2019: 99 f.), bricht in der Arbeitswelt von Pflegebeschäftigten auf und wird anhand von Arbeitsverdichtung und Zeitmangel im alltäglichen Versorgungsprozess erfahren. An diesem Widerspruch entzünden sich die gegenwärtigen Arbeitskämpfe in Form von Krankenhausstreiks, die eine kämpferische Bearbeitung dieses Widerspruchs darstellen. Im Moment des Widerspruchs entfalten sich bereits Möglichkeiten, die Verhältnisse neu und anders zu denken (Fitsch et al. 2022: 12) und nach emanzipatorischen Potenzialen für die Veränderung des Gesundheitswesens zu streben. Eine dieser möglichen Veränderungen ist Entlastung und resultiert aus der Erfahrung des Zeitmangels der Pflegebeschäftigten im alltäglichen Versorgungsprozess. Diese Erfahrung ist eine Folge der jahrelangen Einordnung der Pflege als Kostenfaktor (Mohan 2018: 167 f.), die unter anderem zum verschärften Personalmangel im Krankenhaus führte. Und diese Erfahrung geht einher mit der Einsicht vieler Beschäftigter, dass die Finanzierung eines Krankenhauses nicht einer wettbewerbsfokussierten Finanzierungslogik überlassen, sondern an der Bedarfsorientierung ausgerichtet werden sollte. Es gilt, an den widerstrebenden Arbeitserfahrungen (Rationalisierung der pflegerischen Arbeiten, Zeitdruck, Arbeitsverdichtung) der Pflegebeschäftigten anzusetzen, um davon ausgehend eine praktisch gewordene Kritik des gesellschaftlichen Ganzen zu formulieren und eine Theoriebildung zu forcieren, die in gesellschaftliche Verhältnisse interveniert, um schlussendlich durch die sich bietenden emanzipatorischen Potenziale über diese hinauszuweisen.

Anmerkungen

1 Siehe exemplarisch den *Zeit*-Artikel *Pflegenotstand »Mir ist dabei die Luft ausgegangen«* unter ‹www.zeit.de/kultur/2022-07/pflegenotstand-kliniken-corona-streik-10nach8›.

2 Grund der Auswahl beider Theorielinien ist ihr gemeinsamer Beweggrund, bekanntlich das Leiden an den Verhältnissen und die Veränderung der Verhältnisse (Speck 2020: 102).

3 Als einschlägige Vertreterinnen dieser Argumentation sind zu nennen: Gisela Bock und Barbara Duden (1977); Karin Hausen (1976); Ute Gerhard (1978); Ursula Beer (1984 und 1990).

4 In den 1970er Jahren ist die Bedeutung der unbezahlten Reproduktionsarbeit für die Kapitalakkumulation in der sogenannten Hausarbeitsdebatte diskutiert und konzeptualisiert worden (vgl. Kitchen Politics 2012: 13). Diese Debatte entwickelte sich aus einer feministischen Marxkritik der Zweiten Frauenbewegung und an einer marxistischen Politik: »Im Zentrum dieser Kritik steht das Argument, die Marxsche Analyse des Kapitalismus leide darunter, dass Marx nicht in der Lage gewesen sei, wertschöpfende Arbeit anders zu denken als in der Form der Warenproduktion« (Federici 2012: 22). Die Frauenbewegung der 1970er Jahre rückte die Frage der Reproduktion und Fürsorge ins Zentrum ihres politischen Kampfes und machte diese Aspekte zu den strategischen Ausgangspunkten ihrer Kritik an der Einrichtung der Gesellschaft. Die Kampagne »Lohn für Hausarbeit« sollte sowohl auf die Funktion der Reproduktionsarbeit für die kapitalistische Akkumulation als auch auf das Unsichtbarmachen und Nicht-Anerkennen dieser gesellschaftlich notwendigen Arbeit aufmerksam machen (Speck 2019: 40 f.). Die feministische Kritik intervenierte in den Arbeiterbewegungsmarxismus, welcher nicht die Interessen und Erfahrungen von Frauen als ernstzunehmenden Teil sozialistischer Politik anerkannte: »man denke an die ebenso hochnotpeinlichen wie sinnlosen Haupt- und Nebenwiderspruchsthesen« (Asenbaum und Kinzel 2009: 2).

5 Die Umstellung des Krankenhausfinanzierungssystems von Tagessätzen auf Fallpauschalen (*Diagnosis Related Groups*, DRG) zu Beginn der 2000er Jahre ist eine der gravierendsten Veränderungen, die vor allem die Ausdünnung des Pflegepersonals zur Folge hatte, weil dieses innerhalb der Logik des neuen Systems den Status eines Kostenfaktors bekam (Dück 2022: 23).

Literatur

Arruzza, Cinzia 2017 [2010]: Feminismus und Marxismus. Eine Einführung. Übers. von Michael Weis. Hamburg: ISP-Verlag.

Artus, Ingrid, Peter Birke, Stefan Kerber-Clasen und Wolfgang Menz 2017: Die aktuellen Kämpfe um Sorge-Arbeit. Zur Einleitung, in: dies. (Hg.): Sorge-Kämpfe. Auseinandersetzungen um Arbeit in sozialen Dienstleistungen. Hamburg: VSA, 7–31.

Asenbaum, Maria und Katharina Kinzel 2009: Wert und Wettex, in: Perspektiven. Magazin für linke Theorie und Praxis 9.

Aulenbacher, Brigitte 2009: Arbeit, Geschlecht und soziale Ungleichheiten. Perspektiven auf die Krise der Reproduktion und den Wandel von Herrschaft in der postfordistischen Arbeitsgesellschaft, in: Arbeits- und Industriesoziologische Studien 2(2), 61–78.

Bauhardt, Christine 2017: Feministische Ökonomiekritik: Arbeit, Zeit und Geld aus einer materialistischen Geschlechterperspektive, in: Beate Kortendiek, Birgit Riegraf und Katja Sabisch (Hg.): Handbuch Interdisziplinäre Geschlechterforschung. Geschlecht und Gesellschaft 65. Wiesbaden: Springer VS, 253–261.

Beer, Ursula 1984: Theorien geschlechtlicher Arbeitsteilung. Frankfurt a. M. und New York: Campus.

Beer, Ursula 1990: Geschlecht, Struktur, Geschichte. Soziale Konstituierung des Geschlechterverhältnisses. Frankfurt a. M. und New York: Campus.

Beier, Friederike 2021: Vorwort, in: Silvia Federici: Revolution at Point Zero. Hausarbeit, Reproduktion und feministischer Kampf. Band 2: Theorien und Kämpfe sozialer Reproduktion. Hg. von Friederike Beier. Übers. von Leo Kühlberger. Münster: Unrast, 7–14.

Bock, Gisela und Barbara Duden 1977: Arbeit aus Liebe – Liebe aus Arbeit. Zur Entstehung der Hausarbeit im Kapitalismus, in: Gruppe Berliner Dozentinnen (Hg.): Frauen und Wissenschaft. Beiträge zur Berliner Sommeruniversität für Frauen, Juli 1976. Berlin: Courage, 118–199.

Butollo, Florian und Oliver Nachtwey 2018a: Einleitung. Marx und die Kritik des Kapitalismus, in: dies. (Hg.): Karl Marx. Kritik des Kapitalismus. Schriften zu Philosophie, Ökonomie, Politik und Soziologie. Berlin: Suhrkamp, 9–38.

Butollo, Florian und Oliver Nachtwey 2018b: Von der Entfremdung zur Befreiung. Philosophie und Soziologie der Arbeit bei Marx (Einführung der Herausgeber), in: dies. (Hg.): Karl Marx. Kritik des Kapitalismus. Schriften zu Philosophie, Ökonomie, Politik und Soziologie. Berlin: Suhrkamp, 167–173.

Dribbusch, Heiner 2023: STREIK. Arbeitskämpfe und Streikende in Deutschland seit 2000 – Daten, Ereignisse, Analysen. Hamburg: VSA.

Dück, Julia 2018: Feministische Klassenpolitiken in Kämpfen um soziale Reproduktion. Zu den Auseinandersetzungen an der Berliner Charité für mehr Personal im Krankenhaus, in: sub\urban. zeitschrift für kritische stadtforschung 6(1), 129–140.

Dück, Julia 2022: Soziale Reproduktion in der Krise. Sorgekämpfe in Krankenhäusern und Kitas. Weinheim und Basel: Beltz Juventa.

Dück, Julia und Katharina Hajek 2019: Über die Kapitallogik hinaus – feministische Klassenpolitiken denken, in: PROKLA. Zeitschrift für Kritische Sozialwissenschaft 49(197), 591–595.

Dück, Julia und Marianna Schütt 2014: Editorial: Materialistischer Feminismus, in: PROKLA. Zeitschrift für Kritische Sozialwissenschaft 44(174), 2–10.

Federici, Silvia 2012: Die Reproduktion der Arbeitskraft und die unvollendete feministische Revolution, in: Kitchen Politics. Queerfeministische Interventionen (Hg.): Aufstand aus der Küche. Reproduktionsarbeit im globalen Kapitalismus und die unvollendete feministische Revolution. Münster: edition assemblage, 21–86.

Federici, Silvia und Hannah Schultes 2018: Der schnellste Weg aus der Küche. Hausarbeit, Generalstreiks, Identitätspolitik und der falsche Traum von der Emanzipation durch Lohnarbeit, in: Sebastian Friedrich und Redaktion analyse & kritik (Hg.): Neue Klassenpolitik. Linke Strategien gegen Rechtsruck und Neoliberalismus. Berlin: Bertz+Fischer, 89–97.

Fendel, Heike-Melba 2022: Pflegenotstand »Mir ist dabei die Luft ausgegangen«, in: Zeit Online, 5. Juli. ‹www.zeit.de/kultur/2022-07/pflegenotstand-kliniken-corona-streik-10nach8›.

Fitsch, Hannah, Inka Greusing, Ina Kerner, Hanna Meißner und Aline Oloff 2022: »Der Welt eine neue Wirklichkeit geben.« Zur Einleitung, in: dies. (Hg): Der Welt eine neue Wirklichkeit geben. Feministische und queertheoretische Interventionen. Bielefeld: transcript, 11–20.

Fraser, Nancy 2016: Contradictions of Capital and Care, in: New Left Review 100(78), 99–117.

Fraser, Nancy 2017: Crisis of Care? On the Social-Reproductive Contradictions of Contemporary Capitalism, in: Tithi Bhattacharya (Hg.): Social Reproduction Theory. Remapping Class, Recentering Oppression. London: Pluto Press, 21–36.

Fraser, Nancy 2019: Feministische Front im Klassenkampf. Der Feminismus muss den Sturz der Konzernmacht anstreben, statt ihr ein weibliches Antlitz zu verleihen. Nancy Fraser im Gespräch, in: IPG Journal, 2. September. ‹www.ipg-journal.de/regionen/global/artikel/feministische-front-im-klassenkampf-3691/›.

Fraser, Nancy 2023 [2022]: Der Allesfresser. Wie der Kapitalismus seine eigenen Grundlagen verschlingt. Übers. von Andreas Wirthensohn. Frankfurt a. M.: Suhrkamp.

Gago, Verónica 2021 [2020]: Für eine feministische Internationale. Wie wir alles verändern. Übers. von Katja Rameil. Münster: Unrast.

Gerhard, Ute 1978: Verhältnisse und Verhinderungen. Frauenarbeit, Familie und Rechte der Frauen im 19. Jahrhundert. Frankfurt a. M.: Suhrkamp.

Gutiérrez-Rodríguez, Encarnación 2014: Haushaltsarbeit und affektive Arbeit: über Feminisierung und Kolonialität von Arbeit, in: PROKLA. Zeitschrift für Kritische Sozialwissenschaft 44(174), 71–91.

Hartmann, Anna 2020: Entsorgung der Sorge. Geschlechterhierarchie im Spätkapitalismus. Münster: Westfälisches Dampfboot.

Hausen, Karin 1976: Die Polarisierung der »Geschlechtscharaktere« – eine Spiegelung der Dissoziation von Erwerbs- und Familienleben, in: Werner Conze (Hg.): Sozialgeschichte der Familie in der Neuzeit Europas. Neue Forschungen. Stuttgart: Klett.

Horkheimer, Max 2009 [1937]: Nachtrag. Traditionelle und kritische Theorie, in: ders.: Gesammelte Schriften. Band 4: Schriften 1936–1941. Hg. von Alfred Schmidt. Frankfurt a. M.: Fischer, 217–225.

Jürgens, Kerstin 2010: Deutschland in der Reproduktionskrise, in: Leviathan 38(4), 559–587.

Kitchen Politics. Queerfeministische Interventionen 2012: Einleitung oder Anleitung zum Aufstand aus der Küche, in: dies. (Hg.): Aufstand aus der Küche. Reproduktionsarbeit im globalen Kapitalismus und die unvollendete feministische Revolution. Münster: edition assemblage, 6–20.

Marx, Karl 1962 [1867/1890]: Das Kapital. Kritik der politischen Ökonomie. Erster Band. Buch I: Der Produktionsprozeß des Kapitals, in: Marx-Engels-Werke. Band 23. Berlin: Dietz.

Mohan, Robin 2018: Die Ökonomisierung des Krankenhauses. Eine Studie über den Wandel pflegerischer Arbeit. Bielefeld: transcript.

Notruf NRW und ver.di 2022: Gemeinsam stark für Entlastung. ‹notruf-entlastungnrw.de›.

Quetting, Michael 2022: Die Pflege im Aufbruch. Über die Leichtigkeit, Pflegepersonen zu organisieren, in: Julia Dück und Julia Garscha (Hg.): Aus Sorge kämpfen. Von Krankenhausstreiks, Sicherheit von Patient*innen und guter Geburt, in: luxemburg beiträge 9, 9–21.

Speck, Sarah 2019: »Wir machen was, was ihr nicht seht«. Zur Politisierung von Sorge in feministischen und anderen Bewegungen, in: Beate Binder, Sabine Hess, Cordula Bischoff, Sabine Kienitz und Sven Bergmann (Hg.): Care: Praktiken und Politiken der Fürsorge. Ethnographische und geschlechtertheoretische Perspektiven. Opladen, Berlin und Toronto: Barbara Budrich, 35–54.

Speck, Sarah 2020: In Verteidigung der epistemischen Asymmetrie, in: WestEnd. Neue Zeitschrift für Sozialforschung 17(2), 97–108.

Statistisches Bundesamt 2019: Zeitverwendung (ZVE) 2012/2013, ‹www.destatis.de/DE/Themen/Gesellschaft-Umwelt/Einkommen-Konsum-Lebensbedingungen/Zeitverwendung/Tabellen/aktivitaeten-alter-zve.html›.

Statistisches Bundesamt 2024: Gesundheitspersonal. ‹www.destatis.de/DE/Themen/Gesellschaft-Umwelt/Gesundheit/Gesundheitspersonal/_inhalt.html#235088›.

Vogel, Lise 2019 [1983/2013]: Marxismus und Frauenunterdrückung. Auf dem Weg zu einer umfassenden Theorie. Übers. von Rhonda Koch, Johannes Liess und Jasper Stange. Münster: Unrast.

Vorbemerkung zu
Fuck the clapping, let's get angry!

Robin Mohan

Viele der Diskussionen der letzten Jahre, in denen es um die Frage ging, welche Rolle K/kritische Theorie in der Gesellschaft oder in der Praxis spielen könnte und sollte – Diskussionen, wie sie nicht zuletzt innerhalb des Instituts für Sozialforschung geführt wurden – gehen mehr oder weniger unhinterfragt von der Voraussetzung aus, dass K/kritische Theorie etwas ist, das im wissenschaftlich-akademischen Feld produziert wird. Damit stellt sich das Problem der Vermittlung von Theorie und Praxis heute in aller Regel als akademisches Problem. Aus der Perspektive ›der Praxis‹ wird das auch häufig und schon lange so wahrgenommen. Paul Mattick – 1904 geboren, gelernter Werkzeugmacher und Rätekommunist – hat in einem biografischen Gespräch, das er 1976 mit Michael Buckmiller geführt hat, folgendes über seine Jugendjahre zu Protokoll gegeben:

> »Aber der Gedanke der Trennung von Theorie und Praxis oder Bevorzugung des einen vor dem anderen, dieses ganze Problem war niemals in unserem Bewusstsein, dieses Verhältnis von Theorie und Praxis als Problem existierte nicht in unserem Hirn. Das mag vielleicht ein akademisches Problem sein, aber wir haben nie darüber nachgedacht, was für ein Verhältnis zwischen Theorie und Praxis sein sollte, weil wir zu einer Zeit groß wurden, in der die Praxis tatsächlich revolutionär [...] war« (Mattick 2013: 84).

Das mag überspitzt sein. Das Verhältnis von Theorie und Praxis wurde natürlich auch in der Zeit während des und nach dem Ersten Weltkrieg schon innerhalb des Marxismus problematisiert – in *Marxismus und Philosophie* (1923) von Karl Korsch, dem halbwegs prominenten Wegbereiter und Mitdiskutanten der ersten marxistischen Arbeitswoche, ist es ein zentrales Thema. Dennoch adressiert Mattick ein reales Problem und verweist implizit auf zwei historische Entwicklungstendenzen, welche die heutigen Ausgangsbedingungen kritischer Theorie markieren. Erstens: das weitgehende Verschwinden *revolutionärer* Praxis. Davon handelt der von Leo Löwenthal – ebenfalls in einem biografischen Gespräch – geäußerte Satz: »Wir haben nicht die Praxis verlassen, sondern die Praxis hat uns verlassen« (Löwenthal 1980: 78 f.). Die Vorstellung von revolutionärer Umwälzung hat vor allem als *theoretischer* Gedanke, fast verloschene Hoffnung und ›unpraktisches‹ Bedürfnis überlebt.[1]

Zweitens: der (daraus resultierende) weitgehende Rückzug der kritischen Theoriearbeit in das Feld der Wissenschaft. Obwohl manche Fortführungen kritischer Theorie eher im subakademischen Feld überlebt haben, scheint heute doch eine stark akademisierte Variante kritischer Theorie zu dominieren, vor allem im deutschsprachigen Raum. Diese Akademisierung und die mit ihr einhergehende Verwissenschaftlichung (wissenschaftliche Disziplinierung) wird hier auch deshalb aufgegriffen, weil deren Kritik ein Motiv ist, das sich von Marx über Korsch und das linkskommunistische Milieu, aus dem die erste marxistische Arbeitswoche hervorgegangen ist (vgl. Voller 2022: 140 ff.), bis zu Horkheimer und Adorno durchzieht – dann aber eher bei einer Figur wie Hans-Jürgen Krahl überlebt als in den bekannteren Varianten ›neuerer Kritischer Theorie‹. Während sich heute die meisten, die sich mit Kritischer Theorie und ihrem Praxisbezug befassen, nur noch *als* Wissenschaftler:in (als Soziolog:in, als Philosoph:in, als Politkwissenschaftler:in) verstehen und aus dieser Position heraus sprechen, bestimmt

Horkheimer in einem der zentralen Gründungstexte der Kritischen Theorie ihr Trägersubjekt gerade in Abgrenzung zu einem solchen »Fachgelehrte[n]« (Horkheimer 1988a: 180). Er spricht vielmehr allgemein von den »Subjekten des kritischen Verhaltens« (ebd.: 181), die den gegebenen arbeitsteiligen Gesellschaftszusammenhang bewusst hinterfragen. Diese Kritik der Verwissenschaftlichung lässt sich auch aus Horkheimers Diktum herauslesen, »Marx nicht mit den Augen des ökonomischen Fachmannes zu sehen, sondern mit denen eines Menschen, der weiß, daß er in einer verkehrten Gesellschaft lebt und die richtige Gesellschaft will« (Horkheimer 1988b: 325).

Als Kontrapunkt zu dieser Tendenz der Verwissenschaftlichung kritischer Theorie- und Wissensproduktion in nichtrevolutionären Zeiten wird im Folgenden ein Text abgedruckt, der aus einem nicht-wissenschaftlichen Feld und einem Kreis von Leuten stammt, die sich das praktische Bedürfnis nach radikaler Umwälzung nicht haben austreiben lassen. In dem Text reflektiert eine Person, die als *health care assistant* in einem britischen Krankenhaus tätig ist, die eigenen Erfahrungen mit der Arbeit und dem Arbeitskampf im NHS (National Health Service) und setzt diese zu vorangegangenen Kämpfen und gesellschaftlichen Entwicklungen in Beziehung.[2] Der Originalbeitrag findet sich in einem Sammelband mit dem Titel *Sick of it all! Work, inquiry & struggle in the NHS*, den die Anarchist Communist Group (ACG) und die Angry Workers of the World (AWW) im Jahr 2022 veröffentlicht haben.[3] Beide Gruppen sind in Großbritannien aktiv und haben sich bereits früher theoretisch wie praktisch mit dem britischen Gesundheitswesen (NHS) befasst, das 2023 zum Schauplatz von Arbeitskämpfen historisch neuen Ausmaßes wurde. Der Band enthält Texte, die größtenteils von »health and social care workers« (Angry Workers 2022: 7) geschrieben wurden und sich als Beiträge zu den vier praxisbezogenen Aufgaben kritischer Theorie lesen lassen, die oben (vgl. Abschnitt III im Beitrag von Mohan hier im Buch) benannt wurden. Die Differenzen zwischen einer akademischen und einer nicht-akademischen Verortung zeigen sich schon in der Einleitung zu dem Band:

> »The initial idea for producing it [the book; R. M.] came from two directions: One of these was that some people involved in the AWW who worked in healthcare felt there was little revolutionary anarchist and libertarian communist analysis of health and social care work and the potential for struggle within that sector, as well as a need for people working within those areas to connect with each other to magnify and strengthen our struggle as both workers and revolutionaries.« (Ebd.)

Es geht also nicht um Analyse in irgendeinem vermeintlich unvoreingenommenen Sinne, sondern um eine Analyse in revolutionärer Absicht; es geht darum, das Potenzial der Kämpfe »for radical change and alternativ non-capitalist healthcare models« (ebd.) zu eruieren; es geht darum, sich durch die gemeinsame Wissensproduktion zu vernetzen, um Kämpfe zu stärken. Diese werden darüber hinaus von zwei voneinander getrennten, aber zu vermittelnden Perspektiven aus geführt und betrachtet: aus der von Arbeiter:innen und aus der von Revolutionär:innen. Darüber hinaus werden klare Praxisbezüge aufgemacht:

> »[W]e wanted to start to unpick some of the problems for us working in healthcare, begin a discussion about building a militant workers' movement within the NHS, and also think about what a healthcare system that is not dominated by the needs of capital might look like.« (Ebd.)

Anmerkungen

1 Karl Korsch ging in seinen *Thesen zur Diskussion über »Krise des Marxismus«* noch von einem *»praktischen Bedürfnis* des in seinen Mitteln und Zielen revolutionären proletarischen Klassenkampfes« aus, an das er einen lebendig weiterentwickelten Marxismus rückgebunden wissen wollte (Korsch 1929: 145; Hervorh. R. M.).

2 Angedeutet wird dabei auch die globale Dimension der zunehmenden Arbeitskonflikte im Gesundheitsbereich. Zu Recht sprach das *International Council of Nurses* Mitte 2022 von einer Zunahme von Arbeitskämpfen von Pflegekräften, die Symptom einer globalen Krise der Gesundheitssysteme sei (‹www.icn.ch/news/alarming-increase-industrial-action-nurses-symptom-global-crisis-health-care-systems›). Sie lässt sich als Ausdruck eines grundlegenden Widerspruchs zwischen guter Gesundheitsversorgung und kapitalistischer Produktionsweise deuten.

3 Der Band ist leider nicht online verfügbar, aber kann über PM Press bezogen werden: ‹pmpress.org.uk/product/sick-of-it-all-work-inquiry-struggle-in-the-nhs/›.

Literatur

Angry Workers (Hg.) 2022: Sick of it all! Work, inquiry & struggle in the NHS. Oakland: PM Press.

Horkheimer, Max 1988a: Traditionelle und kritische Theorie, in: ders.: Gesammelte Schriften. Band 4: Schriften 1936–1941. Hg. von Alfred Schmidt. Frankfurt a. M.: Fischer, 162–216.

Horkheimer, Max 1988b: Marx hat mehr recht behalten, als er selbst geahnt hat, in: ders.: Gesammelte Schriften. Band 14: Nachgelassene Schriften 1949–1972, 5. Notizen. Hg. von Gunzelin Schmid Noerr. Frankfurt a. M.: Fischer, 325–326.

Korsch, Karl 1993 [1923]: Marxismus und Philosophie, in: ders.: Gesamtausgabe. Band 3: Schriften zur Theorie der Arbeiterbewegung 1920–1923. Hg. von Michael Buckmiller. Amsterdam: Stichting beheer IISG, 299–370.

Korsch, Karl 1996 [1929]: Thesen zur Diskussion über »Krise des Marxismus«, in: ders.: Gesamtausgabe. Band 5: Krise des Marxismus: Schriften 1928–1935. Hg. von Michael Buckmiller. Amsterdam: Stichting beheer IISG, 141–147.

Löwenthal, Leo 1980: Mitmachen wollte ich nie. Ein autobiographisches Gespräch mit Helmut Dubiel. Frankfurt a. M.: Suhrkamp.

Mattick, Paul 2013: Die Revolution war für mich ein großes Abenteuer. Paul Mattick im Gespräch mit Michael Buckmiller. Hg. von Christoph Plutte und Marc Geoffroy. Münster: Unrast.

Voller, Christian 2022: In der Dämmerung: Studien zur Vor- und Frühgeschichte der Kritischen Theorie. Berlin: Matthes & Seitz.

Fuck the clapping, let's get angry!
Struggles in and beyond the white factory

Anonymous (from Health Workers United)

In July 2021 the UK government decided to pay NHS [National Health Service] workers three percent more, which given the increase in national insurance contributions and general living costs, turned out to be another real wage cut.[1] In response to the government decision unions in the NHS recommended that their members vote in favour of industrial action for a real wage increase. None of the unions managed to mobilise more than a quarter of their members to even cast their vote. This failure cannot be explained by NHS workers being happy with their pay and conditions. So, what are the reasons for this?

International lessons

Some people (and quite a few union representatives) said that because of the pandemic we should not engage in public protests or industrial action for better pay, because we would lose ›public support‹. They explained the low turn-out during the union ballots with this reluctance to ›rock the boat‹ during a pandemic. That seems superficial. Health workers in Germany, USA, and France took action during 2021 and they received substantial support. Many workers understand that if we don't fight for better wages and less stress at work even more workers will leave the NHS. The crisis of the health system is not caused by workers' struggle, but by under-funding and workers leaving their jobs. Despite their Brexit plans the government is having to recruit more care workers from abroad, as over 40,000 people left the care sector during the second half of 2021. The new workers will have to be paid at least 20,500 pounds a year, which is more than any Band 2 care worker in the NHS, even one who has been in the job for years.

Having said that the pandemic might be more of an excuse for not doing anything, many colleagues sincerely worry about the impact that a strike would have on patients. That is a real issue; we don't work in car factories or in an Amazon warehouse! One flaw of the last pay campaign was that there was no real discussion about what industrial action could mean in the health sector. We can't expect union officials to solve this problem for us as it is us who know which parts of our daily work actually save patients' lives, and which parts are less urgent or just exist in order to satisfy management and bureaucrats. We will need some collective analysis and creativity to find the best ways to put pressure on management and politicians. We have to learn from health workers who actually fought back.

For example, organised nurses in Australia ›closed beds‹ themselves as soon as they could see that wards were understaffed, insisting that it is management's job to get extra staff. In Austria ambulance drivers went on ›paper strike‹ and didn't fill in paperwork which was mainly there to allow management to claim money back from health insurance. In Greece health workers and patients formed common assemblies and organised actions to defend local community health services. In Germany nurses went on strike and enforced minimum staffing levels, and during the strike management had to make sure that emergency cover was organised. In the US striking nurses organised their own emergency cover when they saw that their strike action actually posed a risk to patients' lives.

In Argentina health workers blocked access roads to oil fields and tourist resorts to cut off financial supplies from the government. There are many ways to take industrial action that don't ›harm the patients‹.

When we ask ourselves how we can intervene in this or any future disputes within the health sector we should look beyond the confinement of space and time. We should look into examples of health workers' struggles in the not-so-distant past, and in other countries. Rather than just lamenting that ›our NHS‹ is getting privatised we have to analyse how health work and hospital organisation has changed materially over time and thereby changed the conditions for workers' self-organisation and struggle.

Struggles in the 1980s

During the late 1980s comrades and militant health workers started to discuss the new conditions of struggle in the sector. This was against the backdrop of a Europe-wide strike and protest wave of hospital workers, which moved from Italy and France to Germany and the UK. These struggles had some common features. In France in 1988 during a national dispute nurses escaped the control of the traditional trade unions and formed assemblies at a hospital level. Each of the assemblies would discuss the next steps of the struggles and send delegates to a national coordination meeting, often attended by several hundred workers. Before social media or even mobile phones workers were able to self-organise their strike throughout a vast geographical area.

In Germany nurses and other health workers were influenced by these new forms of organisation. Health workers formed assemblies, often at a town or city rather than a hospital level. These assemblies discussed both the working conditions of health workers, and the question of what ›health‹ or ›care‹ means in a sickening capitalist society. In these assemblies the experiences of daily self-organisation of the work on hospital wards fused with the experiences of many workers as participants in the squatters' movement, and the movements against nuclear power-plants or re-armament. After the peak of the protest movement two tendencies within the assemblies became apparent. One tendency wanted to ›improve care work' through more holistic approaches and better qualifications for care workers. There were many crossovers between this wing of care workers' activism and the blossoming ecological movement. The other tendency emphasised that the actual transformation of traditional care work within modern hospitals, the so-called ›white factory‹, had to be analysed more closely in order to find out how to organise strikes on a new and more generalised level.

Neo-liberal restructuring

The concept of the ›white factory‹ related to material changes that took up speed in the 1970s. Hospitals themselves were centralised and turned into large-scale clinics with several thousand workers. In the US in particular the health sector mushroomed in former industrial centres; in the rust-belts low paid health workers took care of worn-out victims of industrial mass redundancies. In the bottom quintile of the American wage structure, the care economy accounted for 56 percent of all job growth in the 1980s, 63 percent in the 1990s, and 74 percent in the 2000s. Work itself was subjected to management analysis, such as time-and-motion studies, similarly to industrial work. Time was allocated for each task and patient and more rigorously controlled. Many ›menial‹ tasks were delegated to low paid and precarious health care assistants, student nurses, and increasingly agency workers. The out-sourcing of some of the support work such as cleaning, kitchen work, or laundry became more prevalent. Certain professional groups, such as junior doctors, became more ›proletarianised‹. Comrades discussed these changes not in order to scandalise them (›evil industrial health system‹) but in order to understand whether some of the contemporary forms of struggle, such as hospital sit-ins, assemblies, occupations, and coordinations, could be seen as the first signs of workers turning the new work structures against hospital management and bosses.

While capital reacted to the violent critique of assembly line work with de-centralisation of car plants and ›Japanese‹ production techniques such as job enrichment, ›team work‹, and quality circles, something similar happened in the health sector in response to the movements of the 1980s. One of the main reactions was a ›re-professionalisation‹ of nursing work. In order to divide nurses from other ›auxiliary‹ health workers and to appeal to their pride as ›health care professionals‹, nurses were given a more formal education, and their tasks were more clearly outlined and separated from other professional groups. With concessions given to the core group of health workers the rest of the sector, and indeed of society, was subjected to neoliberal transformation. Similarly to the neoliberal integration of the ›ideals of 1968‹ with their emphasis on individual freedom, the 1990s saw an adoption of the ›health critique‹ of the social movements and its inversion in neoliberal form. The demand for ›holistic‹ healthcare was turned into multiple new commodities, from mindfulness therapies to training on ›lifestyle choices‹, further stratifying patient care along class lines. In parallel to the de-centralisation of the productive system, which had to be tied together by an expanding supply-chain, the health sector, too, became both concentrated in major clinics and de-centralised with a proliferation of domestic care and ›community health‹ institutions. While ›globalisation‹ meant that some production steps were outsourced towards the global south, in the health sector it meant large-scale importation of labour from the south into the metropolitan centres.

The current moment

The 2008 crisis (which by the way affected many privatised nursing and domestic care companies) and more recently the pandemic, came as a shock to the system and to the neoliberal regime. Even the role-model party of neoliberalism, the Tories, had to re-centralise command over NHS trusts with their recent White Paper, given that with easy money drying up the ›market model‹ in the health sector proved to be too unstable and in reality, ineffective. The pandemic destroyed the myth that health is all about personal choices and individual solutions. It is no surprise that workers started to do their bit to question the system in regions where the neoliberal health regime was the most advanced, such in the US. Since the 2000s we saw a massive increase in struggles by health workers, often in so-called private hospitals or health companies.

As with teachers' strikes there is a close relation between workers' struggles and other experiences of struggle, such as against austerity, environmental pollution in working class areas, or police violence. The health workers' strikes in reaction to the pandemic have now a global scope, in particular in countries which are seen as exporting nations of health labour, such as India, the Philippines, or Nigeria. The question is whether the strike wave that spread throughout Europe in the late 1980s can now re-constitute itself on a global level, perhaps helped along by other aspects of globalised health work: from the transfers of NHS patients to operating theatres in India to the global shortage of blood test tubes due to fragile supply chains and problems with the manufacturer in China.

Here in the UK the US health system is used by the left to demonstrate how bad things can be, and how much we should appreciate the ›national treasure‹ that is the NHS. There is hardly any engagement with the fact that it's workers in the US who are able to pull off strikes in the health sector, while organising within the NHS feels like wading through treacle. The statist left wear blinkers which only allow them to see ›private = bad‹ versus ›national = good‹. This prevents them from engaging in an actual analysis of the changing work processes and conditions of struggle, disregarding the formal contractual relations of the workers involved. While unions are relatively quick to support struggle for ›in-housing‹ some work (for example hospital cleaning) they are equally reluctant to mobilise workers within ›our NHS‹, despite the fact that some permanent workers in the NHS earn less than workers at Lidl or Amazon. The apparent limitations of the mainstream unions' pay campaigns in 2021 force us to rethink and engage in a proper analysis of conditions on various levels: the work process and division of labour, the

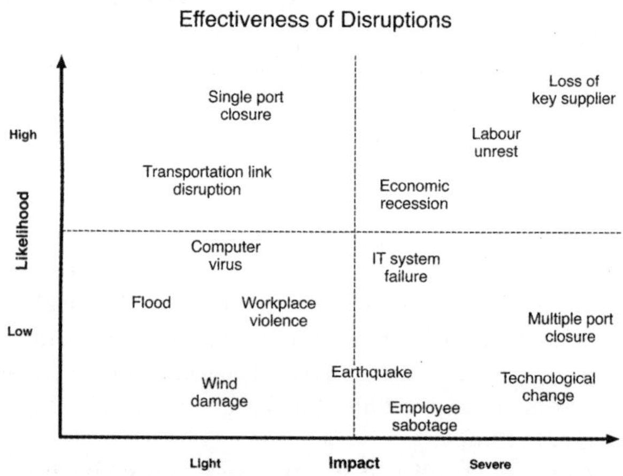

Effectiveness of Disruption (figure drawn by the author, based on Yossi Sheffi's *The Power of Resilience. How the best Companies manage the Unexpected*)

use of medical technology, the global character of the sector and its workforce, how state and capital finances and management are intertwined when it comes to the health sector, the relation between the health sector struggles and wider class movements, the question of what kind of role the struggle of workers in the ›reproductive‹ sector can play in a revolutionary transformation. The following sketches are primarily based on a year working as a health care assistant without any prior experience of paid care work.

Work impressions

I have worked in many factories and warehouses but never in a hospital before. The general organisation of a hospital relates to the difference between manufacturing a train engine or caring for humans. Although there are 9,000 people employed at the hospital where I work, which is about as much as the Vauxhall assembly plant where I worked in the 2000s, most of the cooperation between workers happens on a ward level involving 20 to 30 people. There are obviously many workers who provide work for multiple wards, such as cleaners, porters, certain specialist nurses and doctors, but the fact that there are dozens of small and fairly autonomous units makes a hospital more difficult to understand. While even as an assembly line worker I had vague ideas about the work of engineers, the work of doctors seems much more alien. This is only partly due to the fact that the work of doctors is more complex. A major reason is the professional separation of doctors and the fact that medical knowledge is more compartmentalised. Doctors are responsible for certain interventions, nurses are for others, and health care assistants deal with the hands-on care. While the work of an engineer is visible in a changed environment, for example in the form of a new machine set-up, a lot of the work of doctors is hidden within the patient and inaccessible medical notes. As in the world of manufacturing, the lack of cooperation and monopoly of information leads to complications, in particular between doctors and nurses, such as medication errors.

Apart from handing out medication, the hundred or so other tasks – from making beds to washing patients to re-stocking supplies – is often freely combined between different workers. There is a fair amount of spontaneous cooperation and collective intuition going on – if the atmosphere allows. There are certain labour-saving devices and a ›rationalised‹ organisation of work in order to increase productivity. This starts with patients' medical information being centralised with computers and mobile tablets, which only partially reduces paperwork. There is talk of electronic meal ordering, as collecting patients' menus is one of the main headaches for house keepers. Modern hospital beds have alternating air-mattresses which means that patients have to be re-positioned less frequently to avoid pressure sores. The newer models can also weigh the patient. Certain interventions are meant to reduce both labour and certain discomfort, such as urinary catheters. Certain porter tasks, such as waste collection, have been taken over by self-driving platforms, but they are not very efficient. In general though, most of the technological advances will be concentrated in areas such as imaging (MRI), medication (bio-pharmaceutical innovations), and treatment (keyhole surgery et cetera).

In a practical sense the ward is run by fairly young nurses in their twenties or early thirties. While there is a manager, he mainly deals with staffing rotas and supplies. The turnover amongst nurses is relatively high, amongst the health care assistants less so. Around 20 percent of the nurses are from Kerala or the Philippines, with a few of them having previously worked in the Arabic Emirates. The patients on the respiratory ward are mainly older working class people with the usual issues of working class lives. In particular male working class patients have trouble dealing with the passive and receiving position they are confined to. They either become infantile or miss out on care because they don't like to be cared for. The female carers try to overcome this barrier by a mixture of motherly and flirtatious behaviour; the male carers by being ›mates‹. Overall the hospital functions in many ways as a distribution or sorting centre of social problems. We tend to have many homeless people, prisoners, people with substance addictions, and isolated and neglected elderly people on the ward. Here the medical treatment is often the minor problem, the major problem being how to combine the private family relations and various public institutions in order to being able to ›release‹ them. Many of these patients return frequently.

Wages for care work are pretty dismal. As a Band 2 or 3 health care assistant, who is supposed to know quite a bit about skin care, infection prevention, and various observations such as blood pressure or glucose, you earn just around ten pounds per hour. The trust runs apprenticeship schemes for around 500 health care assistants. During the one year scheme you do basically the full job, but they pay only 75 percent of Band 2 wages, which amounts to just above eight pounds per hour. Even older workers with years of care experience have to go through the apprenticeship scheme. It's no surprise that people are pissed off about wages – the main issue though is work stress and exhaustion. The shifts are 12.5 hours long and staffing levels are a problem. For the health care assistants shift times have been extended from three 8 to two 12.5 hour shifts in order to save 30 minutes ›handover time‹ where at the beginning of the shift everyone gets an update about the patients on the ward. The trust has scope to make autonomous decisions concerning pay and conditions in order to ›attract and retain staff‹. Trusts paid different kinds of pandemic bonuses or higher bank levels

(›bank‹ being a kind of internal agency system) during times of staff shortages. This means that pressure from below can change things, despite the claim from management (and unions!) that everything is fixed on a national level.

The question of struggle today

The unions are pretty absent from day-to-day life on the wards. You hear about the occasional disciplinary or absence review meeting but that's it. During the 2021 pay campaign the unions didn't engage in any visible actions; they sent emails to individual members and invited them to information stalls and drop-ins, bribing them with free coffee and canteen vouchers. Only a few people bothered to attend. Although there is a joint union committee comprising seven different unions in the hospital, they refused to have a common rally or action in order to mobilise workers during the pay dispute. Workers see that management reacts to pressure from below, even if that pressure is created by individual workers leaving the profession. During the pandemic there were various small-scale conflicts about PPE [personal protective equipment] and work routines. The question here is how the experiences of daily ›workers' control‹ at work, in the form of improvised cooperation and division of tasks to run the ward, can fuse with the experience that, if needed, the trust management can increase pay or hire new staff. Currently there is no forum to discuss the potential for small-scale direct action against work stress and the way they could be generalised.

Hospitals are not factories, and care work is not materially changing our social-natural surroundings. In this sense struggles within the care sector can only develop a limited horizon of a new society, where life is not defined by drudgery. Struggles in hospitals and community health centres will have more of a role in highlighting and helping us to reflect upon current social conditions and how to break out of sickening social isolation. The intimacy between workers and working class patients can create the necessary new ideas and bonds that can combine with the experiences in the productive sector. This combination will allow workers not only to appropriate, but to transform the means of production, for a less harmful, more joyful way to produce human community.

The author works as a healthcare assistant at a large hospital in the South West. They are part of a network of comrades organising as Health Workers United.[2]

Anmerkungen

1 This article including the figure was published originally in: Angry Workers (Hg.) 2022: Sick of it all! Work, inquiry & struggle in the NHS. Oakland: PM Press, 51–59 [editor's note].

2 For further information see ‹healthworkersunited.wordpress.com/› [editor's note].

»Denken in einer schlechten Welt«

Geoffroy de Lagasnerie im Interview über kritische Theoretiker:innen und ihr Verhältnis zu sozialen Bewegungen

Unser Band schließt an dein Buch *Denken in einer schlechten Welt* (Lagasnerie 2018) an. Was verstehst du unter einer »schlechten Welt«?

Geoffroy de Lagasnerie: Allein dadurch, dass wir in die Welt geworfen werden, können wir eine ganze Reihe von Phänomenen sehen, die um uns herum passieren: Menschen, die auf der Straße schlafen, Arbeitsunfälle, unterschiedliche Lebenserwartungen in verschiedenen sozialen Klassen oder Ländern, männliche Herrschaft, die Ausplünderung afrikanischer Länder, Kriege und Völkermorde, die Auswirkungen der globalen Erwärmung und viele andere Phänomene, die alle kennen und von denen alle wissen. Die Welt ist schlecht, weil sie objektiv durch Ausbeutungs- und Herrschaftsstrukturen strukturiert ist, die bestimmte Bevölkerungsgruppen der Verletzung oder dem vorzeitigen Tod aussetzen, um andere einigermaßen zu schützen. Die einen Körper werden für andere geopfert. Diese objektive Schlechtigkeit wird auf der ideellen Ebene durch die Existenz einer ganzen Reihe von ideologischen Systemen gestützt, die darauf abzielen, diese Realität zu leugnen, sie zu verschleiern und den Institutionen (etwa dem Strafsystem, dem Schulsystem, dem Gewerkschaftswesen) andere Funktionen zuzuschreiben als die, welche ihnen in der Realität zukommen. Die Welt ist also auch deshalb schlecht, weil sie im Sinne Adornos falsch ist.

Du schreibst, dass wir mit unseren Gedanken und Handlungen immer Stellung beziehen und uns entweder affir-

mativ oder oppositionell zum Bestehenden positionieren. Entscheidet man sich für die widerständige Position und folglich dafür, die schlechte Welt zu überwinden, ergibt sich daraus folgende Frage: Was ist die Rolle der kritischen Intellektuellen in einer schlechten Welt? Zögere nicht, konkret zu werden.

Ich kann nicht für alle sprechen, aber für mich besteht die Aufgabe des Denkens darin, kritische Diskurse zu radikalisieren. Ausgehend von den kritischen Impulsen und den Protestbekundungen, die in der Realität sichtbar werden, ist es unsere Aufgabe, diese gegenüber der herrschenden Gesellschaftsordnung bestmöglich in ihrer Schlagkraft und Widerstandsfähigkeit zu bestärken.

Macht wirkt subtil, sie wirkt in uns und durch uns hindurch. Eine ihrer subtilsten Wirkungen besteht darin, dass auch die vermeintlich kritischen Diskurse von ihr durchdrungen sind. Meine Bücher entstehen fast immer aus einem Unbehagen heraus: Ich schreibe, weil ich in einem bestimmten Diskursfeld das um sich greifen sehe, was ich in *Denken in einer schlechten Welt* als funktionale Kritik bezeichne. Unter funktionaler Kritik verstehe ich Positionierungen, die eine Institution oder eine Behörde anprangern und sich als ›kritisch‹ darstellen, während sie in Wirklichkeit die grundlegenden Kategorien bestätigen, die an der Funktionsweise des Systems, das sie angeblich kritisieren, beteiligt sind.

Zum Beispiel, wenn einige dem Repressionsapparat »Klassenjustiz« vorwerfen und problematisieren, dass die Strafverfolgung von den sozialen Merkmalen der Straftäter beeinflusst wird, ohne jedoch die Idee der Repression und ihre Funktionsweise grundlegend zu hinterfragen. Eben damit wird die Repression und ihre Notwendigkeit bestätigt (vgl. Lagasnerie 2017a). Oder diejenigen, die den Umbau der Universität aufgrund von externem Druck und neoliberalen Logiken kritisieren, ohne jemals die Zensurwirkungen zu hinterfragen, die der autonomen Funktionsweise der Universität und der Disziplinen von Grund auf eingeschrieben sind (vgl. Lagasnerie 2017b).

Ein weiteres Beispiel: Nachdem Adama Traoré 2016 von der französischen Polizei getötet worden war, engagierte ich mich im Combat Adama und stellte fest, dass die Protestbewegungen gegen die Polizei fast immer die Kategorien »Polizeigewalt« oder »Polizeibrutalität« verwendeten, ohne sie zu hinterfragen. An diesem Punkt beginnt die Arbeit des Theoretikers, denn die Kategorie der Polizeigewalt ist mit Vorsicht zu genießen. Dieser Begriff hat in der Tat einen großen blinden Fleck. Der Begriff der »Gewalt« wird nur dann auf das Verhalten der Ordnungskräfte angewandt, wenn dieses Verhalten vom normalen Verfahren abweicht oder besonders brutal ist. Die Kategorie der »Polizeigewalt« setzt implizit voraus, dass man das, was legal, normal und institutionalisiert ist, nicht als gewalttätig definiert: die Identitätskontrolle, die Festnahme, die Freiheitsberaubung, die Inhaftierung, das Anlegen von Handschellen. All diese Handlungen sind jedoch per definitionem gewalttätig. Da sie aber legal in Verfahren festgeschrieben sind und wir eben daran gewöhnt sind, bezeichnen wir das nicht als »Polizeigewalt« und prangern es nicht als solche an. Die Kategorie der Polizeigewalt ist problematisch, weil die Praktiken der Ordnungskräfte ihrem Wesen nach gewalttätig sind. Eigentlich müsste man sagen, dass es keine Polizeigewalt gibt – wer Polizei sagt, sagt Gewalt –, oder dass es nichts als Polizeigewalt gibt (vgl. Traoré und Lagasnerie 2022). Ich schlage vor, den Begriff der polizeilichen Ordnung durch den Begriff der Polizeigewalt zu ersetzen und die Ansätze zur Reform der Polizei ganz anders auszurichten. Das führt zum Beispiel dazu, dass man nicht nur gegen den rassistischen Bias kämpft, der die polizeiliche Praxis der Identitätskontrollen strukturiert, sondern die Abschaffung der Identitätskontrolle an sich fordert.

Welche Funktion hat dann die Theorie?

Die Funktion der theoretischen Arbeit besteht darin, einen möglichst authentischen Diskurs zu führen und alle Spuren zu beseitigen, die die historisch gewachsenen Machtverhältnisse in unseren kritischen Diskursen hinterlassen haben. Mir geht es darum, alles aufzuspüren, was in unserem Sprechen noch an Unauthentischem und Inkorporiertem enthalten sein kann. Meines Erachtens ließe sich Theorie definieren als ethische Suche nach so etwas wie einer konfrontativen und widerständigen Haltung gegenüber der Welt. In der Praxis würde sich die Theorie in einer Art ›Ethik des Nicht-Mitmachens‹ niederschlagen. Dieses Ziel verbindet die Vielfalt der Themen, mit denen ich mich beschäftige, und es hat mich zu meinen verschiedenen Büchern motiviert – Büchern über die Universität, über Whistleblower, die Justiz, die Polizei, die Demokratie, die Kunst oder andere Sachverhalte.

In unserem Sammelband beschäftigen wir uns vor allem mit dem Verhältnis von Theorie und Praxis. Im Jahr 2023 gingen in Frankreich hunderttausende Menschen auf die Straße, um gegen die Rentenreform oder gegen Polizeigewalt zu demonstrieren. Wie hast du die Ereignisse wahrgenommen und wie analysierst du sie?

Frankreich war in den letzten Monaten von bedeutenden sozialen Bewegungen geprägt: Monatelang fanden Proteste gegen die Rentenreform von Emmanuel Macron statt, da diese Reformen den Menschen zwei zusätzliche Arbeitsjahre aufzwingen, unabhängig von ihren Arbeitsbedingungen. Dies hat extreme Auswirkungen auf diejenigen, die die schwersten Arbeiten verrichten. Außerdem gab es tagelang Aufstände, nachdem der 17-jährige Nahel durch einen Polizisten ermordet wurde. Aber keine dieser Bewegungen hat wirkliche Veränderungen hervorgebracht. Obwohl so viele

Menschen dagegen protestierten, wurde die Rentenreform verabschiedet.

Ich stelle mir zunehmend die Frage, inwieweit wir unsere politische Praxis selbst hinterfragen sollten, nämlich unsere Gewohnheit, unsere Kräfte immer dann ineffizient einzusetzen, wenn wir wütend sind. Damit beschäftige ich mich in meinem Buch *Der Ausweg aus unserer politischen Ohnmacht* (Lagasnerie 2023).

Blicken wir zum Beispiel auf die sozialen Bewegungen der letzten 30 Jahre zurück, so stehen diejenigen, die der rituellen Form der Massendemonstration und des Abwehrstreiks gefolgt sind, auf verlorenem Posten. Die beiden einzigen Bewegungen, vor denen die Regierenden zurückgewichen sind, waren die Gelbwesten, die keine traditionelle Gewerkschaftsbewegung waren, und eine Studentenbewegung im Jahr 2006. In den letzten dreißig Jahren gab es also, was die sozialen Bewegungen angeht, nur zwei Erfolge. Man könnte fast sagen, dass die Misserfolgsquote bei Protestformen wie landesweiten Demonstrationen und Abwehrstreiks bei 95 Prozent liegt. Man sollte sich also nicht wundern, wenn man verliert. Die Frage sollte jedoch lauten: Warum greift man immer wieder auf routinisierte Praktiken zurück, obwohl deren Scheitern absehbar ist? Es ist, als würden die Kräfte des Fortschritts von einem verflixten Irrglauben geleitet, sich genau dann politisch handlungsfähig zu wähnen, wenn man auf die zum Scheitern verurteilten Methoden zurückgreift. Ich denke, dass eine Selbstkritik der Linken an ihren Aktionsformen und Strategien notwendiger denn je ist, wenn wir in unserer politischen Praxis das Zeitalter des Rituals überwinden wollen.

Bist du auch auf der Straße anzutreffen oder Teil einer Bewegung?

Auf jeden Fall! Ich habe mich in vielen Bewegungen engagiert, an vielen Demonstrationen teilgenommen, Aufrufe und

Petitionen unterzeichnet und so weiter. Ich möchte jedoch ungern strikte Grenzen zwischen denjenigen ziehen, die ›Teil einer Bewegung‹ sind, und denjenigen, die ›Texte schreiben‹ oder in der Akademie bleiben. Denn solch eine Auffassung führt dazu, dass die akademische Produktion entpolitisiert wird. Es ist notwendig, sich eine politische Lesart der Welt anzueignen und zu verstehen, dass es bei jedem Thema auf der einen Seite diejenigen gibt, die auf der Straße oder in der Universität für die Aufrechterhaltung oder Verschärfung von Machtsystemen kämpfen, und auf der anderen Seite diejenigen, die für deren Reform im Dienste einer gerechteren Welt kämpfen. Es gibt keinen Diskurs ohne Praxis und keine Praxis ohne Diskurs. Jeder ist Teil dieses Kampfes, der in allen Bereichen der Gesellschaft ausgetragen wird. Ein Kolloquium zu organisieren ist genauso eine Aktion wie eine Demonstration zu organisieren. Auf der Straße zu sprechen ist genauso öffentlich wie in einem Seminar das Wort zu ergreifen. Die Universität ist also einer der Orte der sozialen Bewegung und alle sind Teil des Kampfes. In diesem Sinne scheint mir der Gegensatz ›in der Universität‹ / ›auf der Straße‹ oder ›Theorie/Praxis‹ ein mythologisches Konstrukt, das es den Akademikern ermöglicht, sich von jeder praktischen Verantwortung reinzuwaschen.

Überschätzen wir den Einfluss der kritischen Theoretiker:innen in sozialen Bewegungen?

Es gibt nicht wirklich eine Alternative. Es geht um die Gewohnheit, die inkorporierten Ideologien, die Reflexe, das Déjà-vu oder die Reflexion, die Bewusstwerdung, die Selbstanalyse, die Verfeinerung unserer Waffen und somit die Entwicklung effektiverer Praktiken. Ich glaube, dass die Bedeutung, die die theoretische Arbeit für die fortschrittlichen Kräfte haben kann, immerzu unterschätzt wird. Und dass man fortwährend den Antiintellektualismus oder sogar den Hass auf Theorie kritisieren muss, der manchmal in einigen Teilen der sozialen Bewegung zum Ausdruck kommt, die diese Aktivitäten als Zeitverschwendung betrachten. Ich halte es für unauthentisch, wenn ein politischer Aktivist sich nicht auch kontinuierlich mit den Sozialwissenschaften oder der Philosophie beschäftigt. Und angesichts der offensichtlichen Ineffizienz jener Art der Demonstration, wie sie seit fast 30 Jahren zu beobachten ist, bin ich überzeugt, dass die Zeit, die man mit Demonstrieren, Slogans rufen, Selfies machen und nach Hause gehen verbringt, manchmal besser für das Lesen von Theorie genutzt werden könnte.

Wie hat dich die Kritische Theorie in deinem Denken beeinflusst?

Für mich liegt das Wichtigste nicht auf der Ebene des theoretischen Inhalts, sondern in der Bedeutung, die dem Schreibakt zugemessen wird. Grundlegend waren für mich die Texte von Theodor W. Adorno, Max Horkheimer, Pierre Bourdieu, Michel Foucault, aber auch Jean-Paul Sartre und Simone de Beauvoir, die betonten, dass Schreiben eine Wirkung erzeugen soll und keineswegs eine rein akademische und autonome Aktivität ist.

Ich erinnere mich an die ethisch herausfordernde Wirkung, die Horkheimers Text *Traditionelle und kritische Theorie* auf mich ausübte. Das gilt vor allem für die Aussage, dass die Theorie »nirgends bloß auf Vermehrung des Wissens als solchen ab[zielt], sondern auf die Emanzipation des Menschen aus versklavenden Verhältnissen« (Horkheimer 1970: 64). Auch Pierre Bourdieu beispielsweise betonte, er habe sich in einem »entschlossenen Bruch mit der Eitelkeit des Bildungsbetriebs« (Bourdieu 2002: 81) entwickelt. Michel Foucault erklärte überdies, er schere sich »in keiner Weise um den universitären Status« (Foucault 2005b: 654) seiner

Arbeit. Sein Anliegen war es nicht, »die professionellen Historiker zufrieden zu stellen« (Foucault 2005a: 55). Als Foucault 1974 über das Buch *Überwachen und Strafen* sprach, das er gerade schrieb, erklärte er, dass er sich wünschte, es könne »einem Erzieher, einem Wärter, einem Richter, einem Kriegsdienstverweigerer dienlich sein« (Foucault 2002: 651). Es geht niemals nur um Wissen um des Wissens willen: »Ich unternehme meine Analysen nicht, um zu sagen: Seht, die Dinge stehen so und so, ihr sitzt in der Falle. Sondern weil ich meine, dass das, was ich sage, geeignet ist, die Dinge zu ändern. Ich sage alles, was ich sage, damit es nützt.« (Foucault 2005a: 115 f.)

Anders gesagt: die Autor:innen teilen jenseits aller Unterscheide eine gemeinsame ethische Überzeugung: eine Praxis der Theorie zu entwerfen, die nicht vom staatlichen akademischen Apparat vereinnahmt wird, sondern die sich diesem Apparat – sei es in ihrer Form, sei es in ihrem Zweck – widersetzt. Es geht darum, so etwas wie einen Utilitarismus in das Denken einzuführen: dass das Denken förderlich sei, dass die Anstrengungen der geistigen Arbeit zumindest potenziell durch Erfolge ausgeglichen werden, insofern sich dadurch die Welt ein Stück weit verändert. Doch dann stellt sich eine schwierige Frage: Wie kann man Teil der Universität sein, ohne dass das eigene Denken von der Universität vereinnahmt wird? Wie kann man eine Vorstellung des antiinstitutionellen Denkens und der antiinstitutionellen Theoriearbeit zum Leben erwecken? Dies kann gewisse Dilemmata mit sich bringen, da man sich bestimmten Produktions- oder Schreibnormen widersetzen muss, deren Einhaltung jedoch eine der Voraussetzungen für den Erwerb einer gewissen akademischen Anerkennung und somit für das Gelesenwerden ist …

Wenn ich sage, dass das Schreiben ein politischer Akt ist, geht es mir nicht um eine Beschwörungsformel. Diese Behauptung impliziert praktische Konsequenzen. Sie macht es erforderlich, alle Aspekte dieser Tätigkeit politisch zu hinterfragen: ihre Verfahrensweisen, ihre Gegenstände, ihre Medien ... Schreiben bedeutet, sich zu engagieren, an der Welt teilzunehmen, und daher ist keine Neutralität möglich. Niemals darf das Schreiben zu einer Routine werden, zu einem Selbstzweck, bei dem der Schriftsteller oder Forscher nicht mehr hinterfragt, warum er schreibt und für wen er schreibt. Andernfalls läuft man Gefahr, dass die eigene intellektuelle Tätigkeit letztlich nur die kulturellen oder akademischen Institutionen reproduziert und nichts anderes hervorbringt. Schreiben ist der Versuch, eine Wirkung zu erzielen (was nicht das Gleiche ist wie öffentlicher Erfolg, ganz im Gegenteil).

Aus diesem Grund gebe ich der Buchform immer den Vorzug vor der Artikelform – denn das Buch hat per definitionem einen potenziell größeren Resonanzraum und es erreicht eine breitere Leserschaft als der Artikel. Das ist auch der Grund, warum ich nie dicke Bücher schreibe. Denn diese wirken oft einschüchternd und werden selten im Ganzen gelesen, außer von ein paar Leuten, die Zeit haben. Ein Gedanke muss fruchtbar sein, zu etwas dienen, zirkulieren – und diese Ansprüche leiten meine Schreibarbeit an. Das ist übrigens auch der Grund, warum das Schreiben allein niemals ausreicht. Das Schreiben ist nur ein Aspekt einer breit gefächerten Tätigkeit. Man muss – neben dem Schreiben – auch in den Medien und sozialen Netzwerken präsent sein, an Demonstrationen teilnehmen, sich in der Presse zu Wort melden und mit jüngeren Menschen sprechen. Denn erst diese vielfältigen Aktivitäten ermöglichen es, verschiedene Zielgruppen mit unterschiedlichen kulturellen Gewohnheiten zu erreichen. Ein Autor schreibt nicht nur, sondern bewegt sich auf einem viel umfassenderen Terrain, und das Schreiben ist nur eine von vielen Praktiken, die sich an kohärenten ethischen und politischen Werten orientieren müssen.

Die Fragen stellten Mirko Broll und Eva Fleischmann Ende 2023 schriftlich. Aus dem Französischen übersetzt von Eva Fleischmann und Saskia Gränitz. Dank gebührt Adam Jendrzejewski und Miriam Schröder für die Recherche und Unterstützung.

Literatur

Bourdieu, Pierre 2002: Ein soziologischer Selbstversuch. Übers. von Stephan Egger. Frankfurt a. M.: Suhrkamp.

Foucault, Michel 2002 [1974]: Gefängnisse und Anstalten im Mechanismus der Macht. Übers. von Reiner Ansén, in: ders.: Dits et Ecrits. Schriften in vier Bänden. Band 2: 1970–1975. Hg. von Daniel Defert und François Ewald unter Mitw. von Jacques Lagrange. Frankfurt a. M.: Suhrkamp, 648–653.

Foucault, Michel 2005a [1980]: Gespräch mit Ducio Trombadori. Übers. von Horst Brühmann, in: ders.: Dits et Ecrits. Schriften in vier Bänden. Band 4: 1980–1988. Hg. von Daniel Defert und François Ewald unter Mitw. von Jacques Lagrange. Frankfurt a. M.: Suhrkamp, 51–118.

Foucault, Michel 2005b [1982]: Michel Foucault, interviewt von Stephen Riggins, in: ders.: Dits et Ecrits. Schriften in vier Bänden. Band 4: 1980–1988. Hg. von Daniel Defert und François Ewald unter Mitw. von Jacques Lagrange. Frankfurt a. M.: Suhrkamp, 641–657.

Horkheimer, Max 1970 [1937]: Traditionelle und kritische Theorie, in: ders.: Traditionelle und kritische Theorie. Vier Aufsätze. Frankfurt a. M. und Hamburg: Fischer, 12–56.

Lagasnerie, Geoffroy de 2017a [2016]: Verurteilen. Der strafende Staat und die Soziologie. Übers. von Jürgen Schröder. Berlin: Suhrkamp.

Lagasnerie, Geoffroy de 2017b: The University and its Critics. Remarks on Anti-academicism and Truth, in: Soziopolis, 29. März. ‹www.soziopolis.de/the-university-and-its-critics.html›.

Lagasnerie, Geoffroy de 2018 [2017]: Denken in einer schlechten Welt. Übers. von Felix Kurz. Berlin: Matthes & Seitz.

Lagasnerie, Geoffroy de 2023 [2020]: Der Ausweg aus unserer politischen Ohnmacht. Übers. von Luca Homburg. Wien: Passagen Verlag.

Traoré, Assa und Geoffroy de Lagasnerie 2022 [2019]: Der Kampf Adama, in: Daniel Loick und Vanessa E. Thompson (Hg.): Abolitionismus. Ein Reader. Frankfurt a. M.: Suhrkamp, 288–315.

Kritik und Praxis

Nicht irgendeine Praxis

Ein Plädoyer für strategisch involvierte Theoriearbeit am Beispiel von Vergesellschaftungskämpfen

Jenny Stupka

Angesichts der Klimakrise hat politische Strategiebildung den Luxus einer langen Zukunft verloren.[1] In dem Wissen, dass Zeitdruck viele schwierige Dinge nur noch schwieriger macht, ist dieser Text ein Plädoyer für strategisch informierte, interessierte und involvierte Theoriearbeit. In der gegenwärtigen Kritischen Theorie, insofern sie in der akademischen Philosophie zu Hause ist, werden politisch-strategische Fragen häufig aus der Diskussion ausgeklammert. Diese Abstinenz gilt es zu überwinden. Es geht mir dabei nicht um die Beurteilung, wer strategisch involvierte Theoriebildung wann erfolgreich geleistet hat – auch wenn ich mit Karl Marx, Rosa Luxemburg, Antonio Gramsci und Nicos Poulantzas zumindest ein paar Autor:innen nennen möchte, in deren Werken sich analytische und strategische Motive gegenseitig durchdringen. Stattdessen möchte ich zunächst beschreiben, was ich in der Praxis der Initiative »Deutsche Wohnen & Co. enteignen« (DWE) als Strategiebildung kennengelernt habe. Anschließend möchte ich reflektieren, was strategisch involvierte Theoriearbeit ausmachen kann und inwiefern sich Kritische Theoretiker:innen anders zur strategiebildenden Praxis politischer Organisationen, Gruppen und Bewegungen verhalten sollten, als sie es gegenwärtig meist tun. Bei der Verwendung des Begriffs »Strategie« gehe ich davon aus, dass es auch sinnvolle politische Strategie diesseits revolutionärer Möglichkeiten gibt.

Nicht irgendeine Praxis: Was ist politische Strategiebildung?
Organisiertes politisches Handeln erfordert die Festlegung einer Strategie, die eigene Handlungsfähigkeit herzustellen oder zu stärken vermag. Strategiebildung ist eine hochgradig reflexive Praxis, die sich gerade im Umgang mit Offenheit, Leerstellen und Kontingenzen in verschiedenen Hinsichten und auf verschiedenen Ebenen bewähren muss. Politische Akteure können zum Beispiel nie vollständig antizipieren, wie sich die öffentliche Debatte in Reaktion auf eine Kundgebung oder Blockade entwickeln wird oder welche Kapitalfraktion im Krisenfall welche andere stützt und welche andere verrät. Gerade radikale demokratische Projekte müssen ihre Strategie zumindest in manchen Aspekten für Aushandlungsprozesse mit später sich anschließenden Mitstreiter:innen offenhalten. Im Vorhinein steht also nicht einmal fest, *wer was* zu tun hat und das (kollektive) Subjekt der strategischen Reflexion verändert sich gerade auch in dieser Reflexion. Adorno, selbst kein Praktiker der Strategiebildung, weist im Gespräch mit Max Horkheimer über ›Theorie und Praxis‹ (vgl. Horkheimer und Adorno 1996) dennoch treffend darauf hin, dass die Reflexion immer wieder »die Mittel mit den Zwecken konfrontiert«, was die »Unmittelbarkeit suspendiert« (ebd.: 36).[2] Durch den Aspekt der Reflexion werde das, »was man tut [...] abgemildert« (ebd.). Entscheidend ist nicht bloß der unmittelbare Erfolg oder Misserfolg, sondern die Reflexion und das Lerngeschehen, die selbst wichtige politische Praxis sind und die die weitere Strategiebildung fundieren.[3] Folgt man John Dewey, begründet sich ein problem- und damit praxisorientiertes Verständnis von Reflexion und Theorie in einem Einsetzen von Reflexion immer dort, wo Probleme auftreten und die normalen Abläufe in die Krise geraten (Dewey 1964: 121). Diese auf Problemlösung zielende Form der Reflexion, die auch das Lernen aus politischen Erfahrungen begleitet, wird in der politischen Strategiebildung um eine

gegenalltägliche Form der Reflexion ergänzt, die Probleme und Krisen aufdeckt, wo für das alltägliche Verständnis keine sind – die also in einem gewissen Sinne Probleme schafft, statt welche zu beheben. In der Strategiebildung geschieht vieles gleichzeitig und eng verwoben: Analyse und Urteil über das Bestehende; die Wahl des begrifflichen Instrumentariums für dessen Beschreibung; die Vorstellung von Alternativen; die Bestimmung einer konkreten Zielsetzung für das eigene Handeln; die Bildung des politischen Subjekts im doppelten Sinne seines Entstehens und des Lernens.

Die erste Grundannahme von Strategiebildung lautet, dass die Wirklichkeit absichtsvoll gestaltet werden kann – in Aspekten auch gegen grundsätzlich erfolgreiche hegemoniale Projekte. Kluger Strategiebildung gelingt es, eine Praxis zu gestalten, die die Voraussetzungen zukünftiger Kämpfe verbessert. Sie kann sich weder Idealismus im Hinblick auf die Möglichkeiten radikaler Politik erlauben, noch sollte sie das Potenzial von gesellschaftlichen Krisensituationen und den eigenen Kräften *unter*schätzen. Strategisches Denken muss aus den Kämpfen der Vergangenheit lernen, ohne die Unterschiede zur Gegenwart in Bezug auf die zuträglichen und hinderlichen Aspekte der konkreten Bedingungen, die Motivationslagen der politischen Subjekte und die veränderten Formen von Herrschaft zu verkennen. Strategisches politisches Denken muss die eigenen Erfolge und Niederlagen verarbeiten, ohne sie jeweils zu stark zu verallgemeinern: Unter anderen Bedingungen lassen sich die erfolgreichen Strategien vielleicht nicht wiederholen; unter veränderten Bedingungen könnten die gescheiterten Strategien zum Erfolg führen. Strategisches politisches Denken muss – statt nur in Tatsachen – immer auch in Potenzialen denken: Es muss die Bedingungen für politische Kämpfe nicht nur als das denken, was ist, sondern auch als das, was daraus werden oder *gemacht* werden *könnte*.

Strategie verlangt, und darin liegt eine ihrer tiefen Verbindungslinien zur Theorie, nach Analyse der sozialen Wirklichkeit. Ohne treffende Analyse ist eine kluge Strategiebildung nicht möglich; andersherum zeigt sich gerade vor dem Hintergrund strategischer Fragen, was es überhaupt zu analysieren gilt.

Wie wir die soziale Wirklichkeit verstehen und beschreiben, bekommt durch die Verarbeitung in Strategie großes Gewicht, obwohl sich die Entscheidung für oder gegen politische Strategien nicht unmittelbar aus den Analysen der gesellschaftlichen Verhältnisse ergibt. Irrtümer über die Verfasstheit der bestehenden Verhältnisse können sich dennoch politisch als Niederlagen und emotional als Entmutigung der Beteiligten auswirken. Der schlechteste denkbare Ausgang scheiternder Strategie ist nicht, dass das eigene Handeln ohne Wirkung bleibt. Wirklich problematisch ist die Gefahr der Kooptierung und einer herrschaftsstärkenden Wirkung entgegen der eigenen Intention.

Strategiebildung muss die ihr doch eigentlich vorausgehende Analyse in manchen Situationen zeitlich überholen: Ist das Möglichkeitsfenster offen, muss die Strategie bereits stehen.[4] Strategiebildung greift in sehr spezifischer Weise auf Analyse zu: Sie kann Lücken und Unklarheiten nicht einfach auf zukünftige Auseinandersetzung oder Forschung verschieben, sondern muss Entscheidungen treffen, wie mit Ungewissheiten in der Deutung der politischen, ökonomischen und sozialen Lage umzugehen ist. Sie ist, weil sie aufs Handeln drängt, darauf angewiesen, mit gewissen Leerstellen umzugehen, indem sie sie schlicht *über*geht. Zudem muss sie mehrere mögliche Verläufe und Entwicklungen in Betracht ziehen. Idealerweise hat eine Strategie das Potenzial, in verschiedenen Szenarien konstruktiv zu wirken. Strategiebildung hat daher eine Affinität zum Denken in Szenarien, das um eine Einschätzung der Wahrscheinlichkeit für ihr jeweiliges Eintreten erweitert wird. Ein solcher nicht zaghafter Umgang mit analytischen Leerstellen motiviert sich auch daraus, dass nur politisches Handeln dazu führen kann, politische *Erfahrungen* zu machen und diese unerlässlich sind, um die häufig am schwierigsten zu besetzende Leerstelle der Strategiebildung zu füllen. Es fällt meist leicht, zu entscheiden, welche Wähler:innenmilieus für eine politische Problemlage zu interessieren sind und auch, wie diese Problemlage zielgruppengerecht zum moralischen Skandal zugespitzt werden kann. Schwieriger – und nur auf der Grundlage konkreter Praxiserfahrung – ist zu entscheiden, wie Beteiligungsangebote gestaltet werden können, die das angestrebte Ziel näherbringen und attraktiv sind, um viele, auch sehr diverse Menschen einzubinden.

Gelingt der beschriebene Umgang mit den analytischen Leerstellen, mit den Kontingenzen der gesellschaftlichen Entwicklung und den eigenen Praxiserfahrungen im Sinne eines kollektiven Lernens, kann Strategiebildung einen produktiven ›Experimentalismus‹ ermöglichen.[5] ›Experimentalismus‹ meint hier gerade nicht die Herstellung einer Reinheit der Prozedur, sondern ein praktisches Ausprobieren, das von ständiger systematischer Reflexion begleitet zu reicher Erfahrung werden und in den Aufbau zukünftiger veränderter Praxisanordnungen einfließen kann.

Strategisch involvierte Theorie heute

Ein Aufruf an Kritische Theoretiker:innen, sich an der Analyse von Bedingungen des Scheiterns und Gelingens bestimmter Strategien zu beteiligen, hätte Max Horkheimer schwer irritiert, insofern man den Ausführungen in seinem berühmten programmatischen Text *Traditionelle und kritische Theorie* (1937) folgt. Der implizite Positivismus, der darin besteht, bestimmte Bedingungen als kausal für ein Ereignis oder eben auch den Erfolg oder Misserfolg einer Strategie zu identifizieren, würde aus potenziell kritischen vielmehr traditionelle Theoretiker:innen machen (Horkheimer 1988: 195), weil sie fragmentierend denken müssten, anstatt den gesellschaftlichen Gesamtprozess zu erfassen (ebd.: 173). Zudem wäre für Horkheimer ein solch historistischer Standpunkt der Theorie problematisch, weil die Theoretiker:innen die »Gefühle und Vorstellungen einer Klasse« (ebd.: 188) nur reproduzieren würden. Stattdessen soll die Arbeit der Theoretiker:innen zum »verändernde[n] Faktor« (ebd.: 189) werden, indem sie beim Theoretisieren eine produktive Spannung zu ebenjenen Gefühlen und Vorstellungen aufbauen. Ich möchte diesen wichtigen Hinweis auf eine produktive Spannung aufnehmen, mich mit meinem Vorschlag aber zugleich von Horkheimers Position absetzen. Die verschiedenen Weisen, in denen Theoretiker:innen sich auf strategiebildende Praxis beziehen können, sollten als Spektrum verstanden werden, auf dem den verschiedenen Typen *allesamt* ihre je eigene Berechtigung zukommt: von der bewusst unterstützenden theoretischen Mitarbeit über Horizonterweiterungen unterschiedlicher Reichweite und damit zunehmender Spannung bis zu Konfrontationen und produktivem Konflikt mit der Strategiebildung politischer Akteure.

Strategiebildung ist selbst schon eine prototheoretische Praxis, die auf komplexem Wissen aufbaut und neues hervorbringt. Als prototheoretisch verstehe ich sie, weil Strategiebildung von einem nur instrumentellen Wahrheitsbegehren bewegt wird: Die ihr zugrunde gelegten Analysen müssen nicht (empirisch) wahr sein, sondern sich in praktischen Schlussfolgerungen bewähren. Strategisches Wissen basiert auf verschiedenen grundlegenderen Überzeugungen einerseits, beispielsweise über die Logiken kapitalistischer Macht und rassistischer, sexistischer und geschlechterbinärer Herrschaft, und eher epochenspezifischen Annahmen andererseits, etwa über Spezifika des gegenwärtigen

Akkumulationsregimes und Stärke oder Schwäche linker Organisationen, Infrastrukturen und Erzählungen. Die Ergebnisse wissenschaftlicher Forschung und Theoriebildung finden also mitunter ohnehin Eingang in politische Strategien, insofern sie die analytische Basis für die genannten Grundannahmen bilden. Ob sie aber ihren Weg dorthin finden, bleibt relativ zufällig und der Vermittlung derjenigen Märkte überlassen, auf denen Ideen gehandelt werden, etwa durch den Medien- und Buchmarkt, die sozialen Medien oder die wissenschaftliche Öffentlichkeit. Das gilt umso mehr, als gegenwärtig nur wenige Theoretiker:innen in Bildungs- und Vermittlungsprojekte außerhalb ihrer jeweiligen universitären Lehre involviert sind. Im Kontrast zu diesem vermittelten Verhältnis von Theoretiker:innen und strategiebildenden Akteuren – und provokant formuliert gegenüber Horkheimer – könnte unmittelbar unterstützende Arbeit darin bestehen, sich an der Beantwortung von gerade denjenigen Fragen zu beteiligen, die sich die strategiebildenden Akteure selbst stellen. Wenn, wie von mir beobachtet, kritische Theoretiker:innen mangelndes Bewusstsein für und fehlende Kenntnis von Strategiebildung haben, kann unterstützende theoretische Arbeit Bedeutung als eine Art *Praktikum* gewinnen. Die Komplexität strategischen Wissens anzuerkennen wäre ein erster Schritt, das Verhältnis gegenwärtiger Kritischer Theorie zur Strategie zu korrigieren. Nur strategisch *informierte* Theorie kann die Praxis und das Selbstverständnis der politischen Akteure, die im Fokus ihrer Arbeit stehen, überhaupt verstehen. Strategisch *interessierte* Theoriearbeit könnte bewusst damit umgehen, dass Strategiebildung mit analytischen Leerstellen kämpft und ihre Forschungsfragen danach ausrichten. Nicht alle Theoriearbeit soll in diesem direkten Sinne unterstützend motiviert sein, ein Teilbereich hingegen schon – denn allein die Leerstellen und Fehler in den Grundannahmen zu identifizieren ist oft doch eher das Ergebnis einer theoretischen als einer strategischen Reflexion.

Mit Horizonterweiterungen würde eine zunehmend spannungsvolle Beziehung zu den strategiebildenden Akteuren aufgebaut. Horizonterweiterungen können und sollten in verschiedene Richtungen betrieben werden. Das Lernen aus Strategien anderer Akteure, an anderen Orten und zu anderen Zeiten verlangt nach Erläuterungen, welche Bedingungen zu welchem Ausgang beigetragen haben, warum wann und wo etwas funktioniert hat und etwas anderes nicht. Mitunter besteht die hilfreiche Perspektiverweiterung auch gerade in dem Hinweis, dass bestimmte Bedingungen fälschlich isoliert und irreführenderweise als Garanten oder Hindernisse für Handlungsfähigkeit gepriesen oder gefürchtet werden.

Historische Traditionslinien freizulegen, in denen gegenwärtige Kämpfe häufig unbemerkt stehen, stellt eine weitere wichtige Richtung der Horizonterweiterung dar. Ein Bewusstsein für die eigene Rolle, auch Klassenbewusstsein im engen Sinne, kann oft erst durch das Verständnis solcher Traditionslinien ermöglicht werden – vor allem dann, wenn in der eigenen Gegenwart klassenkämpferische Organisationen und ein entsprechendes Alltagsvokabular kaum existieren. Die meisten Gruppen, Organisationen und Bewegungen folgen zudem oft einer nationalen Logik. Inter- und transnationale Effekte ihres Handelns und Anknüpfungspunkte für gemeinsames Handeln werden nicht erkannt. Solche Perspektiverweiterungen würden ernstere empirische Verpflichtungen der Kritischen Theorie verlangen. Verweise auf insbesondere soziale Bewegungen, historische Kämpfe und Ansätze zur Problemlösung haben gegenwärtig oft eher den Charakter von Illustrationen der selbst verfolgten Gedanken und Argumente. Ein theoretisches Durcharbeiten empirischen Materials wäre etwas anderes und muss erst wieder neu gelernt werden.

Wird schließlich Theorie in relativer Unabhängigkeit zu zeitgenössischen Kämpfen vorangetrieben, könnte der Beitrag zur Strategiebildung gerade darin bestehen, die eigenen Erkenntnisse auf ihre strategischen Implikationen hin zuzuspitzen. Dies könnte in stärkere Konflikte mit den in ihrer praktischen Arbeit strategiebildenden Akteuren selbst führen. Wir sollten Max Horkheimer in der Einschätzung folgen, dass gerade solche Konflikte hochgradig produktiv sein können.

So viel zu tun: Vergesellschaftungsbegehren und Aufgaben für die Kritische Theorie

Die Initiative Deutsche Wohnen & Co. enteignen begann 2018 mit einer Kampagne für die Enteignung und Vergesellschaftung großer Wohnungskonzerne in Berlin. Sie verband eine Organisierungskampagne, die Strukturen der Selbstorganisierung von Mieter:innen auf- und ausbauen sollte, mit einem Volksentscheid für die erstmalige Anwendung des Vergesellschaftungsartikels im Grundgesetz. Die Vergesellschaftung von Wohnraum soll eine bedürfnis- statt profitorientierte Versorgung mit Wohnraum als Gemeingut und eine weitreichende Demokratisierung in der Struktur von Räten ermöglichen – unter Beteiligung der Mieter:innen, der Belegschaft der Verwaltung und der Stadtgesellschaft. Gut 59 Prozent der Wähler:innen stimmten 2021 für die Vergesellschaftung. Die Umsetzung wird trotzdem seitdem verschleppt.

Die Bewegung für Vergesellschaftung sowie ihr Versuch, konkrete demokratische Formen für die zukünftige Verwaltung zu entwickeln, und das Problem, tatsächliche Durchsetzungsmacht aufzubauen, stellen auch sympathisierenden Kritischen Theoretiker:innen konkrete Aufgaben.

Historische Horizonterweiterungen sind in Bezug auf Bemühungen um Vergesellschaftung besonders naheliegend und auch gewinnbringend, weil die Vergesellschaftung als zentrales Instrument eines wirtschaftlichen Umbaus zum Sozialismus – oftmals synonym als ›Sozialisierung‹ bezeichnet – bereits zu früheren Zeitpunkten Gegenstand ausgefeilter Diskussionen war. Insbesondere in den Jahren 1918–1923 erschienen Hunderte Flugblätter, Pamphlete und Monografien, die sich mit der begrifflichen Bestimmung, einer sinnvollen Priorisierung der Vergesellschaftung verschiedener Wirtschaftszweige und der innerbetrieblichen Organisation beschäftigten (vgl. Novy 1978; Weissel 1976). Der von vielen Theoretiker:innen gehegte Traum, durch die Bereitstellung von Begriffen konkrete politische Kämpfe unterstützen zu können, mag hier ausnahmsweise erfüllbar sein: Der Rückblick auf die Debatten, wie sie vor rund 100 Jahren in der Weimarer Republik geführt wurden, zeigt nämlich auch, dass die Vereinnahmung durch reformistische Kräfte droht. Die SPD nutzte den Slogan ›Die Sozialisierung marschiert!‹, um die radikalen Forderungen der Arbeiter:innen durch die Belehrung zu befrieden, dass die objektiv notwendigen Voraussetzungen dafür noch nicht erfüllt seien, man sich aber auf die bald *mögliche* Vergesellschaftung durch den Staat verlassen könne (Novy 1978: 109 ff.). Auch in der gegenwärtigen Situation sind Versuche der Abschwächung der Vergesellschaftungsidee zu beobachten: Die Grünen versuchten als Teil des Berliner Senats, eine Vergesellschaftung als radikales letztes Mittel zu interpretieren, dessen Anwendung von qualitativen Kriterien und insbesondere moralischem Versagen in der Vermietungspraxis abhängig gemacht werden sollte. Aus einem Instrument für umfassende Demokratisierung und einen selbstzweckhaften Umbau der Wirtschaft wird so eine Miniaturreform. ›Vergesellschaftung‹ begrifflich positiv zu füllen ist in dieser Situation ein Erfordernis für die Öffentlichkeitsarbeit der Bewegung, das durch die Unterstützung kritischer Begriffsarbeit gewinnen kann. Es ist eine begriffsstrategische Frage, in welchen politischen Konstellationen es auch in der Theorie um positive Begriffsbestimmungen gehen muss.

Für die Erarbeitung der konkreten Rätestrukturen ist Lernen aus historischen Erfahrungen und zeitgenössischen Versuchen in anderen Kontexten unerlässlich und auch bereits in die Konzeption durch DWE eingeflossen (vgl. Deutsche Wohnen & Co. enteignen 2023). Hier kommt eine Analyse in der oben beschriebenen Form, die sich damit befasst, welche Strukturen kontextübergreifend vielversprechend sind und welche nicht, umfassend zum Zug (vgl. Demirović und Hamann 2022; Buckmiller 2022). DWE hat mit einem Fokus auf gemeinsames Lernen und die Wissensweitergabe in den eigenen Strukturen sowie in Versuchen der unterstützten Selbstorganisation von Mieter:innen bereits eine wichtige Praxis etabliert. DWE baut dabei auf länger zurückliegende Erfahrungen mit dem aufsuchenden Aufbau von Strukturen etwa in der Otto-Suhr-Siedlung auf (Kunkel 2022: 223). Zwar ist es in der Zusammensetzung der Initiative nicht gelungen, eine Diversität abzubilden, die repräsentativ für die Berliner Bevölkerung wäre, aber immerhin wurden Praxisformen wie etwa Haustürgespräche erprobt und kollektiv experimentierend weiterentwickelt, die eine breite Ansprache der Berliner Stadtgesellschaft ermöglichen (ebd.: 233). Soll die politische Durchsetzung gelingen und sollen die zu etablierenden Rätestrukturen keine reinen Aktivist:innen-Treffpunkte bleiben, werden neben materiellen Voraussetzungen wie der Vergütung von Posten in den Räten gemeinsames Lernen und sensible Bildung eine noch größere Rolle spielen. Eine der Vergesellschaftung entsprechende Kultur muss erst wachsen. Es ist an der Zeit, dass die gesellschaftliche Linke ebenso wie die Kritische Theorie das Thema emanzipatorischer Bildung und die ihr angemessenen Vermittlungsformen und -prozesse wiederentdeckt. Vielleicht können sie es anlässlich der konkreten Bedeutung im Vergesellschaftsprozess gemeinsam tun.

Zwei Themenfelder auch für theoretische Arbeit schließen sich an das Problem der politischen Durchsetzung an. Einerseits sind Beschreibungen der hegemonialen Konstellation notwendig, um mögliche Interventionspunkte und Bündnisoptionen zu erkennen. Wohin sich der neoliberale Staat gegenwärtig entwickelt, wurde jüngst von Mario Candeias mit der Beschreibung eines sich zuspitzenden Kampfes zwischen einem liberalen Lager des grünen Kapitalismus und einem wertereaktionären Lager fossiler Verhaftung beantwortet (vgl. Candeias 2023). Für linke Entwürfe bliebe in der Zuspitzung dieser Kämpfe in den nächsten zehn Jahren kaum Raum, so die Prognose (vgl. ebd.). Gerade in der unübersichtlichen und emotional herausfordernden Konstellation der sich überschlagenden Krisentendenzen sind Einschätzungen der politischen Gesamtentwicklung als Grundlage strategischer Entscheidungen von immenser Bedeutung. Besonders wegen ihrer Wirkmacht ist es wichtig, dass sich auch hier eine präzise theoretisch fundierte Debatte weiterentwickelt. Andererseits gilt es, sich der Frage der Durchsetzungsmacht zu widmen, wenn in einer Situation wie der jetzigen ein eindeutiges Votum der Wähler:innen politisch sabotiert wird. Der Historiker und DWE-Aktivist Ralf Hoffrogge wirft einen vergleichenden Rückblick auf die Forderung nach Vergesellschaftung der Stahlindustrie in den 1980ern: »Blickt man auf heutige Kämpfe um Vergesellschaftung [...], so ergibt sich ein struktureller Vorteil: Bereiche wie Wohnen, Pflege oder Gesundheit können nicht wegglobalisiert werden. Es geht [...] um die Produktion des Lebens selbst. Und die findet lokal statt« (Hoffrogge 2021). Dieser strukturelle Vorteil lässt sich nur zu einem realen strategischen Vorteil ausbauen, wenn eine breite Mobilisierung und vor allem auch längerfristige Organisierung der betroffenen Mieter:innen gelingt. Eine Fehlbeschreibung sozialer Bewegungen als eben vorrangig beweglich und flüchtig und ein mangelndes Interesse an politischen Organisationen – an den Parteien, den Gewerkschaften oder eben Mieter:innenvertretungen – hindert Kritische Theoretiker:innen in der akademischen Philosophie gegenwärtig aber daran, sich substanziell an der Bearbeitung des Durchsetzungsproblems beteiligen zu können.

Zusätzlich ergeben sich auf dem beschriebenen Spektrum weitere Ansätze für Theoriearbeit, deren Ergebnisse potenziell in größerer Spannung zu den Debatten innerhalb der gegenwärtigen Bewegungen für Vergesellschaftung stehen. Eine kritische Perspektive könnte analysieren, was in den gegenwärtigen Überlegungen und Modellierungen von Vergesellschaftung noch als gegeben angenommen wird, obwohl es doch veränderbar wäre. Die kritisch-theoretische Perspektive könnte mit einer solchen Denaturalisierung eine ihrer erprobten Operationen gegen die eigenen politischen Mitstreiter:innen wenden und sich damit vielleicht gleichermaßen temporär unbeliebt, aber eben auch nützlich machen.

Anmerkungen

1 Für hilfreiche kritische Anmerkungen zu einer früheren Version dieses Textes danke ich Andrei Belibou, Emile Ike, Yewon Kim, Hilge Landweer, Manuela Peitz, Jonathan Roessler, Di Wu und insbesondere Babak Amini. Hannah Vögele danke ich für unsere spannenden Diskussionen über Vergesellschaftung, die einige Gedanken dieses Textes angestoßen haben. Der größte Dank gilt meinen Genoss:innen und unserem gemeinsamen Lernen.

2 In den zitierten verschriftlichten Diskussionen werden Horkheimer und Adorno von der Absicht geleitet, ein politisches Manifest zu verfassen. Sie positionieren sich aber ausschließlich kritisch in Bezug auf Strategien, denen man nicht folgen könne: »Wir rufen niemand zu etwas auf«, so Horkheimer. Und Adorno: »Es geht nicht, dass man zu einer linkssozialistischen Partei aufruft« (Horkheimer und Adorno 1956: 47). Das Manifest haben sie letztlich nie verfasst.

3 Dokumentationen und Auswertungen der eigenen politischen Praxis und insbesondere auch der Strategiebildung haben daher besondere Bedeutung. Vgl. für DWE unter anderem Kalle Kunkel (2022), die Aktivistinnen Leonie und Judith im Gespräch mit

Hannes Strobel (2022) und die von der Initiative herausgegebene Materialsammlung *Wie Vergesellschaftung gelingt* (2022). Ebenso relevant sind das gegenwärtig noch in Arbeit befindliche Überblickshandbuch über die Strukturen, Praxisformen und Erfahrungen 2018–2023 sowie ein ebenfalls noch nicht erschienener Sammelband, der feministische Perspektiven auf Vergesellschaftung und die Arbeit der Initiative eröffnen möchte.

4 Klaus Novy verortet die Sozialisierungsdebatten der frühen 1920er Jahre vor dem Hintergrund des revolutionären Möglichkeitsfensters 1918: Die Revolutionär:innen hätten schlicht keinen Plan gehabt, wie die Wirtschaft in einer solchen Situation konkret umzubauen wäre (Novy 1978: 17).

5 Vgl. für Beschreibungen gelingender politischer Praxis als ›Experimentalismus‹ unter anderen Dewey (1964); Honneth (2017); Brunkhorst (2002); Süß (2019). Hannah Vögele und ich analysieren Bewegungen für Vergesellschaftung als nicht-naiven ›Experimentalismus‹, vgl. Vögele und Stupka (unveröffentlichtes Manuskript).

Literatur

Brunkhorst, Hauke 2002: Solidarität. Von der Bürgerfreundschaft zur globalen Rechtsgenossenschaft. Frankfurt a. M.: Suhrkamp.

Buckmiller, Michael 2022: Sozialismus kommt von Sozialisierung. Was wir von Karl Korsch & Co. über kollektive Selbstverwaltung lernen können, in: Luxemburg. Gesellschaftsanalyse und Linke Praxis 1/2022, 74–81.

Candeias, Mario 2023: Wir leben in keiner offenen Situation mehr. Thesen zum Ende des Interregnums und warum es gerade jetzt einen Neustart der LINKEN braucht, in: LuXemburg. Gesellschaftsanalyse und linke Praxis, August. ‹zeitschrift-luxemburg.de/artikel/wir-leben-in-keiner-offenen-situation-mehr›.

Demirović, Alex und Ulrike Hamann 2022: Vergesellschaftung – und dann? Warum wir kollektive Selbstverwaltung erst lernen müssen. Gespräch moderiert von Moritz Warnke, in: LuXemburg. Gesellschaftsanalyse und Linke Praxis 1/2022, 82–87.

Deutsche Wohnen & Co. enteignen (Hg.) 2022: Wie Vergesellschaftung gelingt. Zum Stand der Debatte. Berlin: parthas.

Deutsche Wohnen & Co. enteignen 2023: Gemeingut Wohnen. Eine Anstalt öffentlichen Rechts für Berlins vergesellschaftete Wohnungsbestände. ‹content.dwenteignen.de/uploads/Gemeingut_Wohnen_3a03fa4c87.pdf›.

Dewey, John 1964 [1916]: Demokratie und Erziehung. Eine Einleitung in die philosophische Pädagogik. Übers. von Erich Hylla. Braunschweig: Westermann.

Hoffrogge, Ralf 2021: »Stahlwerk jetzt!« Wie die IG Metall 1983 einen großen Teil der Schwerindustrie vergesellschaften wollte – und was wir daraus lernen können, in: Analyse & Kritik. Zeitung für linke Debatte & Praxis 674, 21. September. ‹www.akweb.de/gesellschaft/wie-die-ig-metall-1983-die-stahlindustrie-vergesellschaften-wollte/›.

Honneth, Axel 2017: Die Idee des Sozialismus. Versuch einer Aktualisierung. Berlin: Suhrkamp.

Horkheimer, Max 1988 [1937]: Traditionelle und kritische Theorie, in: ders.: Gesammelte Schriften. Band 4: Schriften 1836–1941. Hg. von Alfred Schmidt. Frankfurt a. M.: Fischer, 162–216.

Horkheimer, Max und Theodor W. Adorno 1996 [1956]: Diskussion über Theorie und Praxis, in: Max Horkheimer: Gesammelte Schriften. Band 19: Nachträge, Verzeichnisse und Register. Hg. von Gunzelin Schmid Noerr. Frankfurt a. M.: Fischer, 32–72.

Kunkel, Kalle 2022: Was hat »Deutsche Wohnen & Co Enteignen« zu dem gemacht, was es ist? Eine Auswertung von Licht und Schatten einer breiten gesellschaftlichen Kampagne, in: sub\urban. Zeitschrift für kritische Stadtforschung 10(1), 221–236.

Novy, Klaus 1978: Strategien der Sozialisierung. Die Diskussion der Wirtschaftsreform in der Weimarer Republik. Frankfurt a. M: Campus.

Strobel, Hannes 2022: Mehr werden! Einblicke in den Maschinenraum der Kampagne »Deutsche Wohnen und Co. enteignen« – Ein Interview mit Judith und Leonie von der SammelAG, in: común. Magazin für stadtpolitische Interventionen 6, 36–38.

Süß, Rahel Sophia 2019: Theorie und Praxis, in: Dagmar Comtesse, Oliver Flügel-Martinsen, Franziska Martinsen und Martin Nonhoff (Hg.): Radikale Demokratietheorie. Ein Handbuch. Berlin: Suhrkamp, 793–806.

Vögele, Hannah und Jenny Stupka: Socialization as Emancipation. Notes from Berlin (unveröffentlichtes Manuskript).

Weissel, Erwin 1976: Die Ohnmacht des Sieges. Arbeiterschaft und Sozialisierung nach dem Ersten Weltkrieg in Österreich. Wien: Europaverlag.

Digitale Transformation aneignen und gestalten
Von H&M zur Bekleidungsproduktion

Janina Hirth und Martin Lechner

Die Beschäftigten von H&M können im Herbst 2022 nach langer Mobilisierung und Verhandlungen einen großen Erfolg feiern. Gemeinsam mit dem ver.di-Fachbereich Handel und den Beschäftigten – unterstützt durch das Gewerkschaftsnetzwerk »tie«[1] – ist es gelungen, einen weltweit bisher einzigartigen Digitalisierungstarifvertrag abzuschließen. (Vgl. ver.di 2022) Das Besondere am ersten Tarifvertrag dieser Art im Einzelhandel ist, dass die Technikgestaltung und deren Einführung von den Beschäftigten und ihrer Gewerkschaft verhandelt werden. Somit wurde ein Raum für die Gestaltung von Arbeitsprozessen erkämpft, der weit über die bestehenden Mitbestimmungsregelungen des Betriebsverfassungsgesetzes hinausreicht und der somit eine branchenübergreifende Vorbildfunktion hat.

Da die Handelsunternehmen zunehmend die ganze Wertschöpfungskette zu steuern versuchen, muss auch die Produktion Teil des gemeinsamen Kampfes der Beschäftigten werden. Aus diesem Grund versuchen Kolleg:innen aus dem globalen Norden und dem globalen Süden gemeinsam mit ihren Forderungen die digitale Transformation zu beeinflussen.

All dies war nur möglich gewesen, weil ein gemeinsames Verständnis darüber erarbeitet wurde, welch grundlegende Transformation der Arbeitswelt durch die Digitalisierung[2] hervorgerufen wird, und weil sich die Beschäftigten gemeinsam dahingehend positionierten, die Digitalisierung nicht als Teil eines unaufhaltsamen Fortschritts hinzunehmen, sondern sie sich als umkämpftes Terrain aktiv anzueignen.

Die betriebliche und gewerkschaftliche Praxis braucht also ein theoretisch fundiertes Verständnis des spezifischen Akkumulationsregimes und des jeweiligen Regulationsmodus. Dieses Verständnis hat sich jedoch nicht primär aus theoretischen Debatten der Akademie gespeist, sondern vor allem aus der gemeinsamen Auseinandersetzung mit der Veränderung und den Erfahrungen der Kolleg:innen im Arbeitsalltag. Unternehmensübergreifend diskutieren die Kolleg:innen dabei Fragen wie: Wie verändert sich unsere Arbeit mit der Digitalisierung? Welche Unterschiede gibt es im internationalen Vergleich zwischen den verschiedenen Standorten? Die Reichweite der Veränderungen wurde uns im tie-Netzwerk vor dem Hintergrund der historischen Erfahrung klar: der grundlegenden Transformation der Autoproduktion vom Fordismus zum Toyotismus. Daraus konnte nach und nach ein Überblick über die Digitalisierung in der Bekleidungsindustrie erarbeitet werden, der aus der Praxis kommt und der durch die Einordnung in historisch-materialistische Debatten zu einer umfassenden Analyse zusammengeführt wurde. Dies war möglich durch gewachsene Strukturen des direkten Austausches von Arbeiter:innen im ExChains-Netzwerk[3]. In einem in dieser Form gestalteten Verhältnis von Theorie und Praxis sind die Beschäftigten immer Träger des Wissens und nicht Objekte der Forschung. Die kollektive Wissensproduktion geht einher mit einer Veränderung der Praxis, und zwar in dem Sinne, dass neue Handlungsfelder erkannt und ergriffen und Forderungen mittels tiefgreifender Aneignung der Materie, die Wissen und Handlung vereint, durchgesetzt werden.

Wie sich in der Arbeit des ExChains-Netzwerks die digitale Transformation theoretisch und praktisch im Einzelnen angeeignet wurde und wie die Ausgestaltung des Digitalisierungstarifvertrags bei H&M aussieht, soll in diesem Beitrag näher beleuchtet werden. Damit plädieren wir auch für ein organisches und nicht-instrumentelles Verhältnis von sozialen Bewegungen und Theoriebildung. Dieses Verhältnis brauchen wir dringend, um weder an einem begriffslosen Aktivismus auszubrennen, noch theoretischen Debatten als von Praxis losgelöstem Selbstzweck zu frönen: Eine Praxis, die Theoriebildung, Stärkung der Beteiligten und die Entwicklung gemeinsamer Handlungsmöglichkeiten verbindet. Es geht auch darum, den Kampf um materielle Verbesserung und um ein Leben in Würde zu verbinden – ein Leben, in dem Beschäftigte nicht nur Träger der Ware Arbeitskraft sind, sondern Subjekte der Gestaltung von Gesellschaft und Geschichte.

Was ist der Digitalisierungstarifvertrag?

Wie andere Unternehmen im Handel und in anderen Branchen möchte H&M die Unternehmensprozesse digitalisieren. Dabei geht es um grundlegende Veränderungen auf verschiedenen Ebenen: Es soll eine starke Verknüpfung von Online- und Offline-Handel geben; Kund:innen können sich online informieren, bekommen Angebote über Apps; diese erheben die Wünsche der Konsument:innen, die das Unternehmen auswerten will. Gleichzeitig sollen Onlinekäufe in den Filialen abgeholt werden können und so die Kund:innen wieder zum Einkaufen vor Ort eingeladen werden. Auch die Filialen ändern sich: Sie werden immer mehr zu Erlebnisorten ausgebaut, wo Bekleidung möglichst ansprechend präsentiert wird und gegebenenfalls nicht direkt vor Ort gekauft, sondern wieder online bestellt wird. Die Filialen selbst sollen eine Vielzahl neuer technischer Geräte beinhalten, die über Softwaresysteme Daten erheben und miteinander verknüpft sind, so dass durch die Datenauswertung und digitale Anweisungen an die Beschäftigten eine Optimierung der Gesamtabläufe im Sinne des Unternehmens stattfinden kann. So gestaltet sich das grobe Bild, das wir vom Branchenvorreiter

Zara kennen und dem H&M seit einigen Jahren nachstrebt. Materielle Grundlage der Verknüpfung und Optimierung der Arbeitssysteme sind RFID-Chips in der Bekleidung. Diese sehr kleinen und sehr günstigen Radiofrequenzchips werden in alle Waren eingearbeitet, so dass eine lückenlose Verfolgung der Ware und somit der Arbeitsschritte möglich ist.

Um diesem System nicht – wie einer Naturgewalt oder dem vermeintlich nicht verhinderbaren, ›objektiven‹ Fortschritt – ohne Gegenwehr und Mitbestimmung ausgesetzt zu sein, haben die Kolleg:innen von H&M den Digitalisierungstarifvertrag erkämpft. Sie wollen die Digitalisierung nicht verhindern, sondern sie im Interesse und nach den Bedürfnissen der Beschäftigten gestalten. Technik soll unliebsame Arbeit erleichtern und den Raum für die schönen Tätigkeiten der Arbeit erweitern, aber nicht die Beschäftigten kontrollieren und zu höherer Arbeitsdichte und Stress führen. Das Zentrale an diesem Tarifvertrag ist, dass Technikgestaltung und die Einführung jeder Neuerung von den Beschäftigten und ihrer Gewerkschaft verhandelt werden. Dies geht weit über die inzwischen stärker verbreitete Technikfolgenabschätzung hinaus. Die Beschäftigten können nun bereits zum Zeitpunkt der Entwicklung Einfluss nehmen. Im Tarifvertrag ist vereinbart, dass H&M die Beschäftigten und ver.di in die Entwicklung der Technologien einbeziehen muss und keine Technik gegen die Interessen der Beschäftigten eingeführt werden kann. Die Mitbestimmung geschieht über paritätisch besetzte Digitalisierungsgremien. Zudem wurden Testläufe in Pilot-Filialen vereinbart, die von den Beschäftigten und ihrer Gewerkschaft systematisch ausgewertet werden, um eigenständig Anforderungen an die Ausgestaltung der Technologien zu entwickeln. Kriterien, die sie dabei anlegen, sind beispielsweise, inwiefern die geplanten Technologien zu Leistungsverdichtung führen oder wie sie ausgestaltet sein müssen, damit sie menschengerechte Arbeitsbedingungen fördern. Die Kolleg:innen haben hier einen umfassenden Fragenkatalog entwickelt, den sie zur Bewertung nutzen. Der Tarifvertrag läuft über drei Jahre.

Über die genaue Ausgestaltung kann daher zu diesem Zeitpunkt noch nicht berichtet werden, aber die Etablierung eines solchen Prozesses ist eine Errungenschaft von grundlegender Bedeutung. So muss Technik nicht mehr als objektiviertes Kapital den Arbeiter:innen feindlich entgegentreten, sondern kann als Assistenz und Möglichkeitsraum für ihre Interessen und Bedürfnisse mitbestimmt werden.

Wie kam der Tarifvertrag zustande?

Ein solcher Tarifvertrag und eine solch starke Form der Beteiligung der Arbeiter:innen in der Technikgestaltung mag notwendig erscheinen. Der Wille und die Kampfkraft hierzu mussten jedoch über Jahre aufgebaut werden, und das war kein einfacher und geradliniger Prozess. »Noch 2019«, so berichtet eine Betriebsrätin, die auch Teil der Tarifkommission ist, »sagten meine Kolleg:innen, dass es keinen Sinn hätte, sich vertieft mit Digitalisierung und Technik auseinanderzusetzen, da hier keine Mitbestimmung für Betriebsräte und Beschäftigte vorgesehen sei.« In anderen Diskussionen schien das Versprechen des Unternehmens zu wirken, das die Einführung neuer Technik als Erleichterung für die Arbeit der Beschäftigten anpreist. Damit einher ging jedoch auch die Drohung von Arbeitsplatzverlust, sollte das eigene Unternehmen nicht wie die Konkurrenz auf den aktuellen Stand der Technik aufrüsten können.

Es war ein gemeinsamer Prozess, von der Ohnmacht wegzukommen – hin zu einer Phase, in der sich die Beschäftigten als historische Subjekte der Gestaltung von Arbeitsprozessen verstehen, die auch das zukünftige Recht prägen, und in der sie ein anderes Verständnis von Technik und den Gestaltungsmöglichkeiten bekommen. Ein wichtiger Teil dieses Prozesses war und ist der Austausch über ver.di und tie im ExChains-Projekt. Dieser Austausch war für die Kolleg:innen von H&M ein Anstoß zur Auseinandersetzung mit Fragen der Digitalisierung. Denn hier gab es den Erfahrungsaustausch mit den Kolleg:innen der Inditex-Marke Zara. Dieses Unternehmen ist in der Branche der Vorreiter und Treiber von Digitalisierungsprozessen. So führte Zara in Deutschland bereits 2016 RFID-Chips an der Bekleidung ein und begann die Prozesse zu verändern. Zu Beginn waren weder die Kolleg:innen in den Betrieben noch die Gewerkschaft und das tie-Netzwerk auf diese Veränderungen vorbereitet und sie sahen die Dimensionen nicht kommen. Das illustriert zum Beispiel folgende Anekdote einer Betriebsrätin aus unserem Netzwerk:

Sie berichtet, dass sie auf der Fläche am Aufräumen ist. Der Manager ist nicht im Haus, deshalb fühlt sie sich bisher unbeobachtet. Dann ruft der Manager auf dem Diensttelefon an und fragt die Verkäuferin, warum eine bestimmte Ware, die abverkauft wurde, noch nicht wieder aus dem Lager heraus aufgefüllt worden ist. Die Kollegin war sehr überrascht und verunsichert angesichts dieses Anrufs. Woher wusste der Manager, dass die Ware noch nicht auf der Fläche war, wenn er nicht im Haus ist? Bis vor Kurzem wurden viele Warenwirtschaftsprozesse mit Zettel und Stift oder Excel-Tabellen gemacht. Die Dimensionen der Veränderung durch RFID waren noch nicht klar. Man ging davon aus, dass der Vorteil der neuen Technik ist, dass man nicht mehr jede Ware von Hand erfassen muss, sondern einen ganzen Berg von Bekleidung mit einem Scan registriert hat – erst einmal eine enorme Arbeitserleichterung. Doch mit dem Anruf und ähnlichen Szenen zeigte sich, dass die neue Technik nicht nur Prozesse erleichtert, sondern auch neue Formen der Kontrolle ermöglicht. Aus der Vereinfachung der Inventur wird plötzlich eine neue Gesamtdynamik, die sich nach und nach offenbart: Das Management hat nun in Echtzeit Einblick in die Warenbewegungen in der Filiale, ohne dass es überhaupt vor Ort sein muss. Dies ermöglicht also eine engmaschige Kontrolle der Kolleg:innen und die Steuerung von Filialen ohne vor Ort zu sein. Dies bedeutet also potenziell auch eine Einsparung an Führungskräften sowie einen regelmäßigen Vergleich der Prozessfortschritte zwischen verschiedenen Filialen. Dies wiederum kann zur Prozessoptimierung und Arbeitsverdichtung führen. Die Arbeitsprozesse können jederzeit bemessen werden und auch wenn sie aktuell nicht kontrolliert werden, wirkt allein dieses Wissen auf die Psyche der Kolleg:innen.[4] Die Kontrolle wird internalisiert. Die Prozessbemessung und Optimierung kann dann allmählich auch auf weitere Prozesse ausgeweitet werden und führt zu Druck auf die Arbeitenden in Form von flexiblen Arbeitszeiten und Verträgen mit weniger Stunden, damit Personal ganz gezielt nur zu den gemessenen Spitzenzeiten eingesetzt werden kann.

Diese ersten Erkenntnisse über die Zusammenhänge von digitaler Warenerfassung und neuen Formen der Steuerung haben sich erst in der Diskussion im Netzwerk ergeben – einerseits über den Erfahrungsaustausch in Deutschland, aber auch über den Austausch mit Kolleg:innen von Zara im Mutterland des Konzerns, Spanien, wo die Prozesse teilweise noch weiter vorangeschritten waren, und auch durch den Austausch mit Logistikarbeiter:innen in Italien, die wieder andere Puzzleteile zum Gesamtbild des Umbaus beisteuern konnten. Die Diskussion und das Verständnis wurden im ExChains-Netzwerk mittels verschiedener Formate vertieft und ausgeweitet. Es wurden Interviews mit Betriebsrät:innen und Beschäftigten über die Veränderungen geführt und parallel eine Recherche über die Unternehmensstrategien sowie die bisherige Literatur zum Thema Digitalisierung betrieben. Dieses Material wurde gemeinsam in Diskussionen und Konferenzen aufgearbeitet und zu kurzen Videos und einem Diskussions-Leitfaden ausgearbeitet.

Als sich das Gesamtverständnis der größeren Transformation des Handels im Verständnis festigte, sagte eine Kollegin auf einem Seminar: »Durch die Digitalisierung wird die Arbeit im Einzelhandel, in der wir immer Freiräume zur Gestaltung und Einteilung unserer Arbeit und Spaß im Team hatten, zunehmend wie bei meinem Mann bei Daimler am Fließband.« Diese Erfahrung sahen alle als zentral an. Tatsächlich ist die Erfahrung der Beschäftigten als Verkäufer:innen im Dienstleistungsbereich, dass ihre Arbeit – von der man lange dachte, sie sei nicht wie in der Produktion rationalisierbar – zergliedert und durchgetaktet und jeder Schritt von der Technik zunehmend vorgegeben wird. Deswegen entwickelten wir zunächst gemeinsam die These von der Industrialisierung der Dienstleistungsarbeit. Wir haben hier also nicht nur das gemeinsame Verständnis der Entwicklung vertieft, sondern es fand auch eine Begriffsbildung aus den Reihen der Kolleg:innen selbst statt. Im Weiteren erschöpft sich das Verständnis nicht in dem Begriff, er half aber, die Räume zu eröffnen, um die eigenen Erfahrungen mit anderem Wissen zusammenzuführen und ein eigenes Verständnis der Prozesse zu entwickeln.

Zu diesem Zeitpunkt war also klar, dass die Dimensionen der Digitalisierung wesentlich größer und grundlegender sind als zuerst angenommen und von der Betriebsratsseite nicht (allein) mit den klassischen Betriebsratsinstrumenten des individuellen Datenschutzes und der Leistungskontrolle bearbeitet werden können. Deshalb kristallisierte sich unter den aktiven Betriebsrät:innen im ExChains-Netzwerk und im ver.di Fachbereich Handel das Ziel heraus, die Diskussion um die Frage der Digitalisierung mit möglichst vielen Kolleg:innen in den Filialen zu führen. So kam es, dass Kolleg:innen von ver.di und tie in den Jahren 2018 bis 2022 auf über 50 Betriebsversammlungen in verschiedenen Filialen allein bei H&M waren, um ein breites Verständnis der

Bedeutung von Digitalisierung im Einzelhandel mit den Kolleg:innen vor Ort zu erarbeiten und ihre Erfahrungen und Wünsche zur Zukunft der Arbeit im Handel zusammenzutragen.

Die Diskussionen erwiesen sich deshalb als sehr fruchtbar, da Digitalisierung nicht als technischer Prozess verstanden und vorgestellt, sondern von den Erfahrungen der Kolleg:innen im Arbeitsprozess und deren Veränderungen ausgegangen wurde. Dieser Blick auf Digitalisierung verbindet nicht nur die subjektiven Erfahrungen der einzelnen Kolleg:innen, die erst einmal im Arbeitsalltag keinen Überblick über den Gesamtprozess haben, mit eben diesen größeren Dimensionen. Er legt gleichzeitig auch die Veränderung sozialer Prozesse durch die Digitalisierung von Produktion und Wertschöpfung offen und macht die Einschreibung von Interessen und die Konflikthaftigkeit deutlich. Dies führte auch dazu, dass sich bei den betrieblichen Kolleg:innen und den Gewerkschaften die Haltung durchsetzte, dass die Digitalisierung etwas Umkämpftes und nichts Festgeschriebenes ist und es sich lohnen kann, die eigenen Bedürfnisse in die Auseinandersetzung einzubringen.

Diese Diskussionen fanden in einem Kontext statt, der sich ebenfalls veränderte. Auch das Unternehmen H&M hat seit einigen Jahren den Anspruch, in Sachen Digitalisierung nachzuziehen. Die Kolleg:innen im Gesamtbetriebsrat bei H&M in Deutschland waren aber – anders als bei Zara – auf diese Auseinandersetzung vorbereitet. Sie blockierten in den Gremien die Einführung konkreter Einzeltechniken und brachten hartnäckig den Wunsch nach Verhandlungen zum Gesamtprozess Digitalisierung vor. Durch die Erarbeitung konkreter Forderungen konnten sie verhindern, dass – wie bei Zara – digitale Prozesse ohne Mitbestimmung, die über den individuellen Datenschutz hinausgeht, scheibchenweise eingeführt wurden.

In der Auseinandersetzung gab es verschiedene wichtige Entwicklungen. Zentral war der erste Lockdown während Corona im Frühjahr 2020. Das Unternehmen machte noch mehr Druck, digitale Technik in die Arbeitsprozesse einzuführen; die Betriebsversammlungen und Diskussionen mit den Kolleg:innen vor Ort waren wegen des Lockdowns erst einmal unterbrochen. Doch die Gremien schafften es, sich angesichts der Drohung von Arbeitsplatzverlusten und Filialschließungen nicht spalten zu lassen und hielten im Gesamtbetriebsrat an ihren Forderungen fest. Gleichzeitig stand das Management von H&M unter starkem Druck, den die Betriebsratsseite für sich nutzen konnte. Es gab 2019 einen Datenschutzskandal im H&M Customer-Service-Center Nürnberg (vgl. Kläsgen 2020). Die Presse war schlecht. Es war klar, dass die Konzernführung etwas ändern musste. Dennoch machte H&M 2021 wieder einen Vorstoß mit einem sogenannten Freiwilligenprogramm, mit dem sie de facto 800 Stellen abbauen wollten – vor allem die von Eltern, die zeitlich nicht so flexibel einsetzbar sind, von Beschäftigten mit Einschränkungen oder jenen mit alten, teuren Arbeitsverträgen. Der Gesamtbetriebsrat schaffte es, dieses Programm als Teil des Umbaus zum digitalen Unternehmen zu entlarven und zu kritisieren. Hinzu kam, dass durch den aufgebauten Druck viel mehr Beschäftigte gingen, als es das Unternehmen eigentlich beabsichtigt hatte. Zudem waren es gerade aus Unternehmenssicht die ›Falschen‹, die gingen, nämlich die jungen Kolleg:innen, die das Unternehmen flexibel einsetzen zu können hoffte.

Durch die parallel laufenden umfassenden Diskussionen mit den Beschäftigten vor Ort über die Frage der Digitalisierung und durch die gelungene Rückkopplung zwischen Verhandlungen auf Gesamtbetriebsratsebene und der Basis gab es 2021 permanent Aktionen, um einen Digitalisierungstarifvertrag zu erkämpfen. Das waren neben tatsächlichen Streiks das Tragen von Buttons in der Filiale, pressewirksame Aktionen in der Fußgängerzone und andere Formate. Diese Mobilisierung half der Verhandlung um einen Digitalisierungsvertrag allmählich zum Durchbruch, so dass im Oktober 2022 der Tarifvertrag nach langem Ringen in umfassender Form abgeschlossen werden konnte.

Gemeinsames Verständnis als Grundlage für eine eigene Vorstellung

In den gemeinsamen Diskussionen über die Frage der Digitalisierung wurden vor allem neun Konflikt- und Gestaltungsfelder herausgearbeitet. Diese zeigen die derzeit wichtigsten Aspekte der Veränderung und sie sind auch die Ansatzpunkte für die Forderungen der Beschäftigten bei H&M. Dies soll nachfolgend an zwei Aspekten ausgeführt werden. Die anderen können hier nur benannt werden.

Wandel von Tätigkeiten: Aus einer Dienstleistungstätigkeit, deren Kern der Kundenkontakt und die Auseinandersetzung mit Mode war, wurde zunehmend eine rationalisierte Lagertätigkeit. Kund:innen werden zum zusätzlichen Stressfaktor, weil sie Fragen stellen, während die Beschäftigten schon mehrere andere Aufgaben gleichzeitig zu erledigen haben. Arbeitsprozesse werden also nicht nur dichter getaktet, sie verändern grundlegend ihre Qualität. Genau hier setzt der Tarifvertrag von H&M an: Eine zentrale Errungenschaft ist, dass die durch neu eingeführte Technik freiwerdende Zeit nicht zum Personalabbau, sondern ausschließlich für die aktive Beratung von Kund:innen genutzt werden soll. Hierzu haben die Beschäftigten erfolgreich mehr Schulungen erkämpft und damit den Erhalt einer qualifizierten Arbeit. Auch in Zukunft machen Algorithmen hinter den Apps Kaufvorschläge, aber eine Stil- und Materialberatung von Mensch zu Mensch können und sollen sie nicht ersetzen.

Daran schließt direkt die zweite Konfliktlinie, die der Dequalifizierung an. Momentan führt Digitalisierung im

Handel vor allem zur Zurückdrängung und Abgruppierung qualifizierten Personals und zur vermehrten Einstellung ungelernter Arbeiter:innen. Das gilt für den Verkauf, aber auch für das mittlere Management, das nur die berechneten Zahlen liefern soll, wenig Entscheidungsspielraum hat und selbst keine Führungskompetenz erlernt. Mit der starken Verhandlungsposition der Beschäftigten bei H&M konnte die Auslegung, dass Digitalisierung kein Wissen braucht, Beschäftigte nur noch Anhängsel von Technik sind und dessen Anweisungen folgen, abgewendet werden. Nun wird neue Technik als etwas verstanden, für dessen sinnvollen Einsatz das Personal geschult werden muss.

Verhältnis Mensch – Technik: Die Beschäftigten etablieren ein anderes Verhältnis zur Technik. Sie ist nicht Taktgeber und Kontrollgerät, das nur so kommuniziert, wie das Unternehmen es vorsieht. Die Technik wird in den neuen Mitbestimmungsgremien nun tatsächlich zur Assistenz weiterentwickelt. Es geht um die Frage, welche Unterstützung die Geräte den Beschäftigten bei der Arbeit geben können.

Die Veränderung in den ersten Gestaltungsfeldern wirkt auch einer Leistungsverdichtung entgegen. Diese wird ebenfalls bei allen neuen Prozessen evaluiert und ausgeschlossen. Die neuen Formen der Kontrolle durch die Erhebung verschiedener Vergleichszahlen in Echtzeit soll begrenzt werden. Der Druck auf die Arbeitszeiten soll abgebaut werden. Dem Trend im Einzelhandel, Personal nur noch flexibel in den Spitzenzeiten einzusetzen, stellen sich die Beschäftigten entgegen. Hierdurch soll der Trend zur Prekarisierung der Arbeit, der subjektiv mit einer Spaltung und weniger Zusammenhalt in der Belegschaft einhergeht, eingedämmt werden.

Die beschriebenen Dynamiken im Arbeitsprozess wirken sich unterschiedlich auf die Gesundheit der Beschäftigten aus. Momentan nehmen vor allem psychische Belastungen zu und die Krankenquoten im Einzelhandel sind hoch, so dass ein Teufelskreis der Belastung entsteht. Deshalb sollen die ausgehandelten Funktionen der Technik und die neuen Gesamtprozesse hinsichtlich ihrer Auswirkungen auf die Gesundheit der Beschäftigten evaluiert und gegebenenfalls verändert werden.

Der letzte Punkt geht über die direkte Erfahrung der Kolleg:innen im Handel selbst hinaus. Die Handelsunternehmen integrieren zunehmend auch die Zulieferer in ihre algorithmisch gesteuerten Systeme und optimieren so die Produktion: Die ganze Lieferkette soll Teil der Digitalisierung sein. Das baut die Macht der Handelsunternehmen im globalen Norden weiter aus und ihre Vorgaben für Produktionstakte und bestimmte Standards schlagen noch direkter auf die Produktion durch. Hier zeigen sie sich ebenfalls in Form von veränderten Arbeitsprozessen und Arbeitsbedingungen unserer Kolleg:innen in den Bekleidungsfabriken.

Gemeinsame Digitalisierungskämpfe entlang der Wertschöpfungskette

In der internationalen Zusammenarbeit mit den Kolleg:innen aus der Produktion, die über das ExChains-Netzwerk schon zuvor etabliert worden war, zeigten sich erste Hinweise darauf, dass alle Teile der Wertschöpfungskette von der Digitalisierung betroffen sind. Gleichzeitig betrieben auch die Gewerkschaften des tie-Netzwerkes in Südasien Forschung zum Umbruch in der Branche, der sich durch die Coronakrise beschleunigt hat. Auf Ebene der Arbeitsprozesse verspricht die flächendeckende Einführung von RFID-Chips auch in der Produktion Produktivitätszuwächse und führt zu neuen Formen der Kontrolle. Entlang des Produktionsprozesses muss jede Arbeiter:in den vorherigen Arbeitsschritt kontrollieren und digital bestätigen. So produzieren die Arbeiter:innen selbst das Bild der Taktzeiten und Fehlerquoten, welches gegen sie verwendet wird. Um effizienter und digital integriert produzieren zu können, sind die Produzenten gezwungen, in neue Maschinen zu investieren. So ersetzen zum Beispiel neue Schneide- und Nähmaschinen im Schnitt zehn qualifizierte Kolleg:innen durch eine ungelernte Kolleg:in. Diese:r muss selbst das Schneiden oder Nähen nicht mehr beherrschen, sondern lediglich eine Maschine bedienen können. Gleichzeitig werden Arbeiter:innen nicht nur durch Maschinen ersetzt, sondern der Arbeitsdruck für händische Tätigkeiten, die vor allem beim Nähen noch vorhanden sind, steigt, weil vorgelagerte Prozesse maschinisiert wurden.

In einem Treffen von Kolleg:innen aus Südasien und Deutschland wurde schnell klar, dass die oben beschriebenen Veränderungen und die inhaltlichen Konfliktfelder im Zusammenhang mit Digitalisierungsprozessen eine geteilte Erfahrung sind. Mit dem gemeinsam entwickelten globalen Blick wurde deutlich, dass die Handelsunternehmen die Digitalisierung als Strategie einsetzen, um das Geschäftsmodell der *Fast Fashion*, also der schnell wechselnden Moden – beruhend auf der Auslagerung der Produktion an Zulieferer in Niedriglohnregionen der Welt –, weiter voranzutreiben und gleichzeitig besser steuern zu können. Ziel ist es, durch die genauere Messung der Abverkaufszahlen und Kundenwünsche die Bekleidung in den Filialen permanent angepasst zu präsentieren, damit einhergehend die Produktion jedes einzelnen Kleidungsstücks genauer und kurzfristiger in Auftrag zu geben und die Unsicherheiten globaler Lieferketten in den Griff zu bekommen. Die Zulieferer werden gezwungen sein, ihre Produktivität durch technologische Modernisierung zu steigern und sich in den technologischen Rahmen ihrer Käufer, das heißt der Handelsunternehmen, zu integrieren. Die digitale Abbildung der gesamten Lieferkette beim Handelsunternehmen führt dann zu einer minutiösen Überwachung und Kontrolle der Arbeiter:innen in den

Zulieferbetrieben, damit die Unternehmensleitungen produktivitätssteigernde Technologien einsetzen können. *Fast Fashion* braucht und verstärkt die Informalität der Produktion, da große Aufträge nur über einen kurzfristigen Zukauf von Arbeitskraft realisiert werden können. Dies wird dazu führen, dass die Beschäftigung in den Niedriglohnländern noch ›flexibler‹ und prekärer wird, ganz genau so wie die Beschäftigung der Verkäufer:innen der Ware in den Filialen der Modekonzerne.

Somit gibt es auch eine organische Verbindung zwischen den eigenen Erfahrungen am Arbeitsplatz und den großen globalen Entwicklungen im Handel, was wiederum die internationale Zusammenarbeit und den Wunsch nach größeren Veränderungen direkt an die eigene Lebenswelt anschließt und diesen nicht als idealistischen Wunsch oder politische Utopie unverbunden daneben stehen lässt.

Der Tarifvertrag ist für die Beschäftigten bei H&M und ver.di ein Erfolg. Er ist besonders, weil er neue Inhalte von Gewerkschaftsarbeit auf die Tagesordnung setzt und neue gewerkschaftspolitische Räume eröffnet. Zugleich ist mit ihm die Frage einer grenzüberschreitenden Ausweitung verbunden: H&M führt die neuen Technologien nicht nur in Deutschland ein, sondern nutzt diese als Instrumente zur Umgestaltung der gesamten Lieferkette – von der Produktion über die Logistik bis in den Verkauf. Einzelhandelsunternehmen wollen mit der Digitalisierung ihre komplette Wertschöpfungskette neu organisieren und ihre Kontrolle darüber ausweiten. Historisch und global befinden wir uns in einer Phase eines digitalen Aufbruchs der Unternehmen, der nichts weniger als einen neuen Typus von prekärer, flexibel gesteuerter und durchgetakteter Lohnarbeit hervorzubringen droht. Der erste Schritt, Technologien im Einzelhandel zu verhandeln, ist gemacht; nun drängt sich die Frage auf, ob diese Verhandlungen gemeinsam mit unseren Gewerkschaftskolleg:innen aus Südasien internationalisiert werden können: Es braucht gemeinsame Forderungen aus dem Norden und Süden, um die ›digitale Transformation‹ der Lieferkette im Sinne der Arbeiter:innen zu beeinflussen.[5]

Anmerkungen

1 tie (transnationals information exchange) ist ein internationales Netzwerk von Gewerkschafter:innen mit über 40-jähriger Erfahrung. tie zielt darauf ab, ein Bewusstsein über internationale Zusammenhänge zu schaffen sowie eine Zusammenarbeit zwischen Beschäftigten und ihren Organisationen zu Themen wie Gesundheit, Digitalisierung und Lieferketten in verschiedenen Regionen der Welt zu ermutigen und zu fördern.

2 Digitalisierung meint unserem Verständnis nach eine grundlegende Transformation von Arbeit, Leben und Gesellschaft. Alle Branchen sind davon betroffen: Sämtliche Prozesse entlang von Lieferketten werden objektiviert, zergliedert und standardisiert. Ziel dessen ist die digitale Steuerung und erhoffte Optimierung im Interesse der Unternehmen. In diesem Sinne betrachten wir die Digitalisierung als eine Antwort der Unternehmen auf die Krise der Kapitalakkumulation. Als Grundlage dieser Transformation dienen Technologien und KI-Systeme, deren Bedeutung oftmals erst in ihrem Zusammenspiel deutlich wird. Ähnlich wie Ford und Toyota in früheren Akkumulationsregimen agieren Unternehmen wie Amazon und Inditex heute als Treiber und setzen Leitbilder für ganze Branchen.

3 Im ExChains-Netzwerk gibt es einen regelmäßigen Austausch von Kolleginnen und Kollegen der Unternehmen Primark, H&M, Zara und Esprit. Hier entwickeln sie gemeinsam Strategien als Beschäftigte. Dies tun sie gleichzeitig nicht nur in Bezug auf die Arbeit in Deutschland, sondern auch entlang der Wertschöpfungskette mit den Kolleg:innen in der Bekleidungsproduktion in Südasien.

4 Diese von den Kolleg:innen beschriebene Wirkung der neuen Technik erinnert an Foucaults Ausführungen zum Panoptismus (vgl. Foucault 2008: 900 ff.).

5 Um diesen gemeinsamen Prozess zu unterstützen, haben wir das Forschungsprojekt »Digitalisierung von Wertschöpfungsketten im Handel« bei der Hans-Böckler-Stiftung ins Leben gerufen. Mehr Informationen hierzu unter: ‹www.boeckler.de/de/suchergebnis-forschungsfoerderungsprojekte-detailseite-2732.htm?projekt=2022-795-2›.

Literatur

Aftab, Md Afzalul, Qin Yuanjian, Nadia Kabir und Zapan Barua 2018: Super Responsive Supply Chain: The Case of Spanish Fast Fashion Retailer Inditex-Zara, in: International Journal of Business and Management 13(5), 212–227.

Ageron, Blandine, Omar Bentahar und Angappa Gunasekaran 2020: Digital supply chain: Challenges and future directions, in: Supply Chain Forum. An International Journal 21(3), 133–138.

Azevedo, Susana und Helena Carvalho 2012: Contribution of RFID technology to better management of fashion supply chains, in: International Journal of Retail & Distribution Management 40(2), 128–156.

Barthel, Georg 2023: Amazonismus. Management im digitalen Kapitalismus, in: IAQ-Report 2023(6). ‹nbn-resolving.org/urn:nbn:de:hbz:465-20230712-110729-4›.

Bhattacharya, Dithhi 2022: Northern Superheroes – Southern Victims? Trade Union Alternatives for Solidarity Along Supply Chains. Videolecture, in: Orfalea Center for Global and International Studies at the University of California: Reimagining our Worlds from Below. Transnational Conversations on Resistance, Movements, and Transformations, Panel 7, 20. Mai. ‹ejcj.orfaleacenter.ucsb.edu/2022/05/reimagining-our-worlds-from-below-session-7/›.

Dittmar, Nele, Leonie Bohnke und Truc Nguyen 2023: Digitalisierung und Tarifpolitik. Die Digitalisierung der Arbeitswelt und ihre tarifpolitische Gestaltung. Hans-Böckler-Stiftung, Study 485. Düsseldorf: Hans-Böckler-Stiftung.

Foucault, Michel 2008 [1975]: Überwachen und Strafen, in: ders.: Die Hauptwerke. Übers. von Ulrich Köppen und Ulrich Raulff. Frankfurt a. M.: Suhrkamp, 701–1019.

Hirth, Janina und Markus Rhein 2021: Algorithmic assembly lines. Digitalization and resistance in the retail sector, in: tni longreads, 30. April. ‹longreads.tni.org/algorithmic-assembly-lines-digitalization-and-resistance-in-the-retail-sector›.

Kläsgen, Michael 2020: Datenschutzverstoß. H&M speicherte, ob Mitarbeiter Blasenschwäche oder Krebs hatten, in: Süddeutsche Zeitung, 1. Oktober. ‹www.sueddeutsche.de/wirtschaft/h-m-ueberwachung-mitarbeiter-1.5051665›.

López, Tatiana, Tim Riedler, Heiner Köhnen, Michael Fütterer 2022: Digital value chain restructuring and labour process transformations in the fast-fashion sector: Evidence from the value chains of Zara & H&M, in: Global Networks 22(4), 684–700.

Schröter, Welf 2022: Gestaltungskompetenz für Betriebsräte im Spannungsverhältnis von Assistenz- und Delegationstechnik. Erfahrungen aus dreißig Jahren »Forum Soziale Technikgestaltung«, in: Magazin erwachsenenbildung.at 44/45.

Ver.di 2022: H&M-Beschäftigte gestalten Zukunft mit, in: ver.di, 14. Oktober. ‹www.verdi.de/themen/nachrichten/++co++f2ad4dfe-4bb5-11ed-a9ca-001a4a16012a›.

Weinswig, Deborah 2017: Fast Fashion Speeding Toward Ultrafast Fashion, in: Fung Global Retail & Technology, 19. Mai. ‹coresight.com/wp-content/uploads/2017/05/Fast-Fashion-Speeding-Toward-Ultrafast-Fashion-May-19_2017.pdf›.

Zwischen Besetzung und kritischer Intellektualität

Gegen das ›so weiter‹ in der Klimakrise

Gianna Gumgowski, Anton Fromageot und Lukas Geisler

Ein Hörsaal der Goethe-Universität ist völlig leer und still, als die ersten Studierenden gegen zehn Uhr morgens durch den Notausgang hineinschlüpfen. Tüten mit Schlafsäcken, Absperrband und große Stoffteile kommen zum Vorschein, während die angespannten Gesichter langsam zu lächeln beginnen und sich in dem riesigen, leeren Raum umsehen. Hohe Decken, einige wenige Fenster weit oben. Nach kurzer Zeit ist der Hörsaal gefüllt mit bunten Bannern, die verkünden: »Dies ist eine offene Besetzung!«. Absperrband zieht sich durch alle Sitzreihen, Zelte und Schlafsäcke deuten an: die Studierenden haben vor, hier zu bleiben. Auf den freien Flächen werden Sofas und Stühle im Kreis aufgestellt: hier soll ein Ort der Diskussion entstehen, ein Ort, der offen für alle ist, um auf Augenhöhe zu sprechen – sprich: ein möglichst herrschaftsfreier Raum.

Am 6. Dezember 2022 wurde in Frankfurt am Main der größte Hörsaal der Goethe Universität von studentischen Aktivist:innen der globalen Klimagerechtigkeitsbewegung »End Fossil: Occupy!« besetzt. Eine Aktion mit dem Ziel, einen selbstverwalteten Raum zum Diskutieren, Lernen und zur politischen Organisation zu schaffen, in dem die Klimakrise und deren Verhältnis zu rassistischen und patriarchalen Strukturen diskutiert werden kann. Bereits die Architektur des riesigen Raumes, die Unmengen an unbeweglichen Stuhlreihen, die sich von oben nach unten auf die Tafel zulaufend ziehen, scheinen auf ebenjene kapitalistische Logik der Effizienz, Masse und Hierarchie zu verweisen und sind somit ein wahrnehmbarer Ausdruck eines konservativen, auf Autorität gebauten Bildungssystems. Die Besetzer:innen wollten das Aussehen, die Nutzung und die Handlungsweisen innerhalb dieses Raumes verändern. Ein wirklicher, wirksamer Ort (Foucault 1998: 39) soll entstehen: ein Ort der kollektiven kritischen Wissensvermittlung.

Der Prozess der Besetzung selbst ist radikal offen und geprägt von Unsicherheit und Überforderung aller beteiligten Akteur:innen. Die reine Störung des zeitlich fest eingeteilten Ablaufes führt dazu, dass viele Studierende, die im Raum ihre gewohnten Lehrveranstaltungen erwarteten, nicht wissen, wie oder ob sie sich anders verhalten sollten. Einige setzen sich trotz allem auf die Bänke und warten darauf, dass der Strafrechtsdozent eintrifft und durch seine Autorität die gewohnte Ordnung wiederherstellt. Doch ebenjene Autorität und Ordnung steht nun offen zur Debatte und wird auf verbaler, aber auch physischer Ebene, im Sinne der Raum-Aneignung, ausgehandelt. Noch während Verhandlungen über die Zukunft der Besetzung, geführt von zwei Delegierten, ruft Albrecht Fester, Kanzler der Goethe-Universität, die Polizei. Keine zehn Stunden konnten die Verantwortlichen der Universität die Raumaneignung akzeptieren. Der Aufmarsch voll aufgerüsteter Polizist:innen, die durch alle Eingänge in den Raum strömen, stellt einen krassen Kontrast zur offenen Organisation der Besetzung dar. Eine spontane Organisation der Studierenden: unterdrückt durch den Schulterschluss eines ideologischen Staatsapparates (Universität) und eines repressiven Staatsapparates (Polizei). Vor dem Hörsaalzentrum formiert sich Protest, während Studierende aus dem Gebäude geprügelt werden. Mehrere Personen werden über Nacht mit auf das Polizeirevier genommen, müssen sich ausziehen sowie durchsuchen lassen und sehen sich

Strafverfahren ausgesetzt. Viele der anwesenden Studierenden erleben Gewalt.

»Daß es ›so weiter‹ geht, ist die Katastrophe«[1]

Als Teil der globalen Klimagerechtigkeitsbewegung möchten wir hier einen Beitrag dazu leisten, in Zeiten der Klimakatastrophe zeitgemäße Perspektiven auf das Verhältnis von politischer Praxis und kritischer Theorie zu liefern. Ausgangspunkt unserer Überlegungen ist die Grundannahme, dass uns die Klimakrise als existenzielle Bedrohung der Menschheit mit einer neuen Zeitlichkeit konfrontiert. Unter dieser neuen Zeitlichkeit verstehen wir die Erkenntnis, dass ohne ein sofortiges Umsteuern ökologische Kipppunkte erreicht werden, die weite Teile unseres Planeten unbewohnbar machen werden, was vielerorts bereits der Fall ist. Die vielfältigen ökologischen Krisen wirken umfassend auf alle Bereiche des menschlichen und nicht-menschlichen Zusammenlebens in einem Ausmaß und einer Weise, die noch nicht gänzlich abzusehen ist, die jedoch alle emanzipatorischen gesellschaftlichen Kämpfe bereits jetzt maßgeblich beeinflusst (Buckel und Kopp 2022: 83 ff.).

Dass wir uns angesichts der fortschreitenden Zerstörung unserer Lebensgrundlagen ein ›so weiter‹ nicht mehr leisten können, scheint zwar innerhalb linker Theorie und Praxis weitgehend erkannt worden zu sein; jedoch müssen wir uns fragen, ob die politische Linke angemessen auf die neue Zeitlichkeit der Klimakrise reagiert. Was diese neue Zeitlichkeit für das Verhältnis von Theorie und Praxis bedeutet – und was das auch von kritischen Theoretiker:innen an Universitäten verlangt – möchten wir im folgenden Beitrag diskutieren. Diese aufs Ganze der Gesellschaft zielende Frage möchten wir ausgehend von unseren Erfahrungen aus der politischen Praxis einerseits und anhand unserer eigenen theoretischen Überlegungen andererseits beantworten. Da End Fossil: Occupy! primär an Universitäten in Form von Besetzungen aktiv ist, erscheint die Praxis der Besetzung in diesem Beitrag als beispielhafter politischer Erfahrungshintergrund und zugleich in der Kontinuität einer historisch spezifischen politischen Konstellation: Als emanzipatorische Bewegung an Universitäten, die ja gerade der zentrale Wirkungs- und Entstehungsort des sogenannten »westlichen Marxismus« (Anderson 2023: 58 f.) und dessen kritischen Theoretiker:innen war.

Unser Verständnis von kritischer Theorie orientiert sich an Karl Marx, genau genommen an der elften Feuerbachthese[2]. Diese Maxime weiterdenkend, schließen wir uns Max Horkheimer an, für den das Ziel kritischer Theorie darin bestand, menschengemachtes Leid zu verhindern (Horkheimer 2009: 83 f.; Horkheimer 1968: 159). Zentraler Impuls kritischer Theorie ist es also nicht nur, die Welt zu verändern, sondern ganz konkret Leiden, das durch menschliches Handeln bedingt ist, zu überwinden. Für kritische Theoretiker:innen ist es demnach unabdingbar, zu reflektieren, ob und wenn ja, wie die eigene Wissensproduktion dazu einen Beitrag leistet. In dieser Tradition identifiziert auch Susanne Martin diese zwei zentralen Prämissen: Wissensproduktion muss die eigene Verstrickung in Herrschaftszusammenhänge reflektieren und Ziel einer jeden kritischen Theorie muss die allgemeine Emanzipation aller sein (Martin 2019: 413). Dies ist ein Anspruch, dem alle kritischen Theoretiker:innen gerecht werden müssen, wenn sie sich als solche bezeichnen. Im Folgenden wird für die zuvor skizzierte Frage die Beziehung kritischer Theoretiker:innen an der Universität zu dortiger politischer Praxis – ausgehend von der eingangs skizzierten Hörsaalbesetzung – thematisiert. Anschließend stellen wir die Besetzung als besondere Form politischer Aktion dar, aus der sich ein intensiver Reflexionsprozess zwischen Theorie und Praxis ergeben kann.

Theoretiker:innen im Staatsapparat

Die Universität ist offensichtlich der Ort unserer politischen Praxis. Dieser ist nicht zufällig gewählt, sondern rechtfertigt sich durch die herausragende Rolle der Universität in der bürgerlichen Gesellschaft und im kapitalistischen Reproduktionsprozess. In dieser Gesellschaft stellt die Universität, gemeinsam mit anderen Bildungseinrichtungen, den zentralen Ort der Wissensproduktion und -vermittlung dar (Wagner 1973: 57). Die Intervention an der Universität bedeutet also, eben dort anzusetzen, wo das Wissen des fossilen Kapitalismus (re-)produziert wird, und sie bildet zusätzlich zu sowie in enger Verbindung mit Arbeitskämpfen in den Produktionsstätten selbst einen Schauplatz antikapitalistischer Kämpfe.

Die an der Universität ausgebildeten Arbeitskräfte, man ist noch versucht ›Studierende‹ zu sagen, durchlaufen dadurch auch spezifische Subjektivierungsprozesse (Althusser 2010: 58). Um die Universität in ihrer Form zu bestimmen, greifen wir auf die Arbeit von Alex Demirović zurück, der die Universität im Anschluss an die materialistische Staatstheorie seit den 1970er Jahren als spezifischen Staatsapparat begreift. Wir halten diesen Zugang für nützlich, um die Notwendigkeit von Intervention an der Universität und die Verbindung mit außeruniversitären Kämpfen darzustellen. Nach Demirović ist die Universität ein Staatsapparat im folgenden Sinne: »Die Universität ist ein gesellschaftliches Verhältnis, das den Prozess der Wissenserzeugung und -vermittlung unter straffen und hierarchischen Bedingungen organisiert und deswegen auch als Apparat bezeichnet werden kann, der im Bereich des Wissens eine neue Form von Herrschaft etabliert.« (Demirović 2010: 394)

Die Universität als Apparat ist mit spezifischen Leistungen und Anforderungen sowie eigenen Logiken ausgestattet und sie bildet gleichzeitig eine spezifische Konstellation von verdichteten gesellschaftlichen Kräfteverhältnissen. Auf Basis dieser Analyse halten wir die Universität nicht einfach für einen Teil des Überbaus, dessen Gestalt lediglich Ausdruck der Produktionsverhältnisse ist, sondern betrachten sie selbst als einen Ort, an dem Konflikte über gesellschaftliche Verhältnisse ausgetragen werden, die wiederum in andere gesellschaftliche Bereiche hineinwirken können und dies auch tun. Wie sich die relative Autonomie des universitären Apparates ausdrückt, hängt dann von konkreten lokalen Kräfteverhältnissen ab, die wir in unserer Praxis zugleich beeinflussen möchten (Belina et al. 2013: 53).

Zu den Akteur:innen, die das Kräfteverhältnis an der Universität prägen, zählen maßgeblich Professor:innen und die vielen – häufig prekär beschäftigten – akademischen Mitarbeiter:innen. Besonders interessant für unsere Perspektive sind jene, die nach ihrem Selbstverständnis kritische Theorie betreiben, da sie an der Universität eine Doppelrolle einnehmen: Einerseits haben sie den Anspruch, dass ihre Wissensproduktion die eigene Verstrickung in Herrschaftszusammenhänge reflektieren muss und dass ihre Theoriebildung die allgemeine menschliche Emanzipation zu Ziel hat. Andererseits spielen sie aufgrund ihrer Funktion im Apparat eine wichtige Rolle für das Kräfteverhältnis an der Universität und nehmen dadurch selbst eine Machtposition ein.[3]

Beide Rollen sind unserer Ansicht nach nicht voneinander zu trennen. Unter anderem unsere Erfahrung der Hörsaalbesetzung zeigt auf, dass eine gewisse Distanz kritischer Theoretiker:innen gegenüber konkreten emanzipatorischen Kämpfen der Universität besteht. Für die Besetzung wurde ein vielfältiges Programm rund um das Thema Klimagerechtigkeit, Kolonialismus und (Anti-)Kapitalismus erstellt. Auch Professor:innen der Universität und Leiter:innen bekannter Frankfurter Institute wurden angefragt, um ihre Veranstaltungen und Vorträge in den besetzten Hörsaal zu verlegen und dort zu sprechen. Zum Zeitpunkt der Räumung und auch während der zehnstündigen Besetzung waren keine dieser kritischen Theoretiker:innen anwesend. Wir sind der Auffassung, dass mehr möglich und auch notwendig gewesen wäre, denn historische Beispiele zeigen, dass politische Kämpfe gerade dann erfolgreich waren, wenn statusübergreife Bündnisse hergestellt wurden. Um erfolgreich an der Universität Klimagerechtigkeitskämpfe zu führen, ist es also unerlässlich, dass wissenschaftliche Mitarbeiter:innen, aber vor allem Professor:innen sich solidarisieren und ihre Machtposition innerhalb des Apparates nutzen.

Historische Beispiele gibt es unzählige: Bei Protesten gegen den NATO-Doppelbeschluss 1983 bildeten prominente Personen gemeinsame Bezugsgruppen[4] mit Protestierenden, die in der Folge nicht geräumt oder strafrechtlich verfolgt wurden (Jäger 2023).[5] Ein jüngeres Beispiel sind Raul Zelik und das Institut für Sozialforschung (IfS) während der *Zweiten Marxistischen Arbeitswoche* (MAW) im Mai 2023 in Frankfurt. Aus Solidarität mit der Letzten Generation und als Positionierung gegen die Kriminalisierung von Klimaprotest wurde mit Zeliks Vortrag zwei Stunden lang eine Kreuzung blockiert. Hätte das Universitätspräsidium der Goethe-Universität den Hörsaal geräumt, wenn institutionell abgesicherte kritische Theoretiker:innen oder andere Personen des öffentlichen Lebens sich anders mit der Besetzung solidarisiert hätten?

Gerade Professor:innen, die sich als kritische Theoretiker:innen begreifen, müssten ihre Rolle im Apparat nutzen, um das Kräfteverhältnis zugunsten emanzipatorischer Kräfte zu beeinflussen. Werden diese Handlungsspielräume nicht genutzt und ausgebaut, dann verliert emanzipatorische Praxis an Potenzial. Dass es die Distanz gegenüber der Praxis seitens Vertreter:innen der kritischen Theorie in Frankfurter Tradition nicht immer schon in diesem Maße gegeben hat, beweist eine ihrer prägendsten Figuren: Max Horkheimer. Auch wenn er in der Geschichte der Studierendenbewegung zu Recht eine gespaltene Rolle einnimmt, setzte er sich als damaliger Rektor der Goethe-Universität persönlich dafür ein, dass das Studierendenhaus auf dem alten Campus Bockenheim unter studentische Selbstverwaltung gestellt wurde. In der Eröffnungsrede des Studierendenhauses betonte er, wie wichtig die Erziehung einer akademischen Jugend sei,

> »die sich nicht bloß wissenschaftliche Verfahrensweisen aneignet, sondern die zugleich den Umgang mit Menschen [...], freiwillige Hingabe an soziale, künstlerische, sportliche Tätigkeiten, Liebe zum Denken und Forschen, zum Diskutieren, zur kreativen Muße, kurz die den Geist der realen und tätigen Demokratie praktiziert.« (Horkheimer 2023)

Von diesem Studierendenhaus profitiert die politische Studierendenschaft bis heute, was sich deutlich daran zeigt, wie stark sich die Kultur auf dem Campus Bockenheim von jener im neuen IG-Farben-Campus unterscheidet (vgl. Belina et al. 2013). Während der Campus Bockenheim ein Ort der studentischen Selbstorganisation ist, wo sich zu universitären, politischen, sozialen, künstlerischen, bildungsbezogenen oder freizeitmäßigen Anlässen getroffen werden kann, existieren solche Orte auf dem IG-Farben-Campus quasi nicht; vielmehr ist dort nur (zeitlich begrenzt) willkommen, wer konsumiert, weshalb sich auch nur schwerlich eine studentische, geschweige denn eine politische Kultur entwickeln kann. Ein Verständnis der Universität, wie Horkheimer es ausdrückte, scheint einigen Vertreter:innen der kritischen Theorie abhandengekommen zu sein. Die Machtverhältnisse an der Universität sind für politische Praxis, insbesondere für Aktionen wie Besetzungen von großer Bedeutung,[6] denn die polizeiliche Räumung ist eine politische Entscheidung, die auf die stille Akzeptanz der Statusgruppen der Universität baut. Auch außerhalb des Präsidiums erleichtert diese Stille den konservativ-reaktionären Kräften an der Universität den Erhalt des zerstörerischen ›so weiter‹.[7]

Insbesondere in Anbetracht der fortschreitenden Klimakrise besteht die zeitliche Dringlichkeit, in unterschiedlichen Gebieten der Universität Kräfteverhältnisse zu beeinflussen, so dass Veränderung möglich wird. Von Theoretiker:innen mit kritischem Anspruch verlangt das die engagierte Solidarisierung mit emanzipatorischen Kämpfen vor ihrer Haustür. Genau diese Kämpfe unterstützen sie an den Universitäten nicht nur durch kritische Theoriebildung, die es ermöglicht, Emanzipation zu denken (Birkner und Foltin 2010: 9), sondern auch durch das Schaffen von Möglichkeitsräumen für konkrete politische Praxis.

Die Praxis der Besetzung und ihre Potenziale für die Theoriebildung

Doch nicht nur radikaler Klimaaktivismus ist in Form von Besetzungen an der Universität – und generell in der Gesellschaft, wenn man es verallgemeinern will – auf solidarische kritische Theoretiker:innen und allgemein kritische Intellektuelle angewiesen, auch kann kritische Theoriebildung von solcher politischer Praxis profitieren. Besetzungen und Blockaden sind in der Klimagerechtigkeitsbewegung ein weit verbreitetes Mittel, um nicht nur Veränderungen in der Zukunft anzustoßen, sondern Lebensgrundlagen direkt zu schützen und den Ausbau konkreter fossiler Projekte (wenn auch nur temporär) zu stoppen.[8] Die Besetzung an der Goethe-Universität folgte einer ähnlichen Logik, die zunächst darauf zielte, den universitären Normalbetrieb und die kapitalistische Wissensproduktion zu unterbrechen, und die darüber hinaus andere Strukturen der Wissensproduktion und

-vermittlung aufzubauen und eine konkrete Gegenpraxis zu initiieren versucht.

Wir erachten den Aufbau alternativer Strukturen in der Wissensproduktion als wichtig, um – Horkheimer folgend – einen kritischen Begriff der Bildung jenseits kapitalistischer Verwertungslogik, aber auch jenseits des humanistischen Bildungsideals zu realisieren. Horkheimer betont kritisch dem letzteren gegenüber, dass der rein individualistische Charakter der Selbstermächtigung für den Einzelnen gar nicht möglich ist, sondern erst in einem gesellschaftlichen Ganzen umsetzbar wird.

> »Die Universität aber ist ein Ort, wo [...] Beziehungen sich anspinnen und damit auch die jugendlichen Bindungen und Freundschaften entstehen, die im Kleinen das Wesen einer Gesellschaft vorwegnehmen, wie sie einmal im Großen als die richtige Gesellschaft sich gestalten soll.« (Horkheimer 1985: 417)

In unserer politischen Praxis, in Bewegungen, Besetzungen, in der Form von kritischer Theorieproduktion und Wissensvermittlung steckt diese Vorstellung Horkheimers: Dass im Kleinen erprobt, vorbereitet und überdacht wird, wie es im Großen, in der Gesellschaft und in der Welt anders sein müsste. Diese Vorstellung teilen wir mit unzähligen anderen Bewegungen und bilden damit eine dezentrale kritisch-solidarische Praxis. Nach Demirović ist dann die Frage, »wann, in welcher kontingenten Konstellation [...] sich ein Widerspruch, ein Konflikt universalisieren [kann], so dass sich alles ändert« (Martin, Martin und Wissel 2015: 294). Dies bedeutet am Ende nicht nur die Veränderungen des Inhalts der Wissensproduktion, sondern vor allem die solidarische Zusammenarbeit von Studierenden und Beschäftigen an den Bildungseinrichtungen. Genau dafür braucht es (Frei-)Räume, die besonders am

IG-Farben-Campus stetig erkämpft werden müssen. Ein Ziel der Besetzung war es, diese Freiräume, in denen solch solidarische Zusammenarbeit bisher existiert, aus den Nischen herauszuholen und ins Herz der Goethe-Universität zu tragen.

Gleichzeitig birgt eine Besetzung aufgrund ihrer Form das Potenzial, dass aus diesen gewonnenen Freiräumen heraus besonders fruchtbare theoretische Reflexionsprozesse angestoßen werden können. In einer Besetzung wird sich ein Raum temporär angeeignet, was erfordert, dort auch Strukturen aufzubauen, die den gemeinsamen Aufenthalt vor Ort organisieren. Es müssen sich Konzepte kritischer Gesellschaftstheorie bewähren oder wieder andere können erst im gemeinsamen Werden entstehen. Im Versuch, Ausbeutungs- und Herrschaftsverhältnisse im Kleinen zu untergraben, ohne sie gegeneinander auszuspielen, verstehen wir mit jeder Handlung und jedem Konflikt mehr über die Verknüpfung und die Dynamik dieser Strukturen. Aktivist:innen greifen in jenen Situationen auf theoretische oder aus vergangener Praxis stammende Wissensbestände zurück, doch auch ihre Spontaneität ist in einer Besetzung unerlässlich, denn man kommt nicht umhin, intuitiv handeln zu müssen. So fördert die politische Praxis der Besetzung in besonderer Weise das Wechselspiel zwischen Theorie und Praxis. Daraus ergibt sich ein reflexives Theorie-Praxis-Verhältnis, das wir als eines im Werden beschreiben würden. Wenn kritische Theorie einen Gebrauchswert in einer sich rapide erhitzenden Welt haben will, in der man »das Gefühl nicht los [wird], dass die einzige sinnvolle Aufgabe momentan darin besteht, alles andere auf sich beruhen zu lassen und die Verbrennung fossiler Energieträger physisch zu unterbinden« (Malm 2021: 26), dann muss sie diese Potenziale politischer Praxis nutzen. Es sollte der Theorie also nicht nur darum gehen, »Situationen verständlicher« (ebd.) zu machen, wie Malm dies vor Augen hat; nein, sie muss sich – verstanden im Kontext eines reflexiven Theorie-Praxis-Verhältnisses im Werden und in Anbetracht der Zeitlichkeit der Klimakrise – aktiv mit der politischen Praxis als Antriebsmoment für Veränderung beschäftigen, sie kritisch reflektieren, aber auch versuchen, sie zu potenzieren. Denn jede Erkenntnis, jede kleine Verschiebung kann eine neue Konstellation in sich bergen (Hoppe 2021: 80). »Aus solchen Verschiebungen«, so Demirović,

> »kann eine Konstellation entstehen, aus der unerwartet die grundlegende Veränderung hervorgeht. Es bedeutet, [...] dass wir nicht auf ein großes historisches Ereignis hinleben und -arbeiten sollten, so als wäre es von unserem gegenwärtigen Alltagsleben getrennt. Jede Veränderung verändert die Konstellation und kann jenem Umschlag mit sich bringen.« (Martin, Martin und Wissel 2015: 286)

Eine Besetzung verstehen wir als eine solche kleine Veränderung, eine Art Bruch, der momenthaft den normalen Ablauf in Frage stellt und etwas ins Rollen bringt: indem wir den Raum den kapitalistischen Logiken entziehen, den erwarteten Prozess unterbrechen und Netzwerke wirksam werden lassen, entstehen neue Konstellationen. Und wir handeln in der Besetzung in und mit diesen neuen Konstellationen. Darin liegt vielleicht eine der Überschneidungen zwischen einer kritischen Theorie und der Praxis. Und in diesen Konstellationen liegt immer ein spekulatives Moment und Tendenzen, die eine andere Gesellschaft vorwegnehmen (Hoppe 2021: 166). Die Praxis ist ein Prozess der Entscheidung, des Handelns und dann der kritischen Revision. ›Handeln in einer schlechten Welt‹ heißt, dass wir in der Praxis gezwungen sind, unter großer Unsicherheit kritisch-reflexiv handeln zu müssen, ohne dass die Folgen vorher klar sein können; und das in dem Wissen, dass diese Praxis niemals ›objektiv‹ richtig, sondern eine bewegliche produktive Verknüpfung, jede

Errungenschaft nur unvollständig und temporär sein kann, niemals ein konstanter Zustand der Vollständigkeit erreicht sein kann (ebd.: 79). Eine kritische Theorie der Gesellschaft muss ebenjenes Darüber-Hinaus-Weisende der Praxis der Besetzung aufgreifen, die Praxis kritisch diskutieren und sich durch Potenziale der entstehenden neuen Konstellationen der Praxis in der eigenen kritischen Theoriebildung irritieren lassen. Die Besetzung ist eine Praxis, die mehr als andere Aktionsformen Gefahr läuft, rasch und gewaltvoll beendet zu werden. Und genau deshalb – so scheint es uns – hat die Praxis der Besetzung ein unheimlich starkes Irritationspotenzial für die kritische Theoriebildung, da sie so allein durch die Form des Protests Herrschaft und Gewalt sichtbar macht: Der Umgang mit Protesten an der Goethe-Universität bringt den autoritären Charakter zum Vorschein, der zuvor verschleiert oder nicht greifbar war, und öffnet so Problemfelder der aktuellen Gesellschaftsanalyse.

Demnach ist unzweifelhaft, dass eine kritische Theorie der Gesellschaft gerade dann besondere Relevanz für die Praxis hat, wenn sie sich in den politischen Kämpfen verortet, beziehungsweise sich bewusst und aktiv in einer dauerhaften Auseinandersetzung mit den konkreten und teils widersprüchlichen Erfahrungen, Fragen und Erkenntnissen politischer Praxis befindet. Kritische:r Theoretiker:in ist man nur *in* einer Gesellschaft und in Auseinandersetzung mit dieser Gesellschaft, in welcher der beginnende Klimakollaps jedem Handeln und Denken einen völlig neuen zeitlichen Horizont gibt; in der Rassismus, Antisemitismus, Patriarchat unsere Welt, unsere Leben und unser Nachdenken prägen. Dies bedeutet auch, um zur Frage der kritischen Intellektualität zurückzukommen, dass die Herausbildung neuer kritischer Intellektueller – nämlich von »sozial-ökologischen und queer-feministischen Transformations-Intellektuellen« (Demirović 2023: 780) – notwendig ist, »damit die Menschheit ihre Verhältnisse zu sich und zur Natur endlich frei gestalten kann« (Demirović zit. in Geisler 2024). Wer diese Gesellschaft zum Besseren wenden will, wer alle Verhältnisse umzuwerfen sucht, in denen Menschen leiden müssen, wer das ›so weiter‹ stoppen will, der:die muss – in diesem Sinne – selbst Teil dieser Kämpfe sein und darf nicht der Illusion erliegen, die befreite Gesellschaft würde vom Himmel fallen. Im Gegenteil: Sie muss aus den Trümmern, die uns der fossile Kapitalismus hinterlässt, von Grund auf neu aufgebaut werden.

Wir danken den Herausgeber:innen Eva Fleischmann und Mirko Broll – ohne sie wäre der Beitrag anders, aber nicht besser geworden.

Anmerkungen

1 Benjamin (1991: 683). [A. d. V.: Wir schreiben diesen Beitrag nicht repräsentativ für die globale Klimagerechtigkeitsgruppe End Fossil: Occupy!, sondern rekurrieren auf Erfahrungen, die unter anderem aus dieser politischen Praxis stammen. Darüber hinaus verstehen wir uns in unterschiedlichem Maße auch als politische Theoretiker:innen oder ›organische Intellektuelle‹ im Sinne Antonio Gramscis (1996). Unsere Diskussion des Theorie-Praxis-Verhältnisses findet also im Spannungsfeld von eigener theoretischer Reflexion einerseits und politischer Praxis andererseits statt.]

2 »Die Philosophen haben die Welt nur verschieden *interpretiert*, es kömmt aber drauf an, sie zu verändern« (Marx 1978: 7).

3 Dass kritische Theoretiker:innen diese Doppelfunktion einnehmen, ist – folgt man Perry Anderson – nicht immer so gewesen, sondern ergibt sich erst aus der Akademisierung des »westlichen Marxismus« (Anderson 2023: 58 f.).

4 Um für möglichst viel Sicherheit bei Aktionen des zivilen Ungehorsams zu sorgen, werden Gruppen von drei bis zehn Menschen gebildet, die gegenseitig aufeinander achtgeben und sich nicht aus den Augen verlieren. Dies wird unter dem Begriff ›Bezugsgruppe‹ verstanden.

5 »Ich werde der Weltpresse doch nicht das Schauspiel bieten, den Nobelpreisträger Heinrich Böll von deutschen Polizisten von der Straße tragen zu lassen«, erklärte der damalige verantwortliche

Innenminister Baden-Württembergs (Jäger 2023). 150 bekannte Personen, unter anderem Heinrich Böll, Günter Grass und Petra Kelly verteilten sich auf die Bezugsgruppen der Aktivist:innen und setzten sich mit ihnen auf die Straße.

6 Aber natürlich auch darüber hinaus: Dies reicht von studentisch organisierter Lehre, die ohne das Wohlwollen und die Unterstützung von institutionellen Akteur:innen nur schwer möglich wäre und vieles andere an studentischer Initiative.

7 Dass solch fehlende praktische Solidarität kein Einzelfall ist, zeigte sich jüngst auch in Susanne Schröters rassistischer Konferenz an der Goethe-Universität, wo vor allem rassifizierte Studierende gegen die gut vernetzte Professorin organisierten. Die nachträgliche Distanzierung von Verantwortlichen des Forschungszentrums änderte nichts daran, dass rassifizierte Studierende auf dem Campus bewusst rassistischer Beleidigung ausgesetzt wurden (vgl. Geisler und Münster 2023).

8 So zum Beispiel zahlreiche Waldbesetzungen in Deutschland und weltweit oder Blockaden indigener Gemeinschaften gegen den Ausbau fossiler Projekte (vgl. o. A. 2020).

Literatur

Althusser, Louis 2010 [1970]: Ideologie und ideologische Staatsapparate, in: ders.: Gesammelte Schriften. Band 5: Ideologie und ideologische Staatsapparate. Halbband 1. Hg. von Frieder Otto Wolf. Hamburg: VSA, 37–102.

Anderson, Perry 2023 [1976]: Über den westlichen Marxismus. Übers. von Reinhard Kaiser. Berlin: Dietz.

AStA Uni Frankfurt 2023: Gegenkonferenz: Migration entkriminalisieren, Pluralität leben. ‹asta-frankfurt.de/2023-04/gegenkonferenz-migration-entkriminalisieren-pluralitaet-leben›.

Belina, Bernd, Tino Petzold, Jürgen Schardt und Sebastian Schipper 2013: Die Goethe-Universität zieht um. Staatliche Raumproduktion und die Neoliberalisierung der Universität, in: sub\urban. zeitschrift für kritische stadtforschung 1(1), 49–74.

Benjamin, Walter 1991 [1937–1939]: Charles Baudelaire. Ein Lyriker im Zeitalter des Hochkapitalismus, in: Gesammelte Schriften. Band 1. Hg. von Rolf Tiedemann und Hermann Schweppenhäuser. Frankfurt a. M.: Suhrkamp, 509–690.

Birkner, Martin und Robert Foltin 2010 [2006]: (Post-)Operaismus. Von der Arbeiterautonomie zur Multitude. Geschichte und Gegenwart, Theorie und Praxis, Eine Einführung. Stuttgart: Schmetterling.

Buckel, Sonja und Judith Kopp 2022: Fluchtursachen. Das Recht, nicht gehen zu müssen, und die Politik Europas. Berlin: Bertz+Fischer.

Demirović, Alex 2010: Von der bedingten Universität zum emanzipatorischen Wissen. Für eine demokratische Hochschulreform – jenseits von »Bologna«, in: Johanna-Charlotte Horst (Hg.): Unbedingte Universitäten. Was passiert? Stellungnahmen zur Lage der Universität. Zürich: Diaphanes, 393–405.

Demirović, Alex 2015: Wissenschaft oder Dummheit? Über die Zerstörung der Rationalität in den Bildungsinstitutionen. Hamburg: VSA.

Demirović, Alex 2023 [1999]: Der nonkonformistische Intellektuelle. Von der kritischen Theorie zur Frankfurter Schule. Wien: Mandelbaum.

Foucault, Michel 1998 [1966]: Andere Räume, in: Karlheinz Barck (Hg.): Aisthesis. Wahrnehmung heute oder Perspektiven einer anderen Ästhetik. Leipzig: Reclam, 34–46.

Geisler, Lukas 2024: Alex Demirović: »Wie ein Steinwurf ins Fenster«, in: nd, 2. Februar. ‹www.nd-aktuell.de/artikel/1179717.kritische-gesellschaftstheorie-alex-demirovi%C4%87-wie-ein-steinwurf-ins-fenster.html›.

Geisler, Lukas und Lisa Marie Münster 2023: Palmer benutzt mehrmals N-Wort und relativiert den Holocaust, in: MiGAZIN, 28. April. ‹www.migazin.de/2023/04/28/das-judenstern-palmer-n-wort/›.

Gramsci, Antonio 1996 [1932]: Heft 12: Aufzeichnungen und verstreute Notizen für eine Gruppe von Aufsätzen über die Geschichte der Intellektuellen, in: ders.: Gefängnishefte. Band 7. Hamburg: Argument, 1495–1532.

Haraway, Donna 1988: Situated Knowledges. The Science Question in Feminism and the Privilege of Partial Perspective, in: Feminist Studies 14(3), 575–599.

Hoppe, Katharina 2021: Die Kraft der Revision. Epistemologie, Politik und Ethik bei Donna Haraway. New York und Frankfurt a. M.: Campus.

Horkheimer, Max 1968 [1937]: Traditionelle und kritische Theorie, in: ders.: Kritische Theorie. Eine Dokumentation. Band 2. Hg. von Alfred Schmidt. Frankfurt a. M.: S. Fischer, 137–191.

Horkheimer, Max 1985 [1952]: Begriff der Bildung, in: ders.: Gesammelte Schriften. Band 8: Vorträge und Aufzeichnungen 1949–1973. Hg. von Gunzelin Schmid Noerr. Frankfurt a. M.: S. Fischer, 409–419.

Horkheimer, Max 2009 [1933]: Materialismus und Metaphysik, in: ders.: Gesammelte Schriften. Band 3: Schriften 1931–1936. Hg. von Gunzelin Schmid Noerr. Frankfurt a. M.: S. Fischer, 70–105.

Horkheimer, Max 2023 [1953]: Rede Horkheimers zur Eröffnung des Studierendenhauses, in: AStA. ‹studierendenhaus.asta-frankfurt.de/horkheimers-eroeffnungsrede/›.

Jäger, Michael 2023: »Prominentenblockade« in Mutlanger Heide will Stationierung von US-Raketen verhindern, in: der Freitag 20/2024, 17. Mai. ‹www.freitag.de/autoren/michael-jaeger/1983-prominentenblockade-will-die-stationierung-von-us-raketen-verhindern›.

Malm, Andreas 2021: Der Fortschritt dieses Sturms. Natur und Gesellschaft in einer sich erwärmenden Welt. Übers. von David Frühauf. Berlin: Matthes & Seitz.

Martin, Dirk, Susanne Martin und Jens Wissel 2015: Die Leidenschaft der Kritik. Gespräch mit Alex Demirović, in: Dirk Martin, Susanne Martin und Jens Wissel (Hg.): Perspektiven und Konstellationen kritischer Theorie. Münster: Westfälisches Dampfboot, 278–314.

Martin, Susanne 2019: Kritische Intellektualität, in: Uwe Bittlingmayer, Alex Demirović und Tatjana Freytag (Hg.): Handbuch Kritische Theorie. Band 1. Wiesbaden: Springer VS, 411–430.

Marx, Karl 1978 [1845]: Thesen über Feuerbach, in: Marx-Engels-Werke. Band 3. Berlin: Dietz, 5–7.

o. A. 2020: The Wet'suwet'en Conflict Disrupting Canada's Rail System, in: BBC, 20. Februar. ‹www.bbc.com/news/world-us-canada-51550821›.

Wagner, Wolf 1973: Der Bluff. Die Institution Universität in ihrer Wirkung auf die Arbeitsweise und das Bewußtsein ihrer Mitglieder, in: Probleme des Klassenkampfes. Zeitschrift für politische Ökonomie und sozialistische Politik 3(7), 43–81.

»Theoretische Gesellschaftskritik darf die gegenwärtigen Kämpfe nicht aus dem Blick verlieren«

Sarah Speck im Interview über gewaltvolle gesellschaftliche und Geschlechterverhältnisse

In der gegenwärtigen Kumulation gesellschaftlicher Krisenphänomene wird die Unhaltbarkeit der herrschenden Verhältnisse immer offensichtlicher – zugleich zeigt sich, wie sehr die Kritik dieser Verhältnisse in Theorie und Praxis systematisch hinter der Drastik der Krisenkonjunktur zurückbleibt. Radikale Gesellschaftskritik scheint sich aktuell in einer Krise zu befinden. Tatsächlich erfolgreich sind stattdessen regressive und autoritäre Problemlösungsstrategien.

Auf der *Zweiten Marxistischen Arbeitswoche* hast du mit anderen einen Workshop veranstaltet, der sich aus feministisch-materialistischer Perspektive mit der Omnipräsenz und Brutalisierung geschlechtsbezogener Gewalt beschäftigt hat. Wie analysierst du diese unhaltbaren Zustände?

Sarah Speck: Die Idee zu diesem Workshop habe ich zunächst mit Lilian Hümmler entwickelt, dann kam Cari Maier dazu, die in der Zeit als Fellow am IfS war und sich in diesem Zusammenhang mit ähnlichen Fragen befasst wie wir. Wir haben uns gefreut, dass der Workshop – wie alle anderen auch – auf so großes Interesse gestoßen ist. Für uns gehört der Fortbestand geschlechtsbezogener Gewalt zu diesen unhaltbaren Zuständen und zugleich zu den widersprüchlichen Konstellationen, mit denen wir es gegenwärtig und weiterhin zu tun haben. Auf der einen Seite kann unbestritten von Egalisierung oder Modernisierung der Geschlechterbeziehungen gesprochen werden, wir sehen mehr Teilhabe von Frauen und eine größere Selbstverständlichkeit von queeren oder geschlechterdissidenten Lebensweisen, die aus der traditionellen Geschlechter- und Begehrensordnung auch sichtbar ausscheren. Es gibt in Ländern des globalen Nordens kaum noch geschlechtsexklusive Berufe, höchste Regierungsämter werden von Frauen besetzt, Gleichstellungspolitiken haben sich vielerorts durchgesetzt. Auf der anderen Seite zeigen sich große Beharrungskräfte, blickt man etwa auf die Arbeitsteilung, nicht nur im häuslichen Bereich, sondern auch in der Sphäre der Lohnarbeit und gesamtgesellschaftlich. Zudem sehen wir seit mehreren Jahren in vielen Kontexten regressive und reaktionäre geschlechterpolitische Formationen: Gleichgeschlechtliche Ehen werden ebenso zur Disposition gestellt wie die Möglichkeit des Abbruchs einer Schwangerschaft; selbst die Verwendung einer geschlechtergerechten oder -inklusiven Sprache steht erneut zur Debatte und soll, wie hier in Hessen, eingeschränkt werden. Zugleich war die letzte Dekade eine Dekade immenser feministischer Mobilisierungen, mit Kampagnen und Demonstrationen von bisher ungekanntem Ausmaß – deren Massivität und Radikalität gerade nicht für eine Krise der Kritik spricht, wie ihr es in eurer Frage formuliert. Für eine Beleuchtung gegenwärtiger kritisch-emanzipatorischer Praktiken und Bewegungen gilt das gleiche wie für die Analyse von Herrschaftsformationen und ihrem Wandel: wir müssen unseren Blickwinkel global weiten. Auch die widersprüchliche Entwicklung der Geschlechterverhältnisse wird, wenn man global darauf schaut, umso deutlicher erkennbar. Geschlechterpolitiken haben im Iran und in den USA ebenso eine große Bedeutung wie in Russland oder Argentinien.

Zu dieser widersprüchlichen Konstellation gehört der Fortbestand geschlechtsbezogener Gewalt und insbesondere der Gewalt gegen Frauen, nicht-heterosexuell lebende Menschen und Trans*Personen. Nicht nur sind die Zahlen, auch hierzulande, gleichbleibend; in bestimmten gesellschaftlichen Situationen, etwa der Covid-Pandemie mit dem verordneten Rückzug in sogenannte private Räume oder im Kontext kriegerischer Auseinandersetzungen, nimmt die geschlechtsbezogene Gewalt zu, und sie nimmt besonders brutalisierte Formen an. Dies gilt auch für bestimmte geopolitische Lokalitäten – etwa Grenzregionen, die durch spezifische Ausbeutungs- und Akkumulationsdynamiken oder Bewegungen des Extraktivismus gekennzeichnet sind, wozu auch immer Migrationsbewegungen gehören. Ciudad Juárez ist eines der bekanntesten Beispiele dafür.

Aber: geschlechtsbezogene Gewalt, sexistische Übergriffe, Vergewaltigungen und Femi(ni)zide sind allgegenwärtig, auch wenn dies im herrschenden Diskurs oftmals verschleiert wird, indem hierzulande etwa weiterhin gern von ›Eifersuchts-‹ und ›Beziehungstaten‹, ›Familiendramen‹ oder ›Ehrenmorden‹ die Rede ist. Das gemeinsame Element brutaler Gewalt bis zur Ermordnung von (Ex-)Partnerinnen, Schwestern, Trans*Personen, besser verdienenden Ehefrauen und Sexarbeiterinnen aufgrund des Bruchs mit geschlechtsbezogenen Erwartungen wird auf diese Weise unsichtbar gemacht.

Wenn ich das Thema so umreiße, wird glaube ich schon deutlich, dass wir in diesem Workshop von der Notwendigkeit eines gesellschaftstheoretischen Zugangs ausgegangen sind, um solche Phänomene zu verstehen, und genauso muss man Gewalt im Geschlechterverhältnis aus meiner Sicht auch theoretisieren. Es gibt auch eine feministische Tradition, in der das getan wurde und auch weiterhin getan wird: in Lateinamerika gibt es gegenwärtig eine ganze Reihe toller Autor:innen und Theoretiker:innen, die geschlechtsbezogene Gewalt materialistisch und zugleich aus dekolonialer Perspektive theoretisieren, Verónica Gago und Luci Cavallero gehören dazu. Für viele westliche Kontexte feministischer Theorieproduktion würde ich allerdings sagen, dass das Thema Gewalt im Geschlechterverhältnis und vor allem auch körperbezogene Gewalt in der Theoriebildung seit den 1990er Jahren in den Hintergrund getreten ist, das spiegelte sich auch in meinem eigenen aktivistischen und wissenschaftlichen Lernen. Es wurde nicht abgetan oder verleugnet, aber an die Sozialarbeit delegiert oder, in den letzten Jahren, über die Einführung von ›safe spaces‹ oder ›awareness teams‹ auf seltsame Weise zu kontrollieren versucht. Ich glaube jedoch, dass Gewalt – und ich verwende an dieser Stelle einen relativ engen Gewaltbegriff, also nicht strukturelle Gewalt, sondern tatsächlich das Zufügen oder latente oder manifeste Androhen physischer und sexueller Gewalt – eine ganz fundamentale Rolle im Geschlechterverhältnis einnimmt und nicht, wie es im öffentlichen Diskurs manchmal scheint, ein Residuum einer eigentlich oder fast überkommenen patriarchalen Ordnung ist und von irgendwelchen psychopathologischen oder depravierten Männern ausgeübt wird.

Ich würde deshalb auch einen anderen Begriff vorschlagen und nicht etwa von geschlechtsspezifischer Gewalt sprechen, was wirklich fehlleitend ist, und auch nicht von geschlechtsbasierter, sondern von *geschlechtskonstitutiver Gewalt.* Ich kann das vielleicht kurz mit einem Rückgriff auf die Debatte um Geschlecht und Arbeit verdeutlichen. Einer materialistisch-feministischen Analyse folgend wissen wir, dass die geschlechtliche Arbeitsteilung ganz wesentlich ist für die Funktionsweise und Reproduktion unserer kapitalistischen Gesellschaft. Aus diesem Grund ist es präziser und sinnvoll, nicht von geschlechtsspezifischer, sondern von *geschlechterdifferenzierender* oder sogar *geschlechterkonstituierender Arbeitsteilung* zu sprechen. Dieser Begriff fängt sowohl die Ko-Konstitutionsprozesse von Arbeit und Geschlecht in unserer Gesellschaft ein, die Akkumulationsmechanismen vorausgehen oder deren Grundlage bilden, als auch Prozesse und Weisen der Vergesellschaftung, die in unserer Gesellschaft immer auch Vergeschlechtlichung bedeuten. Vergeschlechtlichung, also die Weise(n), wie wir zu sogenannten Männern oder Frauen werden, hat wesentlich mit dem Erlernen und Aneignen von Tätigkeitsspektren und Mustern von Arbeit – bezahlter oder unbezahlter – und damit verbundenen Befähigungen und Affekten zu tun. Von diesen Mustern müssen wir uns abgrenzen, wenn wir uns von dem zugeschriebenen Geschlecht absetzen wollen.

So weit, so bekannt – zumindest inzwischen in vielen theorieaffinen linken und feministischen Kontexten. Ich glaube, dass wir die Frage der Gewalt ähnlich fundamental theoretisieren müssen und würde deshalb auch von *geschlechtskonstitutiver Gewalt* sprechen. Ich habe in den letzten Monaten versucht, diesen Begriff in einem gemeinsamen Diskussionskontext zu entwickeln, der sich hier in Frankfurt um die Organisation einer Ringvorlesung herausgebildet hat – dazu gehören Lisa Gabriel, Hans Goerdten, Lilian Hümmler, Bea Ricke und Stella Schäfer. Ich meine, dass Gewalt eine ähnliche vergesellschaftende oder subjektivierende und damit auch vergeschlechtlichende Funktion in unserer Gesellschaft hat wie Arbeit. Nicht auf die gleiche Weise, auch, weil Macht- und Gewalterfahrungen sich unterscheiden, unterschiedliche soziale Positionen spielen da natürlich eine ganz zentrale Rolle – genau das gelte es aus intersektionaler Perspektive nochmals genauer herauszuarbeiten. Und tatsächlich machen auch nicht alle Frauen persönliche Gewalterfahrungen. Aber dennoch spielt geschlechterdifferenzierende Gewalt in weiblichen Subjektivierungsweisen, so die These, zumindest als Möglichkeit, die einem widerfahren kann, eine zentrale Rolle. Deshalb ist auch die kommunikative Dimension der ausgeübten und angedrohten Gewalt gegen Frauen und geschlechtsdissidente

Menschen, über die etwa Rita Segato geschrieben hat, gerade auch in digitalen Räumen, so wichtig. Es gibt den berechtigten Einwand, dass auch Männer Gewalt erfahren – auch sexuelle und sexualisierte. Aber es ist wichtig zu verstehen, und das zeigen Forschungen zum Thema sexuelle Gewalt in bewaffneten Konflikten – etwa die spannenden Überlegungen von Kirsten Campbell –, dass Praktiken unterschiedliche Bedeutungen transportieren. Unsere Geschlechterordnung bringt unterschiedliche geschlechterdifferenzierende Muster von Gewalt hervor und stellt auf diese Weise – auch durch die Androhung von Gewalt – unterschiedliche Körper und »Existenzweisen« (Andrea Maihofer) her, und wird zugleich eben dadurch gefestigt. Auch die Körper und ›Mindsets‹ derer, die Gewalt ausüben (können), müssen erst entstehen. Kriege und kriegerische Praktiken sind nie geschlechtslos, das hat Klaus Theweleit in seinen Arbeiten auf beeindruckende Weise argumentiert. Wenn man Gewalt – und erneut: ich meine hier tatsächlich einen engen Gewaltbegriff – auf diese Weise als ordnend versteht, drängt sich, wie gesagt, eine intersektionale Perspektive auf. Denn es werden natürlich verschiedene Differenzen in unterschiedlichen Kontexten über Gewalt hergestellt, auch das wird im Kontext bewaffneter Konflikte deutlich, in denen es häufig um die Materialisierung symbolischer Grenzziehungen etwa entlang von ›Ethnien‹, rassistischen oder antisemitischen Denkmustern geht. Dies sowie der expressive Charakter brutalisierter Gewalt an weiblichen Körpern zeigte sich zuletzt auf entsetzliche Weise im Zuge der spezifischen Gewaltausübung insbesondere an Frauen im Kontext des Überfalls und Massakers der Hamas am 7. Oktober (und es ist skandalös, dass diese von internationalen Organisationen so spät thematisiert und mitunter sogar in feministischen Kontexten geleugnet wird).

Ich glaube, für ein materialistisches Verständnis von Gesellschaft und sozialer Reproduktion ist ein Blick auf Körper und die Herstellung von Körpern, körperliche und affektiv-leibliche Dispositionen – durch Arbeitsteilung, aber eben auch durch Gewaltpraktiken – ganz fundamental. Aber eine materialistische Analyse hat selbstverständlich noch eine andere Stoßrichtung. Mit dem Ziel einer gesellschaftstheoretischen Perspektivierung und im Wissen um die Bedeutung der materiellen Verfasstheit unserer Gesellschaft stellt sich die Frage nach dem Zusammenhang von Gewalt und Ökonomie(n). Auch hier gibt es eine feministische Denktradition, etwa wenn man an Analysen von Catherine McKinnon, Angela Davis, Silvia Federici oder Maria Mies denkt (die dies ganz unterschiedlich theoretisieren). In Tradition der beiden Letztgenannten verstehen etwa Verónica Gago und Luci Cavallero »Gewalt als Produktivkraft«[1]. Sie versuchen zu zeigen, inwiefern im Kontext des globalen Kapitalismus unterschiedliche Ausprägungen der Gewalt hervorgebracht werden, und wollen verdeutlichen, welche Zusammenhänge es zwischen Femi(ni)ziden und sogenannter häuslicher Gewalt, Prozessen der Verschuldung, die sie als ökonomische Gewalt bezeichnen, und extraktivistischen Politiken gibt. Zugleich entwickeln sie in ihrer Analyse und aus den politischen Mobilisierungen, an denen sie selbst beteiligt waren, einen Gewaltbegriff mit politischer Ausrichtung, der es ermöglicht, breite und heterogene Allianzen einzugehen – unter anderem das finde ich so interessant an ihrem Theorieprojekt. Aber auch wenn man bei einem eher engen Gewaltbegriff bleibt, also von körperlich zurichtender Gewalt (und ihrer Androhung) ausgeht, lässt sich ein Zusammenhang mit ökonomischen Prozessen verdeutlichen. In frühen feministischen Analysen zu Gewalt – ich denke zum Beispiel an einen bissig-analytischen Handbuchtext von Carol Hagemann-White – werden alltägliche Erfahrungen in den Lebenswelten von Frauen als ein Kontinuum in der gesellschaftlichen Geschlechterordnung dargestellt, das von sexistischen Sprüchen, schlechterer Entlohnung, Vergewaltigung, Zwangsschwangerschaften durch Abtreibungsverbote bis hin zu Frauenmorden reicht. Ob man dies alles als Gewalt bezeichnet oder als unterschiedliche Modi der Macht im Patriarchat ist für mich an dieser Stelle sekundär. Wichtig scheint mir, die dahinterstehende Idee zu verdeutlichen, dass es der Misogynie und strukturellen Abwertung von Weiblichkeit und Frauen bedarf, um sie ökonomisch und sexuell ausbeuten zu können. Körperliche Gewalt ist *eine* Ausdrucksform in diesem Kontinuum – aber sie erfüllt eben auch eine Funktion, vor allem auch eine ökonomische, und genau das macht das Kontinuum sichtbar. Und dieser Funktion körperlicher, physischer Gewalt für Prozesse der Ausbeutung und Gefügigmachung müssen wir auch heute noch nachgehen, denke ich. Ich glaube, es reicht nicht zu sagen, es ist ein System, sondern: Gewalt (im engeren Sinne) ist ein wichtiges Puzzleteil in diesem System. Die Geschlechterordnung kann nicht ohne. Und auch sehr ›aufgeklärte‹, kritische Männer profitieren davon, dass an anderen Orten Männer Frauen oder Menschen, die aus der Geschlechterordnung ausscheren, zusammenschlagen oder ermorden. *Darin* besteht aus meiner Sicht die patriarchale Dividende – vielleicht noch mehr, als in der Weise, wie Raewyn Connell dies für jene formuliert hat, die von der hegemonialen Männlichkeit profitieren.[2] Wir müssen über die globale Verbindung nicht nur von ökonomischen Prozessen nachdenken, sondern auch von Momenten der Gewalt, die an unterschiedlichen Orten stattfindet, aber Effekte an anderen Orten anderen hat. Aus dieser Perspektive ist es dann auch nicht mehr so überraschend, warum sich ein neuer Typus von Männlichkeit in politischen Ämtern in ganz unterschiedlichen Ländern durchgesetzt hat: Trump, Erdoğan, Orbán, Putin, Milei und wie sie alle heißen. Nach der Wahl der ersten dieser Männer reagierten viele nicht nur mit Entsetzen, sondern auch mit Fassungslosigkeit darüber, dass so eine Männlichkeit im Jahr 2020 salonfähig sei. Das ist die falsche Perspektive glaube ich, denn neben der Demonstration von (vermeintlicher) Autonomie liegt auch heute noch (potenzielle) Gewalttätigkeit im Kern von Männlichkeit. Wir wissen, dass der Erfolg der Rechten global ganz wesentlich mit Geschlechterpolitiken zu tun hat. Und bei der Analyse eben dieser Konstellationen müssen verschiedene Aspekte mitberücksichtigt werden. Es haben schon viele über die Bedeutung von Affektpolitiken in der Formierung der Rechten in der Gegenwart nachgedacht und geschrieben. Und ich glaube, dass die Zunahme von Gewalt(androhungen) eine ganz wesentliche Rolle auch im Zusammenhang mit den Geschlechterbildern, die evoziert werden, spielt. Und selbstverständlich wissen wir umgekehrt aus der sozialpsychologischen und feministisch orientierten psychoanalytischen Forschung, dass eine ideologische Bearbeitung der gesellschaftlichen Geschlechterdichotomisierung eine wesentliche Rolle bei affektiv verankerten Konflikten spielt. So, jetzt habe ich einiges umrissen, aber ich hoffe, es ist deutlich geworden, was ich meine, welche Phänomene, Dimensionen des Sozialen und Zusammenhänge bei einem gesellschaftstheoretisch orientierten Nachdenken über geschlechtskonstitutive Gewalt berücksichtigt werden sollen. Der kritisch-theoretische Begriff der Vermittlung kann hier sicherlich helfen.

Du bist Professorin an der Goethe-Universität, Mitglied des Kollegiums am Institut für Sozialforschung, aber auch seit vielen Jahren aktivistisch tätig und organisiert. Wie siehst du die Rolle von kritischen Theoretiker:innen, auch im Verhältnis zu sozialen Bewegungen?

Das ist eine komplizierte Frage, über die ich immer wieder nachdenke und ich habe das, was ich inzwischen (oder zur Zeit) zum Verhältnis von Wissenschaft und (aktivistischer) Politik denke, vor einiger Zeit in einem Gespräch mit Paula Villa etwas ausführlicher zu skizzieren versucht (vgl. Villa und Speck 2020). Weil Ihr so biografisch gefragt habt, fange ich vielleicht mal damit an. Seit meinem Studium war beides für mich bedeutsam, das wissenschaftliche und theoretische Interesse, das ich hatte, die Lust, etwas über ›die Welt‹ rauszufinden, sowie eine politische Praxis und die Möglichkeit der Organisierung mit anderen, selbstverständlich vor dem Hintergrund und geleitet von dem Wunsch, auf andere Weise auf die oder in die Gesellschaft (ein-)wirken zu wollen als allein in der Akademie. Meine politischen Kontexte waren mir auch deshalb immer wichtig, weil dort nochmal andere intellektuelle Diskussionen geführt wurden, die nicht von akademischem Wettbewerb, Profilierung oder Statusgehabe und konkreten Abhängigkeiten und Hierarchien verstellt waren. Für mich war es phasenweise deshalb auch wichtig, beide ›Praxis-Bereiche‹ so gut es ging voneinander zu trennen.

Inzwischen hat sich einiges verändert, vor allem, dass ich biografisch bedingt gerade kaum Zeit für politische Praxis habe, aber auch das ›Trennungsgebot‹ ist für mich nicht mehr so stark – durchaus aber ist mir wichtig, mir stets bewusst zu machen, in welchen Kontext und in welchen Modus des Denkens, Schreibens, Sprechens ich mich gerade begebe. Schreibe ich eine wissenschaftliche Analyse oder schreibe ich einen politischen Essay, mit dem ich in eine Debatte intervenieren will? Im Sinne eines regulativen Ideals handelt es sich um zwei verschiedene Logiken: Wissenschaft sucht nach Erkenntnis, Politik verfolgt Interessen, zielt viel konkreter auf die Veränderung der Welt. Nun wissen wir (kritische Wissenschaftler:innen) natürlich, dass auch Wissenschaft nie neutral ist, oftmals moralisch oder politisch geleitet und auch die eigenen Erkenntnisse in bestimmten gesellschaftlichen Macht- und Herrschaftsverhältnissen gewonnen und in diese eingespeist werden. Aber der Ort der Wissenschaft hat dennoch aus meiner Sicht ein paar Besonderheiten, die es unbedingt zu verteidigen gilt: Die privilegierte Position der Wissenschaftler:in ergibt sich (zumindest theoretisch) daraus, dass sie (erst einmal) handlungsentlastet ist und dass sie über Ressourcen verfügt – Zeit, (erarbeitetes) Wissen, Methoden und Erfahrungen in der Reflexion über ›die Welt‹. Wir wissen nun auch, dass das alles kompliziert ist, zumal in einem auf Konkurrenz und Drittmittel basierten Wissenschaftssystem, und dass die bedingte Handlungsentlastung von Wissenschaft nicht nur ihre Ressource ist, sondern zugleich ihre Achillesferse. Diejenigen, die nicht ›handlungsentlastet‹ sind, die täglich in einer ausbeuterischen und brutalen Welt handeln müssen, wissen manchmal mehr – etwa in dieser Weise wurde ja überzeugend von Vertreter:innen der *standpoint epistemology* argumentiert. Und das Privileg der Handlungsentlastung ist zudem strukturell ungleich verteilt, was sich unter anderem im Kontext der Corona-Pandemie wieder drastisch gezeigt hat: ›Care‹ als Lebenspraxis gehört zu genau diesen Tätigkeiten, von denen manche mehr, andere sehr viel weniger absehen können, und das betrifft die Wissenschaft unmittelbar. Trotz dieser und weiterer Einschränkungen denke ich, dass die Wissenschaft ein gesellschaftlicher Ort ist, der verteidigt werden muss und der bestimmte Einsichten in die Gesellschaft und das Aufzeigen von Zusammenhängen ermöglicht. Aus diesem Grund kann auch die kritische Theoretiker:in, unabhängig davon, wie stark sie selbst in Kämpfe unmittelbar involviert ist, eine Rolle für soziale Bewegungen spielen. Nancy Fraser hat mal betont, dass die kritische Theorie den Teilnehmer:innen an sozialen Kämpfen das erste Wort gebe, aber nicht das letzte. In Horkheimers Versuch der Bestimmung einer Kritischen im Gegensatz zur »Traditionellen

Theorie« schreibt er von einer »dynamischen Einheit« von Theorie und Praxis, die »nur als Konflikt« bestehen könne (Horkheimer 2021: 42). Beides finde ich hilfreich für diesen Zusammenhang, wie auch Adornos *Marginalien zu Theorie und Praxis* (1969). Theorie kann ein Korrektiv sein für politische Praxis. Emanzipatorische politische Praxis sollte sich an den Einsichten kritischer Gesellschaftstheorie schärfen. Doch umgekehrt darf eine theoretische Gesellschaftskritik auf der Höhe ihrer Zeit die gegenwärtigen vielfältigen Kämpfe gegen die herrschende und herrschaftlich verfasste Gesellschaft nicht aus dem Blick verlieren. Denn sie ermöglichen nicht nur eine kritische Reflektion und Kalibrierung des eigenen Blickwinkels, sondern verweisen auf die Möglichkeit, durch kollektive Praxis das Bestehende zu überschreiten.

Wie muss die eigene wissenschaftliche Tätigkeit beschaffen sein, damit sie zur Überwindung des Bestehenden beiträgt?

Wissenschaftliche Tätigkeit führt erstmal nicht unmittelbar zur Überwindung des Bestehenden. Ganz und gar nicht. So wissen wir etwa derart lange von den Ursachen und Folgen des Klimawandels und dieses Wissen nimmt so gut wie keinen Einfluss auf die Gestaltung der Gesellschaft. Die Überwindung des Bestehenden erfordert politische Praxis. »Es kömmt [...] drauf an, sie zu *verändern*« (Marx 1978: 7), das kann man nicht oft genug zitieren. Ich habe vorhin schon skizziert, wie ich das Verhältnis von kritischer Wissenschaft und politischer Praxis denke: Als kritische Forscher:innen haben wir ein Erkenntnisinteresse, das ein kritisches dahingehend ist, dass es, ausgehend von einem Leiden an der Welt und daran, wie sie eingerichtet ist, diese verändern will. Dieses gesellschaftskritische und politische Erkenntnisinteresse, das wir in der Regel auch ausweisen, leitet auch die Forschungsfrage und die methodologische Reflexion und hat Einfluss auf die Begriffs- und Theoriebildung – etwa mit Blick auf die Frage, auf welche Weise sich mein Augenmerk auf Herrschaft und Macht richtet. Doch sollte sich auch eine kritische Wissenschaft die Möglichkeit der Erkenntnis durch die eigene politische Haltung nicht verstellen, zum Beispiel dahingehend, dass nur bestimmte Fragen an das Material, Forschungsfeld und den -gegenstand gestellt werden oder nur ein bestimmtes Repertoire an Konzepten verwendet werden dürfte. Auch die kritische wissenschaftliche Analyse muss offen sein für das Ergebnis und sollte – gerade weil sie darauf zielt, die Gesellschaftsordnung zu begreifen – genau und methodisch kontrolliert vorgehen (das beinhaltet in der Regel einen Gruppen- und/oder Diskussionsprozess) und sich eben dadurch auch dem Vorwurf des Relativismus verwehren können. Für den Prozess des Forschens bedeutet das aus meiner Sicht auch, den Versuch, sich – im Sinne eines regulativen Ideals – von (politischen) Interessen frei zu machen. Es geht um die, um das Stichwort nochmal aufzugreifen, handlungsentlastete Erarbeitung möglichst präziser Analysen und Begriffe. Der politische Modus des Denkens ist ein anderer: Wenn wir nun meinen, durch unsere Analysen etwas über ›die Gesellschaft‹ verstanden zu haben – wie kann sie verändert werden? Dies ist ein anderer Modus des Denkens und des Sprechens. Und dieser geht dann auch damit einher, sich in kollektive und eben politische Prozesse einzubringen. Man würde dann, um den Gedanken Frasers weiterzuspinnen, das Wort wieder den sozialen Bewegungen geben – von denen ›wir‹ ja ebenso Teil sein können (und vielfach auch sind). Als kritische Wissenschaftlerin kann ich mich selbstverständlich in beide Modi begeben (und viele von uns tun ja genau das). Ich kann forschen und ich kann mich als Aktivist:in und/oder auf Basis meiner Forschung als engagierte Intellektuelle, als Wissenschaftler:in in die gesellschaftliche und politische Debatte einbringen.

Wir haben nun immer wieder die Frage nach dem Verhältnis von Theorie und Praxis umkreist. Wie denkst Du dieses?

In Tradition der Kritischen Theorie dialektisch und das bedeutet gerade nicht, dass die Dichotomie von Theorie und Praxis überwunden oder überbrückt werden sollte – nicht im Bestehenden. Ich denke, die Differenz zwischen beiden gesellschaftlichen Sphären oder Praxisfeldern, der Wissenschaft und sozialen Kämpfen an verschiedenen Orten und Kontexten, sollte uns gewahr sein – nicht zuletzt, um uns in der Akademie politisch verhalten und zum Beispiel auch für bessere (Lohn-)Arbeitsbedingungen einsetzen zu können. Und es braucht Kommunikation zwischen diesen beiden Feldern, die ohne einander nicht können – auch das beinhaltet ja das dialektische Nachdenken darüber. Für die k/Kritische Wissenschaft und Theoriebildung bedeutet das vor allem auch Empirie. Zuhören, lesen, wahrnehmen, (teilnehmend) beobachten, offen bleiben. Für die politische Praxis eigentlich mehr oder minder das Gleiche. Um sich wechselseitig, im besten Fall solidarisch, irritieren und stimulieren zu können, im gemeinsamen Interesse der Abschaffung aller Herrschafts-, Ausbeutungs- und Gewaltverhältnisse.

Das Interview wurde Anfang 2024 von Mirko Broll und Eva Fleischmann schriftlich geführt.

Anmerkungen

1 Vgl. das Gespräch der beiden mit Lilian Hümmler in Gago, Cavallero und Hümmler (2024).

2 Der Begriff der patriarchalen Dividende bezieht sich bei Raewyn Connell auf die materiellen und immateriellen Vorteile, die Männer aus der hierarchischen Geschlechterordnung ziehen. Trotz der bestehenden Macht- und Herrschaftsverhältnisse zwischen Männern betont Connell in ihrem hegemonietheoretischen Modell, dass die Gemeinsamkeit dieser Männlichkeiten in einer strukturellen Unterdrückung von Frauen bestehe, an der auch unterlegene, das heißt nicht-hegemoniale Männlichkeiten, partizipieren.

Literatur

Adorno, Theodor W. 2021 [1969]: Marginalien zu Theorie und Praxis, in: ders.: Gesammelte Schriften. Band 10.2: Kulturkritik und Gesellschaft II. Hg. von Rolf Tiedemann. Frankfurt a. M.: Suhrkamp, 759–782.

Gago, Verónica, Luci Cavallero und Lilian Hümmler 2024: »Wir wollen uns lebend, frei und unverschuldet!« Verónica Gago & Luci Cavallero im Gespräch mit Lilian Hümmler über Gewalt als Produktivkraft und Feminismen im gegenwärtigen Finanzmarktkapitalismus, in: PERIPHERIE - Politik, Ökonomie, Kultur 44(1), 128-148.

Horkheimer, Max 2021 [1937]: Traditionelle und kritische Theorie. Hg. von Frieder Vogelmann. Ditzingen: Reclam.

Marx, Karl 1978 [1845]: Thesen über Feuerbach, in: Marx-Engels-Werke. Band 3. Berlin: Dietz, 5–7.

Villa, Paula-Irene und Sarah Speck 2020: Das Unbehagen mit den Gender Studies. Ein Gespräch zum Verhältnis von Wissenschaft und Politik, in: Open Gender Journal 4.

Kritik der Praxis

Eine Therapie Sozialen Leidens?
(Un-)Möglichkeiten psychotherapeutischer Praxis in der gegenwärtigen Arbeitsgesellschaft

Sabine Flick, Ina Braune und Alexander Herold

Einleitung

Die derzeitige psychotherapeutische Versorgungslage ist prekär.[1] Wer sich in einer akuten Krise befindet und Hilfe sucht, sieht sich monatelangen Wartezeiten gegenüber. Ist es schließlich endlich gelungen, einen Platz in einer stationären oder teilstationären Einrichtung wie beispielsweise einer psychosomatischen Klinik zu erhalten, ist auch die psychotherapeutische Praxis selbst limitiert. Diese Limitationen stehen im Zentrum des folgenden Beitrags. Dass damit weit mehr als nur die zeitlichen Begrenzungen durch Therapielaufzeiten gemeint sind, wird entlang der psychotherapeutischen Behandlung von arbeitsbedingter Erschöpfung gezeigt. Dabei fokussieren wir uns auf psychotherapeutisches Handeln im klinischen Setting.

Die Zahlen psychischer Erkrankungen und damit verbundener krankheitsbedingter Fehltage steigen kontinuierlich (vgl. Handerer, Thom und Jacobi 2018). Auch wenn dies sicherlich mit einer Entstigmatisierung psychischen Leidens und einer veränderten Praxis der Diagnostik verbunden ist, lässt sich nicht von der Hand weisen, dass der Wandel der Arbeitswelt dabei ebenfalls eine bedeutende Rolle spielt: Die zunehmende Verdichtung, Prekarisierung und Subjektivierung der Arbeit leistet Erfahrungen von Stress und Erschöpfung Vorschub (vgl. Siegrist 2016).

Vor diesem Hintergrund lässt sich aus der Auseinandersetzung mit psychischem Leiden eine gesellschaftskritische Perspektive entwickeln und schärfen. Elementarer

Bestandteil eines kritisch-theoretischen Denkens über Leiden und seine Aufhebung ist der Blick der Psychoanalyse, der es ermöglicht, die Subjekte in ihrer psychischen Verfasstheit zu begreifen. Das Interesse an dieser Perspektive war hingegen in der Kritischen Theorie zumeist ein theoretisches oder philosophisches, wie Max Horkheimer beschreibt (Horkheimer 1985: 453), während es an der psychoanalytischen Praxis stets Zweifel gab (vgl. Adorno 1955). Die gegenwärtige psychotherapeutische Praxis wiederum ist von einer Marginalisierung der Psychoanalyse als Denktradition betroffen: Lehrstühle entfallen, psychoanalytische Inhalte treten in den stark naturwissenschaftlich ausgerichteten Studiengängen in den Hintergrund. Psychoanalyse taucht allerdings im klinischen Setting als eine Variante therapeutischer Praxis auf und wird in stationären Einrichtungen in Form von ›Tiefenpsychologie‹ operationalisiert. An diesem therapeutischen Verfahren, wie auch an den anderen gesetzlich anerkannten Therapieschulen, der Verhaltenstherapie und der Systemischen Therapie, wird aus verschiedenen Richtungen die im Kern gleiche Kritik formuliert: Dass Psychotherapie die Subjekte nicht befreit, sondern sie vielmehr in die gegebenen Anforderungsstrukturen eingliedert. Dies, so die Kritik weiter, fördert heute eine Kultur der Responsibilisierung, also des Verantwortlichmachens der Einzelnen, und der Selbstbezichtigung, die wiederum eine Dimension neoliberaler Subjektivierung darstellt (vgl. Flick 2020; Rau 2010 und 2016). Diese Kultur der Responsibilisierung macht gleichzeitig verständlich, wieso Psychotherapie von so vielen Menschen nachgefragt und subjektiv als außerordentlich hilfreich empfunden wird (vgl. Gahntz und Graefe 2016). Subjektiv können Patient:innen durch Therapie eine Entlastung erfahren und einen Ort der individuellen Anerkennung erleben.

Den Therapeut:innen scheint der institutionelle klinische Möglichkeitsraum das Leiden der Patient:innen dabei als ein individuelles Bearbeitungsfeld zu eröffnen. Geht man dagegen soziologisch davon aus, dass psychisches Leiden nicht ohne die sozialen Bedingungen verstanden werden kann, in denen die Einzelnen leben, findet man sich schnell im Konflikt mit psychologischen oder psychotherapeutischen Deutungen des Leidens. Es zeigt sich hier eine Spannung zwischen dem Verständnis psychischen Leidens als einem rein individuellen Geschehen und der gesellschaftlichen Situiertheit desselben.

In der therapeutischen Behandlung, das ist das Argument unseres Beitrags, vollzieht sich eine folgenreiche Individualisierung des Leidens. Zahlreiche Arbeiten zeigen, dass die Psychotherapie solch einer Individualisierung des Leidens Vorschub leistet, gerade weil dessen gesellschaftliche Bedingtheit in der Praxis systematisch ausgeblendet wird (vgl. Flick 2020 und 2019; Traue und Pfahl 2016).

Wie lässt sich der therapeutische Umgang mit dem Leiden in und an der Arbeitsgesellschaft und mit den womöglich darin angelegten Kritiken verstehen? Wie kann Psychotherapie in der gegenwärtigen Arbeitsgesellschaft »Leiden beredt werden lassen« (Adorno 1966: 26)? Wie kann also dem Umstand entsprochen werden, dass, wie Adorno es formuliert, Leiden die Objektivität ist, die auf dem Subjekt lastet? Der Beitrag antwortet auf diese Fragen, indem wir zunächst eine Theorie Sozialen Leidens vorstellen und daran anschließend skizzieren, was Psychotherapie aus soziologischer Perspektive tut. Schließlich werden wir vor diesem Hintergrund vorschlagen, den therapeutischen Blick auf die sozialen Bedingungen des Leidens zu richten. Dies wiederum ist inspiriert und historisch verortet in Kämpfen gegen eine psychiatrisierende Diagnostik und gegen eine reine Anpassungslogik institutionalisierter therapeutischer Verfahren.

Eine Kritische Theorie Sozialen Leidens

Soziales Leiden verweist auf ein Leiden, das als gesellschaftlich verursachtes und damit potenziell vermeidbares Leiden verstanden wird (vgl. Kleinman, Das und Lock 1997; Renault 2010; Wilkinson 2005). Das Konzept bezeichnet eine Form des Leidens, die *aus* gesellschaftlichen Bedingungen hervorgeht und *in* ihnen behandelt wird. Es eröffnet einige Fragen: Ist nicht alles Leiden immer auch sozial? Was kann eigentlich mit dem Begriff des Sozialen Leidens gefasst werden und was ist mit der Bezugnahme darauf verbunden? Worin besteht der Gewinn einer Perspektive auf Soziales Leiden in den Sozialwissenschaften?

Allen bisher vorliegenden Beiträgen zum Thema ist nicht nur gemein, Soziales Leiden als Effekt zunehmender neoliberaler kapitalistischer Vergesellschaftung zu interpretieren, sondern vor allem auch Soziales Leiden als theoretischen Bezugspunkt für Gesellschaftskritik herauszustellen. Insbesondere Emmanuel Renault formuliert in diesem Sinne eine kritische Theorie Sozialen Leidens, die er an die Arbeiten der Frankfurter Schule zurückbindet (vgl. Adorno 1966; Honneth 1994; Renault 2010). Es lassen sich mit ihm drei Richtungen der Debatte identifizieren: Sicherlich die Prominenteste ist der Bezug auf soziale Ungleichheit, den Pierre Bourdieu mit anderen in seiner Studie *Das Elend der Welt* (1993) vorgelegt hat (vgl. Bourdieu et al. 1998). Daneben etabliert sich zweitens im medizinanthropologischen Feld eine Theorie Sozialen Leidens, die ihren Fokus auf den Umgang von Gesellschaften mit kollektiv erfahrenem Leiden wie Armut, Krankheit und Gewalt richtet (vgl. Kleinman, Das und Lock 1997). Schließlich diskutieren auch diejenigen Forscher:innen das Thema Soziales Leiden, die sich mit den psychischen Kosten heutiger kapitalistischer Arbeitsverhältnisse beschäftigen, also mit Arbeitsleid (vgl. Ehrenberg 2004; Honneth 2002; Rosa 2005; Thunman 2012 und viele weitere).

Ein Befund, der mit dem Konzept des Sozialen Leidens gefasst werden kann, ist die vergeschlechtlichte Verteilung psychischer Erkrankungen[2]: Bei Frauen werden doppelt so häufig Depressionen diagnostiziert wie bei Männern und Männer nehmen bis zu 30 Prozent weniger psychotherapeutische oder psychiatrische Dienstleistungen in Anspruch (Walther und Seidler 2020: 41). Dieser ›Gender Gap‹ ist zum Teil durch die Inanspruchnahme von Psychotherapie und eine vergeschlechtlichte Symptomverteilung, die sich auf Diagnosestellungen auswirken können, zu erklären (Teuber 2016: 181). Eine zentrale Rolle scheint aber die doppelte Belastung von Frauen durch Erwerbs- und Fürsorgearbeit einzunehmen, denn sie erhöht die Wahrscheinlichkeit, psychisch zu erkranken (ebd.). Es kann beispielsweise gezeigt werden, dass ein erhöhtes Stresslevel von Frauen mit der verstärkten Übernahme von Kindererziehung und Haushaltstätigkeiten und dem damit verbundenen Zeitverlust für Freizeitaktivitäten korreliert (vgl. Ekmekci Ertek et al. 2022; Matud, Bethencourt und Ibáñez 2015). Es handelt sich hier aus soziologischer Perspektive um gesellschaftliche Strukturen der vergeschlechtlichten Verteilung von Sorgearbeit, die als Formen Sozialen Leidens verstanden werden können, weil sie bei Individuen Stress produzieren und psychische Erkrankungen auslösen und befördern können.

Auch Paul Farmer, ein medizinanthropologischer Vertreter der Debatte um Soziales Leiden, diskutiert gewaltförmige Folgen wie Armut, Leiden und Tod, die diskriminierende soziale Strukturen und Institutionen auf das Leben der Menschen haben können (vgl. Farmer 2009). Er diagnostiziert ein globales postkoloniales Gewaltverhältnis, dessen Strukturen das Leben für einige Menschen sicher, komfortabel und angenehm machen, während es für andere von Armut, Unsicherheit und Krankheit geprägt ist. An all diesen Studien lässt sich sicher die Kritik begrifflicher Unschärfe und eines mangelnden Bezugs auf konkrete Interaktionen anbringen. Dennoch bietet das Konzept des Sozialen Leidens durch seine dialektische Berücksichtigung mikro- und makrosoziologischer Perspektiven Vorteile (vgl. Flick 2024). Es vermag, so unser Argument, anders als die stark auf makrostrukturelle Prozesse fokussierte Theorie struktureller Gewalt oder die sozialphilosophische Diagnose einer sozialen Pathologie, auch die Subjekte und ihre Leidenserfahrung in den Blick zu nehmen. Trotz seiner begrifflichen Breite und womöglich auch analytischen Unschärfe eignet sich der normative Kern des Konzepts unserer Ansicht nach für eine Reaktualisierung einer kritischen Theorie Sozialen Leidens.

Psychotherapie und die Arbeit am Selbst

Wenn Psychotherapeut:innen mit den komplexen Erzählungen ihrer Patient:innen konfrontiert sind, dann stehen sie zunächst vor der Aufgabe, sich diese als einen besonderen Fall professionell anzueignen. Psychotherapie ist insofern als eine Praxis der Übersetzung oder Umdeutung zu verstehen. Die narrative Rekonstruktion von Ereignissen klärt dabei die Frage, was eigentlich *der Fall* ist (vgl. Scheffer 2014). In der Deutung bzw. Umdeutung der Patient:innenenleiden wird eine Beschreibung des Leidens hergestellt, welche die Behandlung durch Psychotherapeut:innen legitimiert. Es geht dabei um ein ›Sich-zuständig-machen‹ für den Einzelfall. Michel Callons (1984) Konzept der Übersetzung, zwar nicht für die Psychotherapie ausformuliert, eignet sich jedoch, um diesen Vorgang zu beschreiben: Es geht um eine Transformation der Krankheitsgeschichte der Patient:innen in das Konzept einer Diagnose der Expert:innen. Diese Übersetzung und der darin inkludierte Aneignungsprozess impliziert eine weitere Dimension: das sogenannte *Othering* der Patient:innen bei gleichzeitigem *Selving* der Therapeut:innen (vgl. Strong und Zeman 2007). *Othering* beschreibt als Konzept den Prozess der Homogenisierung durch die Identifizierung von *Selbst* und *Anderen* und wurde begrifflich in postkolonialen Diskursen geprägt (vgl. Spivak 1985). Es verweist dabei auch auf Dominanz und Unterordnung, die durch *Othering* und *Selving* verstärkt und reproduziert werden können (vgl. Johnson et al. 2004). In therapeutischen Gesprächen kann das *Selving* unter anderem durch Verweise auf ein »normales Selbst« oder gelingende Subjektivitätsmuster der Therapeut:innen auftreten, welche vom »pathologischen Anderen«, der »Andersartigkeit« der Patient:innen, abzugrenzen ist (Brown et al. 1996: 1573). Psychotherapie bzw. Psychotherapeut:innen präferieren, so schreibt beispielsweise Rainer Schützeichel, spezifische Subjektivitätsmuster, »insbesondere solche, die auf eine erhöhte Reflexivität und Selbstorientierung der Individuen zielen. Das Individuum soll Organ seiner Selbsttransformationen sein« (Schützeichel 2010: 138). Wie diese verändernde Deutungen des Leidens der Patient:innen in der Praxis aussehen, lässt sich an einigen Beispielen veranschaulichen: So empfinden Therapeut:innen ihr eigenes Arbeitsethos häufig als normal und gesund und übertragen diese Erfahrungen auf ihre Patient:innen (vgl. Flick 2020). Hier zeigt sich womöglich nicht nur eine Leerstelle in therapeutischen Wissensvermittlungen, sondern auch eine therapeutische Kultur, die dem Credo einer Leistungsgesellschaft entspricht.

Außerdem deuten empirische Studien darauf hin, dass in psychotherapeutischen und beraterischen Settings tendenziell Geschlechternormen aufgerufen und reproduziert werden (vgl. Flick 2020; Pawelczyk, Faccio und Talarczyk 2021; Singer et al. 2022). Beispielsweise greifen Berater:innen – so das Ergebnis einer qualitativen Studie – in der Trennungs- und Scheidungsberatung auf eine »vergeschlechtlichte Sorgetypologie« (Halatcheva-Trapp 2021: 6) zurück. Darin ist die Figur einer Mutter relevant, die »als Frau selbstverständlich die Hauptverantwortung für die Kinder im Alltag trägt« (ebd.) sowie die Figur eines »alltagsfernen Vaters, der als Mann selbstverständlich mehr Zeit mit Erwerbsarbeit verbringt und den Kindern ein Zu-Erzieher ist« (ebd.). Diese Befunde legen nahe, dass (vergeschlechtlichte) gesellschaftliche Strukturen wie die Verteilung von Sorgearbeit, die Soziales Leiden produzieren und aufrechterhalten, in psychotherapeutischen oder beraterischen Settings individualisiert bearbeitet werden.

Psychotherapeutische Praxis ist, so ein Zwischenfazit, häufig nicht in der Lage, der Situiertheit ihrer Patient:innen und der gesellschaftlichen Bedingtheit von deren Leiden gerecht zu werden. Vielmehr noch, so unsere Kritik, wird der ohnehin schon vorhandenen Kultur der »Selbstbezichtigung« (Flick 2017: 231; vgl. Ehrmann 2020) Vorschub geleistet und das Soziale Leiden in ein Leiden am Selbst transformiert.

Den Blick auf das Soziale richten?

Die Frage, wie dem begegnet werden kann, lässt sich auf drei Ebenen beantworten:

Auf der ersten Ebene liegen all jene Ansätze, die aus der Psychiatriekritik stammen und die Abschaffung von psychiatrischen Institutionen und somit auch die Abschaffung der psychotherapeutischen Verfahren fordern.[3]

Die sogenannte Gemeindepsychologie und -psychiatrie, die sich auf der zweiten Ebene verorten lassen, ziehen ihre Ansätze aus solchen Vorläufern, betonen aber weniger die Aufhebung von Therapie und Medizin, sondern fordern eine veränderte Einbettung in den Sozialraum. Überdies wird von Vertreter:innen dieser Richtung vorgeschlagen, dass die psychotherapeutische Praxis sich stärker mit »weiteren Unterstützungsmöglichkeiten außerhalb der Psychotherapie, die im direkten Lebensumfeld aktiv sind« beschäftigt (Gahleitner et al. 2022: 98).

Auf einer dritten Ebene liegen schließlich Ansätze, die das Handeln der Therapeut:innen in den Blick nehmen und verändern oder erweitern wollen. Dazu gehört beispielsweise die feministische und geschlechtersensible Psychotherapie, die aus der zweiten Frauenbewegung hervorgegangen ist. Diese zielt darauf, die Auswirkungen von Geschlechterverhältnissen auf Individuen in der Therapie zu reflektieren und zu bearbeiten (vgl. Ruck et al. 2019). Diese Ebene fokussiert also auf die beruflichen Fähigkeiten der Behandler:innen, die wir im Beitrag in den Blick nehmen. Im Folgenden diskutieren wir das aus dem Kontext der gegenwärtigen US-amerikanischen psychiatrischen Medizin stammende Konzept einer ›strukturellen Kompetenz‹ (vgl. Hansen und Metzl 2017; Metzl und Hansen 2014).[4]

Strukturelle Kompetenz soll die Fachkräfte in die Lage versetzen, »zu erkennen, dass und wie soziale, wirtschaftliche und politische Bedingungen gesundheitliche Ungleichheiten überhaupt erzeugen« (Hansen und Metzl 2017: 115, eigene Übersetzung). Zusammenfassend plädiert diese Perspektive für eine professionelle Fähigkeit, die im Anschluss an Farmer (2009) unter anderem den Zusammenhang von Leiden und struktureller Gewalt oder strukturellen Bedingungen – also ein Soziales Leiden der Patient:innen – intersektional reflektiert. Es werden fünf zentrale Dimensionen als Bestandteil dieser ›Kompetenz‹ benannt: Die Dimensionen umfassen erstens eine Reflexion der Strukturen, in die die klinischen Interaktionen eingebettet sind. Die Reflexivität muss nun allerdings identitätskritisch verstanden werden, da »kein Subjekt jemals nur an einem Ort ist« (Flick und Hoppe 2021: 30). Es geht nicht darum, sich selbst in einer je spezifischen Identität zu reflektieren, also als ›Weiß‹, ›Mittelklasse‹ und so weiter, sondern vielmehr darum, gesellschaftliche Strukturen als Produzentin Sozialen Leidens mitzudenken. Das bedeutet vor allen Dingen auch, die ökonomischen Zwänge, denen die Patient:innen ausgeliefert sind, aus therapeutischer Sicht überhaupt wahrzunehmen und in dieses Denken zu integrieren. Dazu kann dann auch gehören, die häufig genutzte therapeutische Fokussierung auf die Fähigkeit, ›sich Anforderungen gegenüber abgrenzen zu können‹, konsequent zu Ende zu denken und zu berücksichtigen, ob und wie eine solche Abgrenzung in den gegebenen Lebensumständen der Patient:innen überhaupt zu verwirklichen ist. Dies bedeutet dann zweitens die Notwendigkeit einer außerklinischen Sprache für soziale Strukturen, was nichts anderes bedeutet als eine Weiterentwicklung vorhandener Diagnoseinstrumente um die Dimension der strukturellen Einbettung. Drittens wird eine Neuformulierung vermeintlich kultureller Erklärungen für eine Symptomatik in Form einer stärker sozialstrukturell ausgerichteten Betrachtung des Phänomens gefordert. Viertens sollen auf diese Strukturen bezogene Interventionen entwickelt werden, die fünftens schließlich dazu beitragen sollen, sich in Geduld für einen nur langsamen Veränderungsprozess der Strukturen zu üben. Dazu gehört dem Konzept zufolge auch, sich in der Zusammenarbeit mit marginalisierten Gruppen einer »medizinischen Arroganz« zu entledigen (Metzl und Hansen 2017: 116) – man könnte auch sagen, das *Othering* und *Selving* kritisch in den Blick zu nehmen.

Fazit: Das Leiden beredt werden lassen?

Wie ist also ein psychotherapeutisches Handeln in einer schlechten Welt vorstellbar? Wie kann eine kritisch-theoretische Psychotherapie konkret aussehen?

Deutlich wurde: Der Einbezug des Sozialen sollte das Handeln der Psychotherapeut:innen rahmen. Was das Soziale ist und wie es sich vor allem in psychischen Krisen niederschlägt, fasst das von uns hier vorgeschlagene Konzept des Sozialen Leidens. Unser Fokus liegt auf Ansätzen, die auf die Reflexion gesellschaftlicher Verhältnisse im psychotherapeutischen Handeln zielen. Wenn sich das Leiden in der gegenwärtigen Arbeitsgesellschaft etwa zunehmend als ein Leiden an und in der (Care-)Arbeit manifestiert, wäre dem in psychotherapeutischer Praxis also entsprechend zu begegnen. In diesem Zusammenhang wäre auch ein Zusammenschluss von Therapeut:innen denkbar, der das Leiden ihrer Patient:innen an der Gesellschaft öffentlich kritisiert.

Die sozialen Bedingungen könnten thematisch werden und die Patient:innen darin unterstützt, ihr eigenes Leiden als ein Leiden an gesellschaftlichen Bedingungen zu verstehen. Das könnte zum Beispiel heißen, dass Patient:innen in möglichen Auseinandersetzungen mit Vorgesetzten oder Behörden parteilich unterstützt werden. Es wäre in dieser Hinsicht bereits ein Gewinn, wenn eine solche Auseinandersetzung überhaupt als relevantes Thema für die Therapie von Seiten der Therapeut:innen anerkannt wird, ohne dabei beispielsweise allzu schnell auf das problematische Interaktionsverhalten oder die eigene Verantwortung der Patient:innen im Konflikt zu sprechen zu kommen.

Anmerkungen

1 Für wichtige Hinweise zu diesem Beitrag danken wir Luise Besier und Moritz von Stetten.

2 Hier beziehen wir uns auf empirische Daten, die einem binären Geschlechterverständnis folgen. »Männer« und »Frauen« sind hier also diejenigen Personen, die in der Statistik als solche geführt werden.

3 Auf dieser Ebene liegen unter anderem die Forderungen des Sozialistischen Patientenkollektivs, aus ›der Krankheit eine Waffe zu machen‹ (vgl. Sozialistisches Patientenkollektiv 1972), was nichts anderes bedeuten sollte, als das eigene Leiden als Ausdruck einer nur folgerichtigen Reaktion auf die Verhältnisse zu verstehen, die dementsprechend aufgehoben werden sollen. Ein weiterer Ansatz ist die Idee der ›Radikalen (Psycho-)Therapie‹, in der eine Aufhebung der Machtasymmetrie zwischen Patient:innen und Therapeut:innen durch eine Begleitung auf Peer-Ebene ermöglicht werden soll (vgl. Althöfer 2017).

4 Im deutschsprachigen Raum ist eine verwandte Debatte unter dem Begriff der Habitussensibilität professionellen Handelns zu finden (vgl. Sander und Weckwerth 2015).

Literatur

Adorno, Theodor W. 1955: Zum Verhältnis von Soziologie und Psychologie, in: ders.: Sociologica 1. Aufsätze. Max Horkheimer zum Sechzigsten Geburtstag gewidmet. Frankfurt a. M.: Europäische Verlagsanstalt, 11–45.

Adorno, Theodor W. 1966: Negative Dialektik. Frankfurt a. M.: Suhrkamp.

Althöfer, Luigi 2017: Die Radikale Therapie, in: Zeitschrift für Transaktionsanalyse 34(1), 44–64.

Bourdieu, Pierre et al. 1998 [1993]: Das Elend der Welt. Zeugnisse und Diagnosen alltäglichen Leidens an der Gesellschaft. Konstanz: UVK.

Brown, Brian, Peter Nolan, Paul Crawford und Alison Lewis 1996: Interaction, Language and the »Narrative Turn« in Psychotherapy and Psychiatry, in: Social Science & Medicine 43(11), 1569–1578.

Callon, Michel 1984: Some Elements of a Sociology of Translation. Domestication of the Scallops and the Fishermen of St Brieuc Bay, in: The Sociological Review 32(1), 196–233.

Ehrenberg, Alain 2004: Das erschöpfte Selbst. Depression und Gesellschaft in der Gegenwart. Übers. von Manuela Lenzen und Martin Klaus. Frankfurt a. M. und New York: Campus.

Ehrmann, Wilfried 2020: Die Scham. Das geheimnisvolle Gefühl. Im weiten Land der Seele: Band 1. Hamburg: tredition.

Ekmekci Ertek, İrem, Hande Gazey, Saba Çiçek und Selçuk Candansayar 2022: Stress levels of healthcare workers in the COVID-19 pandemic in relation to gender roles: Is the problem limited to the work?, in: Turkish Journal of Clinical Psychiatry 25(1), 5–14.

Farmer, Paul 2009: On Suffering and Structural Violence. A View from Below, in: Race/Ethnicity. Multidisciplinary Global Contexts 3(1), 11–28.

Flick, Sabine 2017: »Das würde mich schon auch als Therapeutin langweilen«. Deutungen und Umdeutungen von Erwerbsarbeit in der Psychotherapie, in: Nora Alsdorf, Ute Engelbach, Sabine Flick, Rolf Haubl und Stephan Voswinkel (Hg.): Psychische Erkrankungen in der Arbeitswelt. Analysen und Ansätze zur therapeutischen und betrieblichen Bewältigung. Bielefeld: transcript, 215–237.

Flick, Sabine 2019: The Biographical Gaze: Psychotherapeutic Practice in Psychosomatic Hospitals in Germany, in: Social Science & Medicine 230, 83–90.

Flick, Sabine 2020: Biografisierung als Doktrin. Der biografische Blick in der Psychotherapie, in: WestEnd. Neue Zeitschrift für Sozialforschung 17(2), 3–23.

Flick, Sabine 2024: Resilience, Salutogenesis and Social Suffering, in: Peter Clement Lund und Alfred Sköld (Hg.): det syge samfund. en antologi [The Sick Society]. Frederiksberg und Kopenhagen: Samfundslitteratur, 207–224.

Flick, Sabine und Katharina Hoppe 2021: Reflexivität als Mantra? Voraussetzungen und Grenzen partizipativer Forschung, in: Sabine Flick und Alexander Herold (Hg.): Zur Kritik der partizipativen Forschung. Forschungspraxis im Spiegel der Kritischen Theorie. Weinheim und Basel: Beltz Juventa, 18–40.

Gahleitner, Silke Brigitta, Karsten Giertz, Cornelia Caspari, Peter Caspari und Heiner Keupp 2022: Der Preis der Psychotherapie – Argumente für eine Wiederbelebung der sozialen Perspektive im psychotherapeutischen Denken und Handeln, in: Psychotherapie Forum 26, 94–100.

Gahntz, Christian und Stefanie Graefe 2016: Burnout: Die widersprüchliche Logik der Therapeutisierung von Arbeitsstress, in: Roland Anhorn und Marcus Balzereit (Hg.): Handbuch Therapeutisierung und Soziale Arbeit. Wiesbaden: Springer VS, 367–389.

Halatcheva-Trapp, Maya 2021: Beratung und die Nomosbildung in Nachtrennungsfamilien, in: Gesellschaft – Individuum – Sozialisation. Zeitschrift für Sozialisationsforschung 2(2), 1–11.

Handerer, Josua, Julia Thom und Frank Jacobi 2018: Die vermeintliche Zunahme der Depression auf dem Prüfstand. Epistemologische Prämissen, epidemiologische Daten, transdisziplinäre Implikationen, in: Thomas Fuchs, Lukas Iwer und Stefano Micali (Hg.): Das überforderte Subjekt. Zeitdiagnosen einer beschleunigten Gesellschaft. Berlin: Suhrkamp, 159–208.

Hansen, Helena und Jonathan M. Metzl 2017: New Medicine for the U.S. Health Care System: Training Physicians for Structural Interventions, in: Academic Medicine 92(3), 279–281.

Honneth, Axel 1994 [1992]: Kampf um Anerkennung. Zur moralischen Grammatik sozialer Konflikte. Frankfurt a. M.: Suhrkamp.

Honneth, Axel 2002: Organisierte Selbstverwirklichung. Paradoxien der Individualisierung, in: ders. (Hg.): Befreiung aus der Mündigkeit. Paradoxien des gegenwärtigen Kapitalismus. Frankfurt a. M.: Campus, 141–158.

Horkheimer, Max 1985 [1972]: Das Schlimme erwarten und doch das Gute versuchen. Gespräch mit Gerhard Rein, in: ders.: Gesammelte Schriften. Band 7: Vorträge und Aufzeichnungen 1949–1973. Hg. von Alfred Schmidt und Gunzelin Schmid Noerr. Frankfurt a. M.: Fischer, 442–479.

Johnson, Joy L., Joan L. Bottorff, Annette J. Browne, Sukhdev Grewal, B. Ann Hilton und Heather Clarke 2004: Othering and Being Othered in the Context of Health Care Services, in: Health Communication 16(2), 255–271.

Kleinman, Arthur, Veena Das und Margaret M. Lock (Hg.) 1997: Social Suffering. Berkeley, Los Angeles und London: University of California Press.

Matud, M. Pilar, Juan M. Bethencourt und Ignacio Ibáñez 2015: Gender differences in psychological distress in Spain, in: International Journal of Social Psychiatry 61(6), 560–568.

Metzl, Jonathan M. und Helena Hansen 2014: Structural Competency: Theorizing a New Medical Engagement with Stigma and Inequality, in: Social Science & Medicine 103, 126–133.

Pawelczyk, Joanna, Elena Faccio und Małgorzata Talarczyk 2021: Working with gender in psychotherapy: A discursive analysis of psychotherapy sessions with women suffering from bulimia, in: Text & Talk 41(2), 187–210.

Rau, Alexandra 2010: Psychopolitik. Macht, Subjekt und Arbeit in der neoliberalen Gesellschaft. Frankfurt a. M.: Campus.

Rau, Alexandra 2016: Die Regierung der Psyche - Psychopolitik und die Kultur des Therapeutischen in der neoliberalen Gesellschaft, in: Roland Anhorn und Marcus Balzereit (Hg.): Handbuch Therapeutisierung und Soziale Arbeit. Wiesbaden: Springer VS, 647–665.

Renault, Emmanuel 2010: A Critical Theory of Social Suffering, in: Critical Horizons 11(2), 221–241.

Rosa, Hartmut 2005: Beschleunigung. Die Veränderung der Zeitstrukturen in der Moderne. Frankfurt a. M.: Suhrkamp.

Ruck, Nora, Maria Köhne, Max Beck, Florian Knasmüller, Vera Luckgei und Elisabeth Parzer 2019: Feministische Therapie - Frauenspezifische Therapie - Gendersensible Therapie. Historische Entwicklung und Kernmerkmale einer Querschnittsperspektive, in: Psychotherapie Forum 23, 4–10.

Sander, Tobias und Jan Weckwerth 2015: Soziale Sensibilität und Habitussensibilität. Inszenierungspotentiale und gesellschaftliche Bewertung einer neuen Qualität professionellen Handelns, in: Stephan Lessenich (Hg.): Routinen der Krise - Krise der Routinen. Verhandlungen des 37. Kongresses der Deutschen Gesellschaft für Soziologie in Trier 2014, 633–644.

Scheffer, Thomas 2014: Der hergerichtete Fall: Eine trans-sequenzielle Analyse der Strafverteidigung vor dem englischen Jurygericht, in: Jörg R. Bergmann, Ulrich Dausendschön-Gay und Frank Oberzaucher (Hg.): »Der Fall«. Studien zur epistemischen Praxis professionellen Handelns. Bielefeld: transcript, 37–74.

Schützeichel, Rainer 2010: Kontingenzarbeit. Die psycho-soziale Beratung als Funktionsbereich. in: Michael N. Ebertz und Rainer Schützeichel (Hg.): Sinnstiftung als Beruf. Wiesbaden: Springer VS, 129–144.

Siegrist, Johannes 2016: A Theoretical Model in the Context of Economic Globalization, in: Johannes Siegrist und Morten Wahrendorf (Hg.): Work Stress and Health in a Globalized Economy. The Model of Effort-Reward Imbalance. Cham: Springer International Publishing, 3–19.

Singer, Susanne, Julian Blanck, Lena Maier und Cora-Lisa Tischner 2022: »Sie erscheint durch ihr Übergewicht keineswegs entstellt.« Beschreibungen von Patientinnen und Patienten in Anträgen für Analytische Psychotherapie, in: Forum der Psychoanalyse 39(1), 83–97.

Sozialistisches Patientenkollektiv 1972: Aus der Krankheit eine Waffe machen. Eine Agitationsschrift des Sozialistischen Patientenkollektivs an der Universität. München: Trikont.

Spivak, Gayatri Chakravorty 1985: The Rani of Sirmur: An Essay in Reading the Archives, in: History and Theory 24(3), 247–272.

Strong, Tom und Don Zeman 2007: ›Othering‹ and ›Selving‹ in Therapeutic Dialogue, in: European Journal of Psychotherapy & Counselling 7(4), 245–261.

Teuber, Nadine 2016: Geschlecht und Gefühl. Emotionsnormen in der Konstruktion depressiver »Weiblichkeit« und »Männlichkeit«. in: Elisabeth Mixa, Sarah M. Pritz, Markus Tummeltshammer und Monica Greco (Hg.): Un-Wohl-Gefühle. Eine Kulturanalyse gegenwärtiger Befindlichkeiten. Bielefeld: transcript, 177–196.

Thunman, Elin 2012: Burnout as a Social Pathology of Self-Realization, in: Distinktion. Journal of Social Theory 13(1), 43–60.

Traue, Boris und Lisa Pfahl 2016: Die (Psycho-)Macht des Therapeutischen und die Optionalisierung des Handelns, in: Roland Anhorn und Marcus Balzereit (Hg.): Handbuch Therapeutisierung und Soziale Arbeit. Wiesbaden: Springer VS, 249–261.

Walther, Andreas und Zac E. Seidler 2020: Männliche Formen der Depression und deren Behandlung, in: Psychotherapie im Dialog 21(4), 40–45.

Wilkinson, Ian 2005: Suffering: A Sociological Introduction. Cambridge: Polity Press.

Wenn die Verhältnisse als unantastbar erscheinen

Familie im Kapitalismus: Ein Ort der Selbstermächtigung?

Lisa Yashodhara Haller

Die sich immer wieder neu und anders artikulierende Persistenz einer geschlechtlichen Arbeitsteilung im Anschluss an die Familiengründung wurde innerhalb der Geschlechterforschung vielfach theoretisiert. Eltern starten heute mit der Vision einer egalitären Verteilung der kindesbedingt anfallenden Arbeit ins Familienleben. »Die meisten Paare wünschen sich heute einvernehmlich ein egalitäres Modell: Beide Partner wollen erwerbstätig sein und sich die Familien- und Hausarbeit teilen« (Koppetsch und Speck 2015: 9). Im Alltag mit Kindern zerplatzt diese Vision dann allerdings »regelmäßig wie Seifenblasen, die auf den harten Boden der kapitalistischen Realität fallen« (Haller 2018: 9). Doch warum hat die Vision der Egalität so wenig Durchsetzungskraft? Woraus speisen sich die geschlechtlichen Beharrungstendenzen? Was macht die elterlichen Alltagspraxen so persistent? In Anlehnung an Marx finden wir Hinweise darauf, dass die für wertförmiges Wirtschaften notwendige Spaltung von Tätigkeitsbereichen, die durch die familiale Arbeitsteilung koordiniert werden muss, in einem engen Wechselverhältnis mit den Geschlechterdifferenzierungen steht, die Eltern im Zuge ihrer Arbeitsteilung hervorbringen. Der Beitrag geht der Frage nach, wie in Rückgriff auf die Marx'sche Theorie die erstaunliche Kontinuität erklärt werden kann, mit der es im Anschluss an die Familiengründung zu einer geschlechterdifferenzierenden und -konstituierenden Arbeitsteilung zwischen Mutter und Vater kommt. Mit Hilfe der Marx'schen

Formanalyse werden Geschlechterverhältnisse als gewordene Form rekonstruiert. Die Geschlechterdifferenz und ihre Verselbstständigung in Verhältnissen werden damit als durch menschliches Handeln hervorgebracht verstehbar, was wiederum Möglichkeiten zu ihrer Überwindung verdeutlicht.

Familie im Kapitalismus

Elternschaft ist zu einer zentralen Arena öffentlicher Auseinandersetzungen avanciert. Die wirtschaftlichen Bedingungen, die die Familiengründung und die daraus resultierende Elternschaft rahmen, bleiben jedoch erstaunlicherweise wenig berücksichtigt. Das verwundert umso mehr, als dass das, was man gemeinhin als kapitalistische Verwertungslogik begreift, sich nahezu vollständig verallgemeinert hat. Nicht nur unsere Arbeitsprozesse rationalisieren wir nach Maßstäben der Effizienz – was seltsam genug ist. Zudem fällt uns eine Grenzziehung zum Privaten oft schwer. Familie, Freundinnen, Sport und Arbeit bilden das moderne Konglomerat der Selbstverwirklichung und versprechen Glück – sofern wir es schaffen, alle Bereiche ausreichend zu bedienen, also effizient zu koordinieren und zu gestalten. Damit sind wir sehr beschäftigt und schimpfen zeitgleich über das Wirtschaftssystem, den Kapitalismus, der uns all das antut. Die Kritik am Kapitalismus scheint zeitgemäß, sie ist alltäglich und allgemein akzeptiert. Wir kritisieren ihn beim Pizzaessen in der Mittagspause, wir lesen in den sozialen Medien darüber, diskutieren abends nach dem *Tatort* oder morgens bei der Vorlesung an der Universität. Wie das Reden übers Wetter ist Kapitalismuskritik ein unverfängliches Gesprächsthema. Denn wie das Wetter erscheint die kapitalistische Verwertungslogik als vernünftigstes Organisationsprinzip aller Lebensbereiche ohnehin unveränderbar.

Je weniger aber die ökonomischen Verhältnisse gestaltbar erscheinen, desto wichtiger wird die Bestätigung der individuellen Handlungsfähigkeit im Angesicht der gefühlt überwältigenden Ohnmacht gegenüber den größeren Zusammenhängen. Für die Demonstration der eigenen Handlungsfähigkeit ist, über alle gesellschaftlichen Milieus hinweg, die Familie ein beliebtes Betätigungsfeld. Sie wird zum zentralen Ausdruck unserer Handlungsmacht in einer Welt, in der das große Ganze unantastbar erscheint. Hier sind wir – vermeintlich – frei, denn niemand schreibt uns vor, wie und mit wem wir Kinder bekommen, wie wir sie erziehen und mit unserem Job oder sportlichen Aktivitäten vereinbaren. Doch die verheißungsvolle Botschaft von individueller Handlungsmacht überdeckt, dass ökonomische Verhältnisse unser Privatleben beeinflussen und Handlungsräume entlang der Geschlechterdifferenz ebenso öffnen wie eingrenzen. Wie aber reguliert die Ausgestaltung der Ökonomie nach kapitalistischen Verwertungskriterien unser Privatleben? In welcher Weise werden Handlungsmöglichkeiten geöffnet und geschlossen? Und für wen?

Veranschaulichen wir uns den Prozess, in dem sich Differenzierungen entlang der Geschlechterkategorie auf der Mikroebene als Geschlechterverhältnisse auf der Makoebene verselbständigen – die wiederum als Orientierungsrahmen für die Interaktionen Einzelner dienen – wird die Herstellung von Geschlecht im Wechselverhältnis zwischen Struktur und Handeln nachvollziehbar. Insofern kann die Konstitution von Geschlechterdifferenzierungen besonders gut in Beziehungen, die als privat gelten, nachvollzogen werden. Die These der Retraditionalisierung, nach der selbst Paare, die vor der Familiengründung die Arbeit zwischen Lohn- und Hausarbeit egalitär aufteilten, infolge der Geburt des ersten Kindes in eine traditionelle Arbeitsteilung mit einem männlichen Ernährer zurückfallen, ist von der Geschlechterforschung ausgiebig untersucht worden.[1] Vielfach wurde der geschlechtliche Herstellungsprozess in privaten Interaktionen in Rückgriff auf Theorien des Sozialkonstruktivismus nachvollzogen (vgl. West und Zimmerman 1987; Hirschauer 1989; Gildemeister 1992 und 2019). Der Austausch zwischen Subjekten, der internalisiert und vorbewusst im Rahmen von Interaktionsprozessen erfolgt, wird dabei als aktive Tätigkeit betrachtet. Insbesondere Paarbeziehungen, die während der Familiengründung eine Phase elementarer Veränderungen erleben, erlauben einen Einblick in die Konstituierung von Geschlechterdifferenz. Denn Arrangements zur Arbeitsteilung und daraus resultierende Geschlechterdifferenz bilden sich insbesondere in Umbruchsphasen heraus (vgl. Haller 2023: 72; Haller 2018: 225). Die strukturellen Rahmenbedingungen, in die die vielen Einzelhandlungen und Lebensweisen eingebettet sind, sind für die involvierten Subjekte – hier die jungen Eltern – jedoch »nicht unmittelbar als empirisch wahrnehmbare Tatsachen« fassbar (Meißner 2010: 192). Insofern besteht eine zentrale Herausforderung in einem Praxis-Theorie-Transfer, mit dem die vielfältigen empirischen Befunde in einen Gesamtzusammenhang eingebettet werden.

Die Formanalyse als Praxistheorie

Die Formanalyse als Praxistheorie bietet ein geeignetes Theoriegerüst, um die Gründe der Persistenz einer geschlechtlichen Arbeitsteilung im Anschluss an die Familiengründung zu rekonstruieren sowie Möglichkeiten ihrer Überwindung zu skizzieren. Unter den Formen, die wir dabei analysieren, wird das Resultat vergangener Interaktionen zwischen Subjekten verstanden, die sich verselbstständigt haben; so entsteht der Anschein, als ob sie schon immer – wie von Natur aus – bestünden. Erst wenn wir die Entstehung der Formen aus einer historischen Perspektive betrachten, wird deutlich, dass sie durch die Verallgemeinerung von Praktiken in sozialen Auseinandersetzungen entstanden sind (Krebs und Sablowski 1992: 112). So sind auch die Formen, in denen

Menschen Arbeit verrichten, von diesen selbst begründet. Karl Marx schließt daraus, dass sie folglich auch von Menschen verändert werden können (Marx 1962: 94 f.). Da die Subjekte im Kapitalismus ihre Arbeitsteilung jedoch nicht direkt, kollektiv und bewusst aushandeln, ist der Vorgang der Verallgemeinerung einer Arbeitsteilung und der damit einhergehenden Lebensweise sehr komplex. Denn wenn sich bestimmte Praxen erst einmal verselbständigt haben, treten sie den Subjekten als äußerliche und damit fremde, objektive Formen gegenüber. Und das, obwohl sie selbst es waren, die zu ihrer Verallgemeinerung beigetragen haben. Diesem Mechanismus ist Marx mit seiner Untersuchung der kapitalistischen Form, Arbeit zu organisieren, nachgegangen. Die menschliche Eigenschaft, durch unsere Arbeitskraft mehr produzieren zu können, als wir für die eigene Reproduktion – etwa durch Konsum – brauchen, ermöglicht uns einen Überschuss zu erwirtschaften (Marx 1962: 230). Dieser Überschuss ist wiederum beliebter Gegenstand des Tausches. Im Kapitalismus gibt es nun eine besondere Form, in der dieser Überschuss getauscht wird: immer dann, wenn die Arbeit so organisiert ist, dass sich eine dritte Person oder Instanz an dem Tauschgeschäft beteiligt und von dem Tausch profitiert, indem sie sich den Überschuss – oder Teile davon – aneignet, entsteht ein Mehrwert (vgl. Marx 1965: 127; Negt 1984: 109; Heinrich 2004: 121 f.; Haller 2023: 75). Theoretisch bestimmt sich der *absolute* Mehrwert anhand der Zeit, die das arbeitende Subjekt seine Arbeitskraft über den Zeitraum hinaus verausgabt, der zur Bestreitung der eigenen Konsumtion notwendig wäre. Eine Erhöhung des Mehrwertes kann durch die zeitliche Beschleunigung der Arbeitsabläufe erzielt werden. Denn wenn Arbeitsabläufe dahingehend optimiert werden, dass die Güter zur Konsumtion schneller hergestellt werden können, reduzieren sich deren Kosten – es entsteht ein *relativer* Mehrwert (vgl. Haller und Chorus 2013: 65). Da sich personenbezogene Dienstleistungen dadurch auszeichnen, dass Produktion und Konsumtion ineinander fallen, kann der Arbeitsablauf nicht beschleunigt werden; so gibt es wenig Möglichkeiten, den Mehrwert *relativ* zu erhöhen. Wird die Zeit als durchschnittliche Größe des Wertes festgelegt, so können alle Waren über eine standardisierte Maßeinheit miteinander verglichen werden. Die Verallgemeinerung des Tausches findet dabei insofern statt, als alle Waren zueinander in ein Wertverhältnis gesetzt werden.[2] Die Wertform ist damit eine spezifische Organisationsform, die sich heute verallgemeinert hat. Wegen ihrer Verallgemeinerung erscheint sie uns – wie das Wetter – naturgegeben und nicht beeinflussbar. Es erscheint uns alternativlos, innerhalb der Wertform zu arbeiten, um damit unsere Miete, Lebensmittel und die Kita zu finanzieren. Allenfalls können wir uns entscheiden, ob wir unser Essen über einen Online-Lieferdienst bringen lassen – oder doch lieber selber kochen und das Geld für den Urlaub sparen. In diesem Zusammenhang betont Marx, dass die Frage, welche Tätigkeiten sich im Ordnungsgefüge wertförmiger Arbeitsteilung verselbstständigen, in keinem notwendigen Zusammenhang mit dem Inhalt der Tätigkeit oder ihrem Nutzen steht (Marx 1962: 532). Ob eine Tätigkeit Mehrwert schafft, ist demzufolge einzig eine Frage der Form ihrer Organisation.

Weil die Wirtschaftsform des Kapitalismus darauf angewiesen ist, immer neue Verwertungsmöglichkeiten zu erschließen, werden aktuell immer mehr personenbezogene Dienste in der Wertform angeboten. Dieser Trend wirft die Frage auf, ob es denn keine Grenze bei der Überführung personenbezogener Tätigkeiten in die Wertform gibt? Und wenn doch, wie sich diese begründen lässt? Auf die Fragen geben feministische Ökonominnen eine Antwort. Sie umreißen die ökonomischen Grenzen der Überführung personenbezogener Tätigkeit in die Wertform anhand eines Tätigkeitsbereichs, der aktuell in öffentlichen Debatten viel Aufmerksamkeit genießt und mit dem englischen Begriff *Care* umrissen wird (vgl. Chorus 2013).[3] *Care* bezieht sich auf den Inhalt von Tätigkeiten unabhängig der Form ihrer Organisation. Der Bereich lässt sich am ehesten mit dem Begriff der Sorge übersetzen.[4] Auf Versorgungsleistungen sind wir alle angewiesen – im Lauf des Lebens mal mehr, mal weniger. Im Säuglingsalter sind wir jedoch alle, um zu überleben, auf die Versorgungsleistungen durch Erwachsene angewiesen. Babys stellen daher einen Prototyp dar, an dem so anschaulich wie an keinem anderen die feministische Erkenntnis illustriert werden kann, »dass Abhängigkeiten in einem größeren Ausmaß als individuelle Autonomie zum menschlichen Schicksal gehören« (Modak und Messant 2009: 73).

Die Unvereinbarkeit der Babyversorgung mit der Wertform

Die normative Herleitung einer Grenze der Überführung personenbezogener Dienste in die Wertform, wie sie von feministischen Ökonominnen erarbeitet wurde, hilft uns, zu verstehen, warum die Familiengründung im Kapitalismus, obgleich als Ort der Selbstverwirklichung begehrt, eine überaus herausfordernde Angelegenheit ist. Die berühmte Grenze der Überführung von Sorge in die Wertform wird in Rückgriff auf ihre zentralen Struktureigenschaften umrissen:[5] (1) die Entwicklung einer Beziehung, (2) die Zeit- und Körperbindung sowie (3) Asymmetrie in der Austauschbeziehung.

Zur ersten Struktureigenschaft ein Beispiel. Weil die Sorge um einen Säugling im Rahmen einer Beziehung zu der versorgenden Person stattfindet und damit innerhalb eines Subjekt-Subjekt-Verhältnisses, kann die Bezugsperson, im Gegensatz zu Subjekt-Objekt-Verhältnissen in der Güterproduktion, nicht beliebig ausgetauscht werden. Emotionale Hingabe und die vielfältigen Formen der Zuwendung sind an die Beziehung zwischen Kind und Betreuungsperson gebunden, deshalb lässt sich der Arbeitsablauf nicht beliebig auf verschiedene Personen verteilen, ohne dass sich dies auf die Qualität der Betreuung auswirkt (vgl. Madörin 2009: 67). Die Qualität der Beziehung bestimmt die Qualität der Dienstleistung (Kittay 2005). Wie die Vielzahl von personenbezogenen Diensten zeigt, die innerhalb der Wertform organisiert sind, ist die Voraussetzung einer spezifischen Beziehung innerhalb eines Subjekt-Subjekt Verhältnisses kein Ausschlusskriterium, um die Dienstleistung in der Wertform zu organisieren. Zu bedenken gilt jedoch, dass sich mit der Organisationsform einer Tätigkeit auch deren Inhalt verändert. Zwar schließt die Betreuungsform innerhalb einer kommerziell organisierten Kinderbetreuungseinrichtung die Befriedigung der Bedürfnisse des Kindes nicht aus, aber der Zweck der Tätigkeit ändert sich – im Zweifel werden die Bedürfnisse des Kindes überlagert von der Notwendigkeit der Betreuer:in, durch Lohnarbeit ihren Lebensunterhalt zu sichern, sowie in einem marktförmigen Kontext vom Imperativ der Profitmaximierung.

Die zweite Struktureigenheit der Sorge ist die Zeit- und Körperbindung: Zeitbindung bedeutet hier, dass eine Stunde Betreuung des Babys eine Stunde Betreuung bleibt – und zwar unabhängig davon, in welcher Weise die betreuende Person die Zeit mit dem Kind nutzt (vgl. Madörin 2006: 292). Weil Produktion und Konsumtion hier ineinander fallen, lassen sich die Arbeitsabläufe nur durch die Verkürzung der Konsumtionsdauer optimieren. Eine auf Effizienzsteigerung basierende Rationalisierung und damit die Gewinnung eines *relativen* Mehrwertes kann also nicht uneingeschränkt gelingen. Möchte eine dritte Person oder Instanz dennoch im Bereich der personenbezogenen Versorgungsleistungen einen Profit erwirtschaften, so bleibt ihr lediglich die Möglichkeit, die Arbeitskosten durch Lohnsenkung zu reduzieren. Weil dieser Maßnahme politische Grenzen gesetzt sind, erscheinen personenbezogene Dienste aufgrund ihrer Zeitintensität vergleichsweise teuer, wenn sie – vermittelt über das Geld – in Relation zur zeitlich optimierten Güterproduktion oder zu anderen Dienstleistungen gesetzt werden: das Resultat ist »eine scheinbare Kostenexplosion in jenem Bereich, der für die Allgemeinheit elementar ist« (Haller und Chorus 2013: 69). Genau dies geschieht in dem Moment, in dem die Betreuung von Säuglingen in das Wertverhältnis überführt oder in dessen Rahmen bewertet wird. Werden also zeit- und körpergebundene Tätigkeiten in das Wertverhältnis überführt, können sie auf dem freien Markt nur von denjenigen in Anspruch genommen werden, die einkommensstark genug sind, um sie sich leisten zu können. So kommen wir zu der dritten Struktureigenheit, der Asymmetrie in der Austauschbeziehung. Da Kinder in ihren ersten Entwicklungsjahren sowohl finanziell als auch emotional und körperlich elementar auf erwachsene Personen angewiesen sind, zeichnet sich die Beziehung durch eine einseitige Abhängigkeit aus, denn insofern die Mehrheit der Kinder in Deutschland ohne Vermögen geboren wird, können sie die Versorgung – auf die sie elementar angewiesen sind – nicht selbst finanzieren. Da Säuglinge also über kein Geld verfügen, können sie ihre Versorgung nicht finanzieren und so kann auch keine dritte Person – oder Instanz – von einem Tauschgeschäft profitieren. Die Betreuung unvermögender Säuglinge kann so als eine normative Grenze bei der Überführung personenbezogener Dienste in die Wertform markiert werden (vgl. Chorus 2013: 236 ff.).

Babys als Strukturproblem des Kapitalismus

Die Struktureigenheiten personenbezogener Dienste rund um die Versorgung von Babys verdeutlichen, dass sich mit der Tätigkeit nur dann ein Mehrwert erwirtschaften lässt, wenn die zu versorgende Person sich in keiner ökonomisch abhängigen Lebenslage befindet, sprich wenn sie zahlungsfähig ist.[6] Zum Strukturproblem wird die Versorgung von Babys für Gesellschaften, die ihre Wirtschaft nach dem dominierenden Prinzip der Wertform ausrichten deshalb, weil sie – wegen ihrer Abhängigkeit von Arbeitskräften – grundlegend auf die Versorgung von Babys angewiesen sind, diese aber nicht gewährleisten können.

Bereits im Jahr 1977 wurden die Strukturprobleme kapitalistischen Wirtschaftens von Gero Lenhardt und Claus Offe akribisch rekonstruiert. Sie arbeiteten heraus, dass Gesellschaften, die ihre Wirtschaft nach Verwertungskriterien ausrichten, sich in einem Spannungsverhältnis bewegen, einerseits den Erfordernissen zur Wertformausrichtung nachzukommen, andererseits jedoch diese mit den Bedürfnissen der Subjekte zu vereinbaren (vgl. Lenhardt und Offe 1977: 116). Dass in den Ausführungen die Unvereinbarkeit der Versorgung von Babys mit den Prinzipien der Wertlogik nicht vorkommt, mag dem Verdeckungszusammenhang geschuldet sein, durch den sich das Strukturproblem in der Praxis als Vereinbarkeitsproblem von Eltern darstellt und hier in der Regel in Rückgriff auf die Beanspruchung weiblicher Mehrarbeit unsichtbar wird.

Vom Struktur- zum Vereinbarkeitsproblem

Was aktuell als Vereinbarkeitsdilemma skandalisiert wird, ist der Verwertungslogik also schlicht struktureigen. Der Stress um die Vereinbarkeit kann daher von Einzelnen nicht gelöst werden. Weil die Versorgung von Menschen in abhängigen Lebenslagen nicht mit den Kriterien der kapitalistischen Verwertungslogik vereinbar ist, haben sich zwei Tätigkeitsbereiche voneinander abgespalten, die jenseits wertförmiger Wirtschafsformen eine Einheit bilden und auch unter wertförmigen Bedingungen notwendig aufeinander angewiesen sind: Erwerbsarbeit und Fürsorgearbeit (vgl.

Knapp 1990; Becker-Schmidt 2010; Scholz 2010). Die auf der Makroebene aufgrund ihres unterschiedlichen Wertschöpfungspotenzials notwendig gespaltenen Tätigkeitsbereiche legen eine komplementäre Arbeitsteilung zur Koordination der unterschiedlichen Sphären nahe. Im Alltag müssen die Tätigkeitsbereiche der Erwerbsarbeit und Fürsorge jedoch immer wieder aufeinander bezogen werden.

Familie als Ort der Vereinbarung gespaltener Sphären

Das Vereinbarkeitsdilemma wird durch die Etablierung einer Privatsphäre in der Familie also nicht gelöst, sondern lediglich in den Aufgabenbereich der elterlichen Paarbeziehung delegiert. »Familie heißt Arbeit teilen« (König 2012). Obgleich die Herstellung von Familie immer eine aktive Leistung ihrer Mitglieder erfordert, gestalten sich die Rahmenbedingungen zur Herstellung und Erhaltung von Familie zunehmend schwierig (vgl. Jurczyk 2020: 7). Neben der alltäglichen Arbeit, die zur Versorgung von Säuglingen erforderlich ist, wie etwa Wickeln, Baden, Kochen, Füttern und Putzen, wird Erwerbsarbeit als Selbstverwirklichung und finanzielle Notwendigkeit inzwischen geschlechtsunabhängig geleistet. Damit bindet sie zunehmend Zeit und Ressourcen, so dass sich Kontakte zwischen Familienmitgliedern weniger beiläufig ergeben (vgl. ebd.). Die unbezahlte Fürsorge appelliert jedoch nach wie vor an eine weibliche Sorgeverantwortung. Im Zuge der Familiengründung werden daher noch immer für Väter berufliche Handlungsmöglichkeiten eröffnet, die Müttern verwehrt werden – oder infolge sogenannter Vereinbarkeitsprobleme nicht realisiert werden können. Zur genaueren Analyse der Vereinbarkeitskonflikte nimmt Karin Jurczyk die Tätigkeiten in den Blick, die zur Herstellung von Familie notwendig sind (vgl. Jurczyk 2020: 29). Sie unterteilt die Herstellungsleistung in drei Aspekte: erstens das sogenannte ›Balancemanagement‹, zweitens die Konstruktion von Gemeinsamkeit und drittens das *Displaying Family*.

›Balancemanagement‹ bezieht sich auf die unter kapitalistischen Bedingungen notwendigerweise getrennten Sphären der Erwerbsarbeit und der Fürsorge. Sobald abhängige Personen in einer Familie zu versorgen sind, verlangt die Herstellung von Familie »vielfältige koordinierende, logistische Abstimmungsprozesse der Familienmitglieder, um Familie als gemeinsamen Lebenszusammenhang im Alltag praktisch lebbar zu machen« (ebd.). Von verschiedenen Familienmitgliedern müssen unterschiedliche Verpflichtungen koordiniert und zeitgleich die aus der jeweiligen Lebenssituation entstehenden Bedürfnisse befriedigt werden, so dass sich alle gleichermaßen eingebunden und gesehen fühlen. Verpflichtungen und Interessen werden zudem »zeitlich und räumlich von den Familienmitgliedern koordiniert sowie im Hintergrund mental und emotional ausbalanciert« (Jurczyk 2020: 29). Die Konstruktion von Gemeinsamkeit baut auf diesem Management auf, geht jedoch einen Schritt weiter, indem Familie als identitätsstiftende Gemeinschaft hergestellt wird. Dies geschieht »in der wechselseitigen Bezugnahme aufeinander und der symbolisch aufgeladenen Darstellung als Familie« (ebd.). Daran schließt das *Displaying Family* als Zeigen und Repräsentieren von Familie an (vgl. Finch 2007). Die Repräsentation der Familie dient im interaktionstheoretischen Sinne als Identitätsverbund: Da Familie als soziale Wirklichkeit erst dadurch Gültigkeit erhält, dass die Allgemeinheit sie als solche anerkennt, trägt das Ausstellen der Familie unmittelbar zu ihrer Herstellung bei. Darüber hinaus wird *Displaying Family* insbesondere dann erforderlich, wenn die Familie als von innen oder außen bedroht erscheint, beispielweise wenn die Familie durch Interventionen der Kinder- und Jugendhilfe in Frage gestellt wird. Auch ein auf der Familie lastender Legitimationsdruck, wie er häufig im Kontext von gleichgeschlechtlicher Elternschaft, Adoption, Sorgerechtskonflikten oder in Patchwork-Konstellationen erzeugt wird, kann *Displaying Family* relevant werden lassen (vgl. Buschmeyer und Haller 2022).

Die Herstellung von Familie durch Geschlecht

Ausgehend vom ›Balancemanagement‹ obliegt es Eltern, die Trennung zwischen privaten Versorgungsleistungen und Erwerbsarbeit fortwährend neu zu bestimmen. Vor diesem Hintergrund kann die komplementäre Ausrichtung der elterlichen Arbeitsteilung auf die Zwänge der Verwertungslogik zurückgeführt werden, nach der unsere Wirtschaft ausgerichtet ist. Doch woraus speisen sich die geschlechtlichen Beharrungstendenzen? Die Familiengründung als Umbruchsphase und die Angewiesenheit des Babys auf Erwachsene haben hierbei eine zentrale Bedeutung: Die beiden Faktoren erzeugen ein gewisses Sicherheitsbedürfnis auf Seiten der Eltern, die sich in der Verantwortung für das Kindeswohl sehen. Weil der Rückgriff auf erprobte Verhaltensweisen das Gefühl der Unsicherheit bei den Eltern minimiert, bietet ihnen die vorgefundene Geschlechterordnung »eine Struktur, an der sie sich bei der Organisierung des Lebens mit einem Kind orientieren können« (Haller 2018: 220). Denn die Orientierung an der allgemein praktizierten Lebensweise bietet im Gegensatz zu der Alternative, jede Handlungsweise für sich selbst zu erproben, eine enorme Erleichterung. Das Wissen, dass viele andere bei der Ausgestaltung ihres Alltags und der Arbeitsteilung genauso handeln wie man selbst, lässt zudem das Risiko geringer erscheinen, dass man etwas falsch macht. Insofern hat die »unproblematische Zuordnung zu einem Geschlecht [...] vor allem einen sozial entlastenden Effekt. Die über das Geschlecht vermittelte Form der Zugehörigkeit geschieht automatisch und stellt keine eigene Entscheidung dar, weswegen man dafür auch nicht verantwortlich gemacht werden kann« (Gildemeister und Hericks 2012: 274).

So dient die Geschlechtlichkeit der Elternteile als Orientierungshilfe bei der Bewältigung des Vereinbarkeitsdilemmas. Entsprechend der übernommenen Tätigkeiten sammeln vergeschlechtlichte Subjekte je unterschiedliche Erfahrungen – Tätigkeitserfahrungen –, die ihre Deutung der Geschlechterdifferenz bestätigen oder verändern. »Damit Vereinbarkeitskonflikte nicht als Paarkonflikt eskalieren« (Haller 2021: 55), werden innerhalb der Paarbeziehungen Umdeutungen vollzogen (Speck 2022: 348). Mütter stellen regelmäßig ihre eigenen Bedürfnisse zurück, sie scheiden temporär aus dem Arbeitsmarkt aus – oder treten hier zumindest kürzer (vgl. Haller 2021: 55). Die damit entstehenden Nachteile wie verhinderte Aufstiegschancen sowie die sich hieraus ergebenden Einkommensnachteile, die im Alter Armut nach sich ziehen, werden mit Verweis auf das Kindeswohl hingenommen. Steigende Scheidungsraten und die Diversifizierung von Familienformen durch gleichgeschlechtliche Elternpaare, Patchwork-Konstellationen und Co-Parenting führen zwar dazu, dass sich das Bild von Familie gewandelt hat, aber entsprechende Veränderungsprozesse für die geschlechtlichen Zuschreibungen an Mutter- und Vaterschaft können nicht verzeichnet werden (vgl. Wimbauer 2022). Obgleich Mutter- und Vaterschaft in zahlreichen Kontexten nicht mehr an heterosexuelle Elternschaft geknüpft sind, bleibt Geschlecht als Verweisungszusammenhang für die elterliche Arbeitsteilung und damit für die Herstellung von Familie bis heute relevant.

Das Geschlechterverhältnis als Organisationsform

Inwiefern geht nun die Herstellung einer zweigeschlechtlichen Differenzierung auf der Mikroebene der Paarbeziehung mit einer Komplementarität einher, bei der die beteiligten

Subjekte durch ihr Alltagshandeln in reziproker Bezugnahme die auf der Makroebene gespaltenen Tätigkeitsbereiche zusammenbringen und auf diese Weise Geschlechterdifferenz erzeugen? Die Spaltung zweier Tätigkeitsbereiche im Kapitalismus wurde in jüngerer Vergangenheit in ihrer Verschränkung mit der geschlechterdifferenzierenden Subjektwerdung in Rückgriff auf sozialpsychologische Konzepte bearbeitet (vgl. Müller 2016; Hartmann 2020). Diese komplementären Tätigkeitsbereiche sind wiederum eng verbunden mit der Binarität der Geschlechterordnung und ihrer rigiden Teilung in ›weiblich‹ und ›männlich‹. Obwohl die intersubjektive Herstellung der Geschlechterdifferenz in unzähligen Aktionen zwischen Einzelpersonen erfolgt, wird durch die Vervielfältigung im Alltagshandeln ein allgemeines Wissen generiert und in ein Verhältnis überführt: in das Geschlechterverhältnis. In diesem interagieren Frauen und Männer nicht mehr in einzelnen Austauschverhältnissen, sondern werden als soziale Gruppen zueinander ins Verhältnis gesetzt (Becker-Schmidt und Knapp 1995: 16). Gleichzeitig wird diese Geschlechterordnung eben nicht kollektiv ausgehandelt, sondern sie verallgemeinert und verfestigt sich im Zuge einer Vielzahl von ähnlich reproduzierten individuellen Interaktionen und erscheint den Subjekten daher als äußerliche und objektive Ordnung. Die Unsichtbarkeit des Herstellungsaktes gibt einen Hinweis darauf, dass sich die Herstellung der Geschlechterdifferenz »nicht einfach als intentionales, zielgerichtetes Eingreifen verstehen [lässt], sondern eher als Intervention, deren Motive, aber auch Effekte niemals voll zugänglich und kontrollierbar sind« (Meißner 2013: 186). Die von der Mehrheit der Subjekte gelebten, auf einer rigiden Arbeitsteilung basierenden Geschlechterbeziehungen verselbstständigen sich so als ein von Ungleichheit geprägtes Geschlechterverhältnis. Die »Beharrlichkeit« einer geschlechtlichen Arbeitsteilung, mit der sich Geschlechterdifferenzierungen kontinuierlich neu und immer wieder anders artikulieren, lässt sich also »nicht allein aus normativen Überzeugungen, interessensrationalem oder opportunistischem Wollen bzw. Nicht-Wollen der einzelnen Akteure erklären«, sondern sie verweist auf die »materiellen, institutionellen Bedingungen, unter denen sich Handlungsmotive und Routinen ausbilden und Handlungen vollziehen« (Knapp 2012: 187).

Wenn die theoretische Vermittlung geschlechtliche Praktiken aufgedeckt

Was macht nun die elterliche Praxis so persistent? Da Geschlechterungleichheit vor allem konkret auf der Ebene von sozialen Interaktionen entsteht, allerdings in wirtschaftliche und staatliche Rahmenbedingungen eingebettet ist, ist der direkte Zusammenhang zwischen den unterschiedlichen Ebenen – der auf kapitalistische Verwertungslogik ausgerichteten Wirtschaft einerseits und den in den elterlichen Paarbeziehungen hervorgebrachten Geschlechterbeziehungen andererseits – für die betroffenen Eltern »selbst kaum kognitiv zu erfassen« (Haller 2021: 53). Das trifft erst recht in der ohnehin herausfordernden Situation der Familiengründung zu: Widersprüche, die sich auf der Makroebene ergeben, werden als Einzelkonflikte der untersuchten Subjekte individualisiert und die soziale Ungleichheit, durch die sich das Geschlechterverhältnis auszeichnet, als durch individuelle Präferenzen erzeugt begriffen.

Erschwerend kommt hinzu, dass das mit der Bestätigung der eigenen Handlungsfähigkeit assoziierte aktive Selbst in einem denkbar großen Widerspruch zu dem Autonomieverlust steht, den Eltern bei der Familiengründung erleben: Ihre Handlungen sind durch die Versorgung eines abhängigen Kindes maßgeblich fremdbestimmt und nicht zuletzt dadurch eingeschränkt, dass Versorgungstätigkeiten die

Integration in den Arbeitsmarkt entscheidend behindern. Individuell ist es Eltern nicht möglich, diese strukturellen Widersprüche einer wertförmig organisierten Wirtschaft aufzulösen (Haller 2018: 229). Aus diesem Grund wird die Paarbeziehung mit der Familiengründung zur »Arena von Umdeutungen« (ebd.: 227). Indem sie die Unvereinbarkeit der an sie gerichteten Anforderungen durch eine Fügung in die vorherrschenden geschlechtlichen Strukturen als ›freie Entscheidung‹ proklamieren, gelingt es, Handlungsfähigkeit in einer abhängigen Lebenslage zu generieren und so dem Bedürfnis der Inszenierung eines aktiven Selbst nachzukommen (Haller 2021: 55).

Der Mangel einer theoretischen Einbettung der gelebten familiären Praxis und der hierbei entstehenden Geschlechterdifferenzierungen, wird also durch ›Umdeutungen‹ flankiert, die Eltern im Zuge der Familiengründung entwickeln, um ihre Handlungsfähigkeit trotz Autonomieverlust zu kompensieren. Erst im Zuge einer kritischen Rekonstruktion werden die Vereinbarkeitsprobleme von Eltern als Strukturprobleme unserer Wirtschaft transparent und damit auch deren Bearbeitung in Rückgriff auf eine geschlechterdifferenzierende Arbeitsteilung.

Insofern ist es Aufgabe Kritischer Theorie, die Unvereinbarkeit der Versorgung abhängiger Personen mit den Kriterien der Wertlogik als Strukturproblem der kapitalistischen Wirtschaft zu entlarven. Wie das Wetter erscheint uns die kapitalistische Ökonomie als nicht beeinflussbar. Wie wir durch den Klimawandel erfahren müssen, ist das Wetter aber faktisch beeinflussbar. Verallgemeinert sich eine individuelle Lebensweise zu einer hegemonialen Praxis, schlägt Quantität in Qualität um und wird hierüber zum relevanten Einflussfaktor. Für das Wetter ebenso wie für die Ökonomie.[7]

Von hier aus kann Familie als ein Ausgangspunkt des politischen Zusammenschlusses fruchtbar gemacht werden.

Beispielsweise, wenn Fürsorge als gemeinsame Handlungserfahrung von Eltern zum Ausgangspunkt einer kollektiven Praxis wird. Als Eltern werden hier diejenigen Personen adressiert, deren Effizienz durch die Übernahme unbezahlter Fürsorge eingeschränkt ist. Gemeint sind also all jene, die durch Fürsorge zwar die Voraussetzungen für die kapitalistischen Austauschbeziehungen schaffen, genau dadurch aber innerhalb der kapitalistischen Konkurrenzbeziehungen benachteiligt sind. Wird Freiheit nicht als die Befreiung von Beziehung gedacht, sondern als Freiheit, die dadurch entsteht, dass Menschen verbindliche Verantwortung füreinander übernehmen, gibt es keine Alternative zu einer kollektiven Organisierung von Eltern gegen die Zwänge der damit unvereinbaren Ordnung.

Anmerkungen

1 Vgl. Haller (2018); Speck (2018); König (2012); Rüling (2007); Koppetsch und Burkart (1999); Kaufmann (1994).

2 Der Überschuss der verausgabten Arbeit lässt keine Rückschlüsse auf die Wert*größe* zu. Insofern haben wir es beim Wert als gesellschaftlich vermittelter Form weder mit einer rechnerischen Größe zu tun, die auf realen Tauschproportionen beruht, noch mit einer Eigenschaft, die unvermittelt den Arbeitsprodukten innewohnt.

3 Zur Differenz von Care und reproduktiver Arbeit siehe Haller (2022).

4 Der Begriff Sorge wird in der Fachliteratur unterschiedlich weit gefasst, dabei werden verschiedene Tätigkeiten unterschieden (vgl. Knobloch 2013: 13; Razavi und Staab 2008: 5).

5 Vgl. hierzu Joachimsen (2003); Himmelweit (2007); Knobloch (2013: 13).

6 Das trifft freilich nicht nur auf die Betreuung von Säuglingen zu, sondern grenzt den Bereich personenbezogener Dienste, die auf dem freien Markt organisiert werden, von sozialen Diensten ab, deren Finanzierung innerhalb eines Quasimarktes durch die Sozialwirtschaft erfolgt. Doch während es anderen versorgungsbedürftigen Personengruppen prinzipiell möglich ist, einen sogenannten Careschatz anzuhäufen, um ihre Versorgung zu finanzieren, ist dies Säuglingen nicht möglich.

7 Das Gesetz des Umschlagens von Quantität in Qualität führt Friedrich Engels (1975) in der *Dialektik der Natur* aus.

Literatur

Becker-Schmidt, Regina 2010 [2004]: Doppelte Vergesellschaftung von Frauen. Divergenzen und Brückenschläge zwischen Privat- und Erwerbsleben, in: Ruth Becker und Beate Kortendiek (Hg.): Handbuch Frauen- und Geschlechterforschung. Theorie, Methoden, Empirie. Wiesbaden: Springer VS, 65–74.

Becker-Schmidt, Regina und Gudrun-Axeli Knapp (Hg.) 1995: Das Geschlechterverhältnis als Gegenstand der Sozialwissenschaften. Frankfurt a. M. und New York: Campus.

Buschmeyer, Anna und Lisa Yashodhara Haller 2022: Doing Family by Doing Gender, in: Lisa Yashodhara Haller und Alicia Schlender (Hg.): Handbuch Feministische Perspektiven auf Elternschaft. Opladen, Berlin und Toronto: Verlag Barbara Budrich, 101-112.

Chorus, Silke 2013: Care-Ökonomie im Postfordismus. Perspektiven einer integralen Ökonomie-Theorie. Münster: Westfälisches Dampfboot.

Engels, Friedrich 1975 [1925]: Dialektik der Natur, in: Marx-Engels-Werke. Band 20. Berlin: Dietz, 305–570.

Finch, Janet 2007: Displaying Families, in: Sociology 41(1), 65-81.

Gildemeister, Regine 1992: Die soziale Konstruktion von Geschlechtlichkeit, in: Ilona Ostner und Klaus Lichtblau (Hg.): Feministische Vernunftkritik. Ansätze und Traditionen. Frankfurt a. M.: Campus, 220–239.

Gildemeister, Regine 2019: Doing Gender: eine mikrotheoretische Annäherung an die Kategorie Geschlecht, in: Beate Kortendiek, Birgit Riegraf und Katja Sabisch (Hg.): Handbuch interdisziplinäre Geschlechterforschung. Wiesbaden: Springer VS, 409–417.

Gildemeister, Regine und Katja Hericks 2012: Geschlechtersoziologie. Theoretische Zugänge zu einer vertrackten Kategorie des Sozialen. München: Oldenbourg Verlag.

Haller, Lisa Yashodhara 2018: Elternschaft im Kapitalismus. Staatliche Einflussfaktoren auf die Arbeitsteilung junger Eltern. Frankfurt a. M. und New York: Campus.

Haller, Lisa Yashodhara 2021: »Elternzeit ... das gönn ich mir!« Wie junge Mütter fürsorgebedingte Arbeitsmarktaktivierung vor dem Hintergrund einer aktivierenden Arbeitsmarktpolitik verarbeiten, in: Helga Krüger-Kirn, Leila Zoë Tichy (Hg.): Elternschaft und Gender Trouble. Geschlechterkritische Perspektiven auf den Wandel der Familie. Opladen: Barbara Budrich, 40–58.

Haller, Lisa Yashodhara 2022: Politiken der Reproduktionssicherung. Die Funktion staatlicher Interventionen für die Entstehung und Erhaltung menschlichen Lebens, in: Marie Fröhlich, Ronja Schütz und Katharina Wolf (Hg.): Politiken der Reproduktion. Umkämpfte Forschungsperspektiven und Praxisfelder. Bielefeld: transcript, 83-97.

Haller, Lisa Yashodhara 2023: Kapital – Staat – Geschlecht. Eine theoretische Analyse der Vermittlungszusammenhänge, in: Friederike Beier, Lisa Yashodhara Haller und Lea Haneberg (Hg.): materializing feminism. Positionierungen zu Ökonomie, Staat und Identität. Münster: Unrast, 69–94.

Haller, Lisa Yashodhara und Silke Chorus 2013: Care, Wert und der Wohlfahrtsstaat. Plädoyer für die Berücksichtigung des Staates als zentraler Akteur der politischen Ökonomie, in: Denknetz (Hg.): Care statt Crash. Sorgeökonomie und die Überwindung des Kapitalismus. Denknetz Jahrbuch 2013. Zürich: Edition 8, 65–74.

Hartmann, Anna 2020: Entsorgung der Sorge. Geschlechterhierarchie im Spätkapitalismus. Münster: Westfälisches Dampfboot.

Heinrich, Michael 2004: Kritik der politischen Ökonomie. Eine Einführung. Stuttgart: Schmetterling.

Himmelweit, Susan 2007: The prospects for caring: Economic theory and policy analysis, in: Cambridge Journal of Economics 31(4), 581–599.

Hirschauer, Stefan 1989: Die interaktive Konstruktion von Geschlechtszugehörigkeit, in: Zeitschrift für Soziologie 18(2), 100–118.

Jochimsen, Maren A. 2003: Die Gestaltungskraft des Asymmetrischen. Kennzeichen klassischer Sorgesituationen und ihre theoretische Erfassung in der Ökonomik, in: Zeitschrift für Wirtschafts- und Unternehmensethik 4(1), 38–55.

Jurczyk, Karin (Hg.) 2020: Doing und Undoing Family. Konzeptuelle und empirische Entwicklungen. Weinheim und Basel: Beltz Juventa.

Kaufmann, Jean-Claude 1994 [1992]: Schmutzige Wäsche. Zur ehelichen Konstruktion von Alltag. Übers. von Andreas Gipper und Mechthild Rahner. Konstanz: UVK.

Kittay, Eva Feder, Bruce Jennings und Angela A. Wasunna 2005: Dependency, Difference and Global Ethic of Longterm Care, in: The Journal of Political Philosophy 13(4), 443–469.

Knapp, Gudrun-Axeli 1990: Zur widersprüchlichen Vergesellschaftung von Frauen, in: Ernst H. Hoff (Hg.): Die doppelte Sozialisation Erwachsener. Zum Verhältnis von beruflichem und privatem Lebensstrang. Weinheim und München: DJI-Verlag, 17–52.

Knapp, Gudrun-Axeli 2012: Konstellationen von Kritischer Theorie und Geschlechterforschung, in: Heike Kahlert und Christine Weinbach (Hg.): Zeitgenössische Gesellschaftstheorien und Genderforschung. Einladung zum Dialog. Wiesbaden: Springer VS, 175–192.

Knobloch, Ulrike 2013: Sorgeökonomie als kritische Wirtschaftstheorie des Sorgens, in: Denknetz (Hg.): Care statt Crash. Sorgeökonomie und die Überwindung des Kapitalismus. Denknetz Jahrbuch 2013. Zürich, 9–23.

König, Tomke 2012: Familie heißt Arbeit teilen. Transformationen der symbolischen Geschlechterordnung. Köln: Herbert von Halem Verlag.

Koppetsch, Cornelia und Günter Burkart 1999: Die Illusion der Emanzipation. Zur Wirksamkeit latenter Geschlechtsnormen im Milieuvergleich. Konstanz: UVK.

Koppetsch, Cornelia und Sarah Speck 2015: Wenn der Mann kein Ernährer mehr ist. Geschlechterkonflikte in Krisenzeiten. Berlin: Suhrkamp.

Krebs, Hans-Peter und Thomas Sablowski 1992: Ökonomie als soziale Regularisierung, in: Alex Demirović, Hans-Peter Krebs und Thomas Sablowski (Hg.): Hegemonie und Staat. Kapitalistische Regulation als Projekt und Prozess. Münster: Westfälisches Dampfboot, 104-127.

Lenhardt, Gero und Claus Offe 1977: Staatstheorie und Sozialpolitik. Politisch-soziologische Erklärungsansätze für Funktionen und Innovationsprozesse der Sozialpolitik, in: Christian von Ferber und Franz-Xaver Kaufmann (Hg.): Soziologie und Sozialpolitik. Sonderheft 19 der Kölner Zeitschrift für Soziologie und Sozialpsychologie. Opladen: Westdeutscher Verlag, 98-127.

Madörin, Mascha 2006: Plädoyer für eine eigenständige Theorie der Care-Ökonomie, in: Torsten Niechoj und Marco Tullney (Hg.): Geschlechterverhältnisse in der Ökonomie. Marburg: Metropolis, 277–298.

Madörin, Mascha 2009: Im Gesundheitswesen werden keine Autos montiert - eine Rahmenerzählung, in: Olympe. Feministische Arbeitshefte zur Politik 30(2), 93–95.

Marx, Karl 1962 [1867/1890]: Das Kapital. Kritik der Politischen Ökonomie. Erster Band. Buch I: Der Produktionsprozeß des Kapitals, in: Marx-Engels-Werke. Band 23. Berlin: Dietz.

Marx, Karl 1965 [1862/1863]: Theorien über den Mehrwert. Erster Teil, in: Marx-Engels-Werke. Band 26. Berlin: Dietz.

Meißner, Hanna 2010: Jenseits des autonomen Subjekts. Zur gesellschaftlichen Konstitution von Handlungsfähigkeit im Anschluss an Butler, Foucault und Marx. Bielefeld: transcript.

Meißner, Hanna 2013: Feministische Gesellschaftskritik als onto-epistemo-logisches Projekt, in: Corinna Bath, Hanna Meißner, Stephan Trinkhaus und Susanne Völker (Hg.): Geschlechter Interferenzen. Wissensformen - Subjektivierungsweisen - Materialisierungen. Berlin und Münster: LIT Verlag, 163-208.

Modak, Marianne und Françoise Messant 2009: Sozialarbeit: Dilemmas und Verwicklungen der Care-Dienstleistungen im Berufsalltag, in: Olympe. Feministische Arbeitshefte zur Politik 30(2), 70–81.

Müller, Beatrice 2016: Wert-Abjektion. Zur Abwertung von Care-Arbeit im patriarchalen Kapitalismus - am Beispiel der ambulanten Pflege. Münster: Westfälisches Dampfboot.

Negt, Oskar 1984: Was ist und zu welchem Zweck benötigen wir heute eine Erneuerung des Marxismus? Rede zum hundertsten Todes-

tag von Karl Marx, in: PROKLA. Zeitschrift für politische Ökonomie und sozialistische Politik 14(55), 106–130.
Razavi, Shahra und Silke Staab 2008: The social and political economy of care: Contesting gender and class inequalities. Paper prepared for Expert Group Meeting on »Equal sharing of responsibilities between women and men, including care-giving in the context of HIV/AIDS«. United Nations Office at Geneva, 6.–9. Oktober. ‹www.un.org/womenwatch/daw/egm/equalsharing/EGM-ESOR-2008-BP-3%20UNRISD%20Paper.pdf›.
Rüling, Anneli 2007: Jenseits der Traditionalisierungsfallen. Wie Eltern sich Familien- und Erwerbsarbeit teilen. Frankfurt a. M. und New York: Campus.
Scholz, Roswitha 2011: Das Geschlecht des Kapitalismus. Feministische Theorien und die postmoderne Metamorphose des Kapitals. Bad Honnef: Horlemann.
Speck, Sarah 2018: Autonomie, Authentizität, Arbeitsteilung. Paradoxien der Gleichheit in modernen Geschlechterarrangements, in: WestEnd. Neue Zeitschrift für Sozialforschung 15(1), 21-44.
Speck, Sarah 2022: Ungleiche Gleichheit in Paarbeziehungen. Paradoxale Umschläge und immanente Kritik, in: Axel Honneth, Kai-Olaf Maiwald, Sarah Speck und Felix Trautmann (Hg.): Normative Paradoxien. Verkehrungen des gesellschaftlichen Fortschritts. Frankfurt a. M. und New York: Campus, 337–366.
West, Candace und Don H. Zimmerman 1987: Doing Gender, in: Gender & Society 1(2), 125–151.
Wimbauer, Christine 2022: Co-Elternschaft, in: Lisa Yashodhara Haller und Alicia Schlender (Hg.): Handbuch Feministische Perspektiven auf Elternschaft. Opladen, Berlin und Toronto: Barbara Budrich, 549-559.

Wessen Freiheit?
Zum Verhältnis von Theorie und Praxis im materialistischen Feminismus

Christina Engelmann und Alexander Kern

Der Kampf der frühen Frauenbewegung verstand sich als einer um die Emanzipation der Frauen aus Verhältnissen, unter denen für sie kein freies und selbstbestimmtes Leben möglich war. Die Frage, wie dieser Kampf praktisch geführt werden sollte, führte zu einer Kontroverse zwischen den bürgerlichen und den proletarischen Vertreterinnen dieser Bewegung: Wer waren die Akteur:innen dieser Befreiung und wer entschied darüber, was es für die vormals unterdrückten Frauen heißen kann, frei zu sein? In dem Beitrag nehmen wir diese Diskussion zum Ausgang, um der Frage nachzugehen, wie sich aus einer materialistisch-feministischen Perspektive das Verhältnis von Theorie und Praxis darstellt und welche Implikationen dies für die konkrete feministische Praxisarbeit hat.[1]

Die theoretische und praktische Arbeit der proletarischen Frauenbewegung entsprang einer bestimmten historischen Situation: Sie entstand infolge der industriellen Revolution des 19. Jahrhunderts und unter dem Eindruck der proletarischen Massenbewegungen dieser Zeit, angesichts derer sich die Überwindung des Kapitalismus als reale Möglichkeit darstellte. Gerade weil die Welt als durch gemeinsames Handeln praktisch veränderbar erschien, konnte auch die Frage nach einer veränderten Organisation der Geschlechterverhältnisse verhandelt werden. Im Folgenden wird zunächst die Auseinandersetzung um die ›Frauenfrage‹ um 1900 nachgezeichnet, um vor diesem Hintergrund an zwei Praxismodellen die Differenzen zwischen materialistischem und liberalem Feminismus aufzuzeigen. Dafür werden wir uns die Arbeit der proletarischen Frauenbewegung unter den Frauen im Kaukasusgebiet in den 1920er Jahren anschauen und sie mit einem Fall feministischer Entwicklungsarbeit in Algerien kontrastieren. Abschließend werden wir auf die eingangs formulierte Frage zurückkommen, welche Implikationen das Verständnis des Theorie-Praxis-Verhältnisses je für die emanzipatorische Praxis hat und inwiefern der Prozess der Befreiung im materialistischen Feminismus als *Selbst*befreiung zu begreifen ist.

Historischer Einsatzpunkt: Die ›Frauenfrage‹ als Gegenstand politischer Kontroversen zwischen bürgerlicher und proletarischer Frauenbewegung

Das Aufkommen der ›Frauenfrage‹ lässt sich geschichtlich auf die ökonomischen Umwälzungen im 19. Jahrhundert zurückführen, die nicht nur mit neuen Produktionsformen einhergingen, sondern eine »Dynamisierung der gesamten gesellschaftlichen Strukturen« (Richebächer 1982: 20) auslösten. Infolge der Einführung industrieller Produktionsverfahren wurden weite Teile der Bevölkerung und auch immer mehr Frauen in die Industriearbeit einbezogen (ebd.: 25 ff.). Die durch gewaltsame Enteignungsprozesse proletarisierte Landbevölkerung drängte in die Städte, wo die Nachfrage nach Arbeitskräften hinter der steigenden Anzahl an von Lohnarbeit abhängigen Menschen zurückblieb (vgl. Marx 1962: 741–791). Dies führte zu Löhnen an der Schwelle des Existenzminimums. Gleichzeitig herrschten vielfach katastrophale Arbeitsbedingungen und gesundheitsschädigende Lebensverhältnisse in den überbevölkerten Städten (vgl. Engels 1980). Diesen Missständen trat die Arbeiterbewegung entgegen und stellte die ›soziale Frage‹ in den Mittelpunkt ihrer politischen Organisierung. Die proletarische Frauenbewegung – ihrerseits Teil der Arbeiterbewegung – argumentierte dafür, dass der Lage der proletarischen Frauen besondere Beachtung zu gelten habe, da diese einer noch verschärften Ausbeutung und Unterdrückung ausgesetzt waren. Aufgrund der mehrfachen Belastung von Frauen durch ihren Einbezug in die Lohnarbeit einerseits und der gleichzeitigen Verpflichtungen im Einzelhaushalt mit den dort anfallenden reproduktiven Arbeiten andererseits stelle sich eine besondere ›Frauenfrage‹ (Zetkin 1889: 3 ff. und 1957: 95). Die aufkommende Frauenbewegung betonte, dass die besondere Situation von Frauen spezielle Organisationsformen erfordere, wobei sich hinsichtlich der Ziele und der konkreten Praxis schnell Differenzen zwischen Protagonistinnen aus den Reihen der bürgerlichen und der proletarischen Frauen herausstellten (Hervé 2001: 31 ff.).

Clara Zetkin, mit deren Name die proletarische Frauenbewegung eng verknüpft ist, kritisierte die bürgerliche Frauenbewegung dafür, dass sie die Emanzipation der Frauen auf rein *formaler* Ebene denke, also zwar entschieden für die rechtliche Gleichstellung von Frauen eintrete, die bestehenden *materiellen* Ungleichheiten zwischen den Frauen jedoch nicht hinterfrage. Die proletarische Frauenbewegung ziele demgegenüber auf eine Veränderung der »wirtschaftlichen und sozialen Formen« (Zetkin 1958: 209), die eine wirkliche Gleichberechtigung überhaupt erst ermöglichen würde. Indem die bürgerliche Frauenbewegung von den Klassenverhältnissen abstrahiere, mache sie die ungleich stärkere Ausbeutung der proletarischen Frauen unsichtbar, die im Geschlechterverhältnis fortgeschrieben und verschärft werde (ebd.: 205). Gleichzeitig übersehe der als bürgerlich stilisierte Ansatz damit auch, dass die Ursache für die diagnostizierte Unterdrückung der Frauen in den sozialen Verhältnissen liege. Die bürgerliche Frauenbewegung verkenne so das Ineinandergreifen verschiedener Formen der Ausbeutung und Unterdrückung von

Frauen und die von ihnen erhobenen Forderungen hatten daher – so Zetkins Vorwurf – keineswegs »für alle Frauen unterschiedslos die gleiche befreiende Bedeutung« (ebd.: 203). Solange es bei einer bloß formalen Gleichstellung »in Gesetzestexten« (ebd.) bleibe, sei eine wirkliche Befreiung der proletarischen Frauen nicht möglich.

Aus dieser theoretischen Einsicht folgte ein grundlegend anderer Aktivismus als die Kämpfe um formale Gleichstellung. Die proletarische Frauenbewegung setzte bei ihrer Organisationsarbeit an den alltäglichen Erfahrungen der Arbeiterinnen und proletarischen Hausfrauen an und knüpfte ihren Einsatz für einzelne Verbesserungen an die grundlegende Veränderung der gesellschaftlichen Verhältnisse, da auf isolierte Bereiche bezogene Reformen als nicht ausreichend erkannt wurden (Bauer 1978: 167). Wie diese ganzheitliche Ausrichtung des politischen Engagements theoretisch entwickelt wurde, soll im Folgenden anhand programmatischer Texte von Clara Zetkin und Alexandra Kollontai näher bestimmt werden.

In ihren Schriften zur besonderen Unterdrückung von Frauen im Kapitalismus und deren historischen und ökonomischen Gründen knüpfen Zetkin und Kollontai an die Analysen von August Bebel (1879) und Friedrich Engels (1984) an, die als erste den Zusammenhang von Frauenunterdrückung und kapitalistischer Ausbeutung untersucht haben.[2] In Abgrenzung zu Positionen, die die gesellschaftliche Rolle der Frau auf ›natürliche‹ Eigenschaften zurückführen, stellt Zetkin heraus, dass es die sozialen und ökonomischen Bedingungen seien, die ihre Stellung bestimmten (Zetkin 1889: 3).

Im Gegensatz zur bürgerlichen galt der proletarischen Frauenbewegung die Emanzipation durch Lohnarbeit somit als Voraussetzung für den Kampf um die Emanzipation der proletarischen Frauen, nicht schon selbst als entscheidender Emanzipationsschritt. Denn so wie Arbeit im

Kapitalismus organisiert ist, führt die Produktivitätssteigerung nicht zur Verbesserung der Lebens- und Arbeitsbedingungen, sondern lediglich zur Intensivierung der Ausbeutung. Wie sich theoretisch die »Frage der vollen Emanzipation der Frau [...] in letzter und entscheidender Instanz als eine ökonomische Frage [erweist]« (ebd.: 39), muss sich die befreiende Praxis auf das Feld der ökonomischen Bedingungen begeben.

Der Blick auf die ökonomischen Umstände zeigt jedoch, dass die Frauenfrage sich je nach Klassenlage unterscheidet: »Es gibt eine Frauenfrage für die Frauen des Proletariats, des Mittelbürgertums und der Intelligenz und der oberen Zehntausend; je nach der Klassenlage dieser Schichten nimmt sie eine andere Gestalt an.« (Zetkin 1957: 97) Während die Frauen der oberen Gesellschaftsschicht nach einer »selbständigen, freien Verfügung über ihr Eigentum« (ebd.: 98) strebten sowie »gleiche Berufsbildung« und »gleiche Berufstätigkeit für beide Geschlechter« (ebd.: 100) forderten, um eine bessere Stellung gegenüber den Männern der eigenen Klasse zu erlangen, kämpften die proletarischen Frauen für eine gesellschaftliche Praxis ohne Ausbeutung, die nach Zetkin nur als »Werk der Arbeiterklasse und all ihrer Teile selbst« (Zetkin 1958: 58) gelingen kann. Erst innerhalb einer solchen veränderten Praxis könne es auch eine »volle Gleichberechtigung des weiblichen Geschlechts« (ebd.: 98) geben. In diesem Sinne unterstützten die proletarischen Frauen die Forderungen der bürgerlichen Frauenbewegung nach gleicher Bildung und Berufstätigkeit nur »als Mittel zum Zweck« (Zetkin 1957: 103), damit die Frauen die Möglichkeit erhielten, selbst aktiv an den sozialen und politischen Kämpfen teilzuhaben.

Auch die sowjetische Revolutionärin Alexandra Kollontai wendet sich aus diesen Gründen gegen die einseitige Fokussierung auf die »gelobte Freiheit der Arbeit« (Kollontai 1979: 41) seitens der bürgerlichen Frauenbewegung. Für die proletarischen Frauen habe der Eintritt in das Lohnarbeitsverhältnis keineswegs eine freiere Lebensweise zur Folge, da den proletarischen Frauen über die verschärfte Ausbeutung in der Produktion hinaus auch die gesamte reproduktive Arbeit im Einzelhaushalt aufgebürdet werde. Entsprechend trat die proletarische Frauenbewegung für eine Vergesellschaftung von reproduktiven Arbeiten als Voraussetzung einer wirklichen Gleichstellung von Frauen ein. Während die bürgerliche Frauenbewegung es für ausreichend erachtete, die rechtliche Gleichstellung von Frauen und deren gleichberechtigten Zugang zu Bildung und Beruf zu erwirken, sind solche individuellen Lösungen nach Kollontai selbst Ausdruck der kapitalistischen Gesellschaft, in der »individualistische[ ] Gewohnheiten« zäh fortwirken und kein Raum für die »Erfahrung mit kollektiven Gesellschaftsformen« (Kollontai 1976: 167) gelassen wird. Für Kollontai hatten die Erfahrungen seit der Oktoberrevolution in Russland gezeigt, dass sich die Frauenfrage nicht isoliert angehen ließ, sondern nur durch »eine grundsätzliche Änderung der Rolle der Frau im Produktionsprozeß und damit einhergehend auch in allen übrigen gesellschaftlichen Bereichen« (ebd.: 241).

Orte der Selbstbefreiung und koloniale Kontinuitäten. Zwei Praxismodelle

Besonders deutlich werden die konzeptuellen Unterschiede zwischen den beiden Bewegungen, wenn wir uns ansehen, wie sie sich praktisch für die Frauenbefreiung einsetzen. Das unterschiedliche theoretische Verständnis der Gründe für die fortbestehende Unterdrückung und Ausbeutung von Frauen führt zu sehr verschiedenen praktischen Strategien, in denen konträre Vorstellungen davon zum Ausdruck kommen, wie sich die bestehende Geschlechterordnung ändern lässt und wer die Akteure dieser Veränderung sind.

Zwar erweiterte auch die bürgerliche Frauenbewegung ihre Arbeit auf nicht-westliche Länder, Zetkin zufolge lässt sie sich dabei jedoch für imperialistische Zwecke einspannen: So erschöpfe sich ihr Interesse für die Frauen in den kolonialisierten Gebieten darin, spezielle »Propaganda- und Agitationsapparate« (Zetkin 1958: 211) zu entwickeln, um den einheimischen Widerstand »gegen den imperialistischen Kapitalismus« zu brechen (ebd.: 210).[3]

Die proletarische Frauenbewegung vertritt daher ein anderes Konzept internationaler Zusammenarbeit: Das solidarische Handeln über Ländergrenzen hinweg ist demzufolge unvereinbar mit dem ›Export‹ formal-rechtlicher ›Errungenschaften‹, mit denen die ökonomisch fortschrittlicheren Länder sich brüsten mögen. Vielmehr geht es darum, »wirtschaftliche und soziale Lebensformen« (Zetkin 1958: 232) zu überwinden, die der Emanzipation der Frauen und aller Ausgebeuteten im Wege stehen. Dabei müssen die proletarischen Aktivist:innen damit umgehen, dass sich die ›Frauenfrage‹ in Weltregionen, in denen die ökonomischen Verhältnisse nicht ohnehin Frauen in die Sphäre der gesellschaftlichen Produktion gebracht haben, nicht von alleine stellt: Wie können Voraussetzungen für eine proletarische Bewegung geschaffen werden, die »zusammen kämpft ohne Unterschied der Nationalität, ohne Unterschied des Berufes [und] [...] ohne Unterschied des Geschlechts« (Zetkin 1957: 110)?

Im folgenden Abschnitt soll anhand von zwei Fällen feministischer Arbeit im internationalen Kontext gezeigt werden, wie die skizzierten theoretischen Differenzen zwischen bürgerlicher und proletarischer Frauenbewegung zu Unterschieden in der jeweiligen Praxisarbeit führen. Besonders deutlich wird dies mit Blick auf die Frage, welches Verständnis von Freiheit und weiblicher Emanzipation sich in diesen Praktiken manifestiert: Geht es den Aktivist:innen darum, westliche Modelle emanzipierter Weiblichkeit in den als rückständig wahrgenommenen Ländern einzuführen? Oder werden die Begriffe von Freiheit und Selbstbestimmung als etwas verstanden, das nicht schon feststeht, sondern sich im Rahmen einer solidarischen Praxisarbeit gemeinsam mit der Veränderung der sozialen Verhältnisse herausbildet?

Die Bildungs- und Organisationsarbeit der proletarischen Frauenbewegung unter den Frauen im ›sowjetischen Osten‹

Seit den frühen 1920er Jahren waren Aktivist:innen der kommunistischen Frauenabteilung (Zhenotdel) in Kaukasien, Zentral- und Nordasien aktiv. Ihre Arbeit wurde bereits von Zeitgenoss:innen beschrieben und wird auch heute wieder vermehrt zum Gegenstand historischer Forschung. Zeitgenössische Studien, die den sowjetischen Aktivismus begleiteten, zeichnen das Leben im ›sowjetischen Osten‹ als von Geschlechterungleichheit und strikter geschlechtlicher Arbeitsteilung geprägt.[4]

Diese Beobachtungen bieten den Protagonist:innen jedoch keinen Anlass, die Zustände orientalistisch zu verklären oder kausal auf religiöse Eigenheiten zurückzuführen. Es sei »weniger der Geist des Korans, als [vielmehr] die Gefühls- und Denkweise der arabischen Handelsbourgeoisie« (Halle 1938: 58), die die Geschlechterverhältnisse prägten. Die soziale Stellung der Frau ist demnach abhängig davon, welches Aktionsfeld und welche ökonomische Rolle in der geschlechtlichen Arbeitsteilung ihr jeweils zukommt. »Je mehr die ökonomische Bedeutung der Frauen als Arbeitskräfte in den Hintergrund trat, umso stärker wurde ihre häusliche Abgeschirmtheit.« (Gorzka 1990: 85; vgl. auch Halle 1938: 61 f.) Je mehr die Frauen für die Produktion entbehrlich waren, desto eher konnten sie auf die häusliche Sphäre festgelegt werden und desto eher mangelte es an formaler Gleichstellung.

In dieser Darstellung würde ein bürgerlicher Feminismus zunächst und vor allem die formale Gleichstellung der Frauen anstreben – etwa in Form eines egalitären Eherechts oder als Kritik an der formalen oder tradierten Vormundschaft der Männer für ›ihre‹ Frauen. Da die Gründe dafür, dass diese Ungleichheiten und Abhängigkeiten überhaupt bestehen, jedoch in der sozialen Reproduktion gesucht werden müssen, zielen die proletarischen Aktivist:innen hingegen auf die Herstellung der Bedingungen zur Veränderung eben jener Reproduktion: Um die gesellschaftlichen Verhältnisse grundlegend zu verändern, müssten die Frauen selber zu Akteurinnen dieses Wandels werden (Massell 1974: 131). Insbesondere die männlichen Eliten profitierten dagegen von den herrschenden Arrangements,[5] so dass sich der Klassengegensatz vielfach als Widerspruch im Geschlechterverhältnis manifestierte.

Wie gestaltete sich nun die konkrete Praxisarbeit? Die Akteurinnen des Zhenotdel waren vor die Herausforderung gestellt, in diesen von ihren Herkunftsregionen stark verschiedenen geografischen, wirtschaftlichen und kulturelle Bedingungen auch ganz andere Strategien zu erproben, die »sich diesen Verhältnissen anpassen und dabei vermeiden[,] den Grenzländern gegenüber irgendein kolonisatorisches Verhalten an den Tag zu legen« (Kasparowa 1924: 56).

Die Maßnahmen zielten darauf, den Frauen die neuen Möglichkeiten vor Augen zu führen, die ihnen das sowjetische Gesellschaftsmodell versprach, und dabei Räume zu schaffen, in denen sie ihre gemeinsame Handlungswirksamkeit erfahren konnten. Konkret gründeten die Aktivist:innen sogenannte Frauenklubs, die einen Ort für umfassende Bildungs- und Kulturangebote eröffneten und auch Frauen erreichten, die andernfalls kaum Zugang zum öffentlichen Leben erhielten.

In den Frauenklubs gab es eine Kinderbetreuung sowie hygienische und medizinische Beratung. Gleichzeitig bildeten die Klubs zusammen mit den Genossenschaften und sogenannten Frauenshops ein Netzwerk für gemeinsames Lernen und Arbeiten, durch das die Frauen eine gewisse ökonomische Selbstständigkeit erlangen konnten. Die Einrichtungen waren dabei so angelegt, dass die Frauen allmählich über die klubeigenen Werkstätten und produktiven Genossenschaften auch in die regionalen Betriebe und Fabriken gelangen konnten (vgl. McShane 2019: 56: 105 ff.). Durch die Beteiligung an der Produktion sollten die Frauen ökonomisch selbständig werden, um nicht länger abhängig von ihren Männern und Familien zu sein. Halle beschreibt den so eingeleiteten Prozess der Selbstermächtigung als den einer »dreifachen Emanzipation«: »Die vielen Millionen vorwiegend islamischer [sic!] Frauen erleben diese Emanzipation als Angehörige ihres Volkes, ihrer sozialen Schicht und ihres Geschlechts.« (Halle 1938: 7)[6]

In den Frauenklubs wird also eine geschlechtliche Teilung des sozialen Raums fortgeschrieben. Bereits diese Tatsache widerspricht einer hauptsächlich auf die formale Ebene zielenden Praxis. Jedoch scheint dies die einzige Möglichkeit, den lokalen Bedingungen gerecht zu werden. In strategischer Hinsicht haben die Frauenklubs eine ähnliche Funktion wie die formale Gleichstellung in den Industriegesellschaften: Sie eröffnen den Frauen Handlungsspielräume, die sie nutzen können, um an einer grundlegenden Neugestaltung des sozialen Lebens zu arbeiten. Um die Konturen dieser Praxis besser zur Geltung zu bringen, möchten wir sie mit einem Fall feministischer Praxis aus dem 21. Jahrhundert kontrastieren, in dem die Aktivist:innen aufgrund ihrer Fokussierung auf formale Gleichstellung mit den Frauen in Konflikt geraten, mit denen sie auf solidarischer Basis zusammenarbeiten wollen.

Die Arbeit einer spanischen NGO in sahrauischen Flüchtlingslagern in Algerien

Ein aktuelles Beispiel für die Fallstricke einer auf formale Gleichstellung fokussierenden feministischen Politik führt Fiddian-Qasmiyeh (2018) vor Augen. Sie analysiert die Arbeit einer spanischen Nichtregierungsorganisation (NGO) in einem Lager für Geflüchtete aus der Westsahara, das sich in der algerischen Region Tindouf befindet. Dieses Lager gilt als »female led« und die UNHCR *Refugee Woman and Gender Equality Unit* bezeichnete es 2001 als ein Positivbeispiel für »good practice on gender mainstreaming« (zit. in ebd.: 97). Tatsächlich wurde das Lager von Frauen aufgebaut und geleitet, was nicht zuletzt an den »war time demographics« (ebd.) liegt. Nach dem Abzug der ehemaligen spanischen Kolonialmacht im Jahr 1975 besetzten Mauretanien und Marokko die Westsahara, wobei insbesondere Marokko diese Region als Teil des eigenen Staatsgebiets beanspruchte. Vor den kriegerischen Auseinandersetzungen zwischen der antikolonialen POLISARIO-Front und der marokkanischen Armee (1975–1991) flohen insbesondere Frauen und Familien ins angrenzende Algerien, wo sie die Flüchtlingslager aufbauten und verwalteten. Die Lager bestehen dort nach wie vor und sind heute zu selbstverwalteten Städten geworden, die jedoch auf Versorgung von außen angewiesen bleiben (ebd.: 97 ff.).

Entgegen dieser Darstellung beobachtet Fiddian-Qasmiyeh (ebd.: 102) bei ihrer ethnografischen Arbeit vor Ort allerdings eine starke geschlechterbezogene Ungleichheit, was sich insbesondere mit Blick auf die Situation der Mädchen zeige: Während die Jungen etwa ohne Aufsicht zum Fußballspielen gehen dürften, sei der Aktionsradius der Mädchen oft auf die häusliche Sphäre beschränkt. Dieser Umstand sei den um Gender-Mainstreaming bemühten Nichtregierungsorganisationen ein Dorn im Auge (ebd.). Als eine NGO beispielsweise eine Ausflugsreise mit Übernachtung in den nahegelegenen Dünen organisiert, haben sie kein Verständnis dafür, dass eine Mutter ihrer Tochter nicht erlaubt, an diesem Ausflug teilzunehmen (ebd.). Der Konflikt um die Teilnahme spitzt sich so weit zu, dass ein:e Mitarbeiter:in der NGO droht, die Arbeit in den Camps einzustellen, wenn die Mutter bei ihrer Position bliebe (ebd.). Aus Sicht der NGO mangelt es den Müttern schlicht an Aufklärung: »They are just ignorant« (ebd.).

Insbesondere die Drohung, die Arbeit im Camp einzustellen, zeigt eindrücklich, dass es sich bei der NGO und den Frauen im Camp um zwei Gruppen mit sehr ungleich verteilten Machtressourcen handelt. Im Falle eines Konflikts könnte der Pfad des gemeinsamen Handelns verlassen werden. Die Mitarbeiter:innen dieser NGO zielen auf formale Gleichbehandlung, in diesem Fall der Jungen und Mädchen. Damit bleibt jedoch der Blick auf die Ursachen der zweifelsfrei bestehenden Ungleichbehandlung verstellt. Als die Mutter von Fiddian-Qasmiyeh die Gelegenheit bekommt, ihre Sicht der Situation zu erläutern, führt sie aus, dass die Ungleichbehandlung in der innerfamiliären Arbeitsteilung begründet liegt: Die Mutter müsse mit ihrem Kind zum Krankenhaus und ihre älteste Tochter übernehme in dieser Zeit die Verantwortung für ihre jüngeren Geschwister und die reproduktiven Arbeiten im Haushalt (ebd.: 103). Gerade weil der älteren Tochter eine so wichtige Funktion in der sozialen Reproduktion zukommt und diese im Einzelhaushalt organisiert bleibt, darf sie nicht mit anderen Kindern zum Zelten (ebd.). Es ist also die vergeschlechtlichte Arbeitsteilung, aus der die Ungleichbehandlung folgt (ebd.).

Implikationen der materialistisch-feministischen Praxisarbeit

In den beiden Praxismodellen wird deutlich, wie stark konzeptuelle Annahmen darüber, wie Ungleichheiten und Ausbeutungsverhältnisse gesellschaftlich produziert werden, das praktische Engagement bestimmen. Gerade weil der liberale Feminismus die soziale Funktion der bestehenden Geschlechterordnung auf theoretischer Ebene nicht zu fassen vermag und Differenzen zwischen den Frauen verschiedener sozialer Herkunft bestreitet, werden Ungleichbehandlungen als moralisches Fehlverhalten kritisiert, das sich durch bessere Einsicht überwinden lasse.

Die Perspektive des proletarischen Feminismus ist dagegen potenziell in der Lage, die sozialen Hintergründe dieser Ungleichbehandlung zu verstehen und nicht in Konflikte mit den Frauen zu geraten, mit denen man eigentlich zusammen kämpfen will. Indem der proletarische Feminismus die geschichtlichen Bedingungen untersucht, unter denen sich die Geschlechterverhältnisse formiert haben, und deren Funktion in der gesamtgesellschaftlichen Reproduktion herausstellt, erweist sich für ihn eine auf formale Gleichstellung zielende feministische Praxisarbeit als unzulänglich. Dagegen setzt er bei den materiellen Bedingungen an, deren Veränderung es ermöglichen soll, dass sich die ausgebeuteten Frauen selbst befreien können. Wie anspruchsvoll und langwierig diese Arbeit ist, haben wir am Fall der Frauenklubs gesehen. Mit diesen sollten Praxisräume eröffnet werden, in denen nicht schon ein bestimmtes (westlich geprägtes) Bild weiblicher Autonomie und Selbstbestimmung vorausgesetzt wird. Was es für die Frauen heißen wird, frei zu sein, entscheidet sich vielmehr erst im gemeinsamen Aufbau einer neuen Gesellschaft. Die Aufbauarbeit hat dem proletarischen Feminismus zufolge entsprechend auf die Ursachen bestehender Ungleichheit zu zielen. Das bedeutet zweierlei: Zum einen muss sie sich auf eine konkrete Analyse der gesellschaftlichen Verhältnisse einlassen und die Praxis an den Interessen und Lebenslagen der Frauen ausrichten. Zum anderen lässt sich die Frauenfrage nicht losgelöst von der Frage nach gesellschaftlicher Reproduktion verstehen. So wird der Kampf der Frauen zum Kampf um die Veränderung der Welt.

Anmerkungen

1 Theorie meint hier die Analyse der gesellschaftlichen Verhältnisse, die der besonderen Unterdrückung und Ausbeutung von Frauen zugrunde liegen; Praxis das Ensemble der Strategien zu deren Überwindung.

2 Zur These von einer doppelten Unterdrückung der proletarischen Frau in der kapitalistischen Gesellschaft und zur Entwicklung der sozialistischen Frauenemanzipationstheorie vgl. Bauer (1978: 17–60); Richebächer (1982: 141–155).

3 Beide Elemente dieser Kritik – der Vorwurf, lediglich imperialistischen Interessen zu dienen und einen vermeintlichen Feminismus dafür einzusetzen, den Widerstand kolonisierter Frauen zu brechen – finden sich in späteren feministischen Debatten wieder. Federici (2012) und Mies (2015), auf die aktuell etwa Fraser (2023) zurückkommt, argumentieren, dass der »historische Scheidungsprozeß von Produzent und Produktionsmittel«, den Marx (1962: 742) im Kapitel über die sogenannte ursprüngliche Akkumulation beschreibt, um einen weiteren, ebenso gewaltsamen historischen Prozess ergänzt wird: die Einführung einer der kapitalistischen Ausbeutung angemessenen Geschlechterordnung. Auch Diskussionen um den Einmarsch der NATO in Afghanistan drehten sich um die Rolle eines bürgerlich-feministischen Arguments, das den Einmarsch damit rechtfertigte, die westlichen Truppen würden den afghanischen Frauen Rechte und Freiheiten bringen. Vgl. etwa Khan (2008), die diesen Feminismus als den Versuch eines »colonial rescue« bezeichnet.

4 Die umfangreichste zeitgenössische Darstellung der vielfältigen Formen von Abwertung, Unterdrückung und Grausamkeit gegen muslimische Frauen findet sich in Halle (1938: 56–97); in seiner ethnografischen Studie gibt Massell (1974: 96–123) einen Überblick darüber, wie die Lage der einheimischen Frauen durch die sowjetischen Aktivist:innen wahrgenommen wurde.

5 Sowohl der zu zahlende Brautpreis als auch weitere an die Ehe gebundene Privilegien (unter anderem Land- und Wasserrechte, die verheirateten Männern vorbehalten waren) trugen zur Stützung der bestehenden Klassenverhältnisse bei (Halle 1938: 75).

6 Diese Beobachtung einer dreifachen Emanzipation nimmt die These von der ›dreifachen Vergesellschaftung‹ vorweg, die Lenz (1995) im Anschluss an Becker-Schmidts Konzept der ›doppelten Vergesellschaftung‹ (Becker-Schmidt 1987) formuliert hat. Frauen werden demnach in kapitalistischen Gesellschaften in drei Sphären

vergesellschaftet: der Familie, der Arbeitswelt und dem Nationalstaat. Lenz hat dabei die moderne nationalstaatliche Ordnung vor Augen, die - etwa aufgrund von Illegalisierung und mit bestimmten Staatsangehörigkeiten verbundenen Privilegien - Überausbeutung ermöglicht und mit dem Geschlechter- und Klassenverhältnis verknüpft ist. Die Arbeit der proletarischen Frauenbewegung in den Kaukasusregionen rückt diese Dimension der Produktion von Geschlechterverhältnissen in den Blick: die nationalstaatliche oder - allgemeiner - die regionale Komponente.

Literatur

Bauer, Karin 1978: Clara Zetkin und die proletarische Frauenbewegung. Berlin: Oberbaum.

Bebel, August 1879: Die Frau und der Sozialismus. Zürich: Verlag der Volksbuchhandlung.

Becker-Schmidt, Regina 1987: Die doppelte Vergesellschaftung - die doppelte Unterdrückung: Besonderheiten der Frauenforschung in den Sozialwissenschaften, in: Lilo Unterkirchner und Ina Wagner (Hg.): Die andere Hälfte der Gesellschaft. Österreichischer Soziologentag 1985. Wien: ÖGB Verlag, 10–25.

Engels, Friedrich 1980 [1845]: Die Lage der arbeitenden Klasse in England. Nach eigner Anschauung und authentischen Quellen, in: Marx-Engels-Werke. Band 2. Berlin: Dietz, 225–506.

Engels, Friedrich 1984 [1884]: Der Ursprung der Familie, des Privateigentums und des Staates, in: Marx-Engels-Werke. Band 21. Berlin: Dietz, 25–173.

Federici, Silvia 2012 [2004]: Caliban und die Hexe. Frauen, der Körper und die ursprüngliche Akkumulation. Übers. von Max Henninger. Wien: Mandelbaum.

Fiddian-Qasmiyeh, Elena 2018: Ideal women, invisible girls? The challenges of/to feminist solidarity in the Sahrawi Refugee Camps, in: Rachel Rosen und Katherine Twamley (Hg.): Feminism and the Politics of Childhood. London: UCL Press, 91–108.

Fraser, Nancy 2023 [2022]: Der Allesfresser. Wie der Kapitalismus seine eigenen Grundlagen verschlingt. Übers. von Andreas Wirthensohn. Berlin: Suhrkamp.

Gorzka, Gabriele 1990: Frauen zwischen Islam und Sowjetmacht, in: Kristine von Soden (Hg.): Lust und Last. Sowjetische Frauen von Alexandra Kollontai bis heute. Berlin: Elefanten Press, 84–95.

Halle, Fannina W. 1938: Frauen des Ostens. Vom Matriarchat bis zu den Fliegerinnen von Baku. Zürich: Europa Verlag.

Hervé, Florence 2001 [1982]: Dem Reich der Freiheit werb' ich Bürgerinnen. Von den Anfängen bis 1889, in: dies. (Hg.): Geschichte der deutschen Frauenbewegung. Köln: PapyRossa, 11–35.

Kasparowa, Warsenika 1924: Formen und Methoden der Arbeit unter den Frauen des Sowjet-Ostens, in: Die Arbeit der KPR unter den Frauen. Hamburg: Hoym, 52–62.
Khan, Shahnaz 2008: Afghan Women: the limits of colonial rescue, in: Robin L. Riley, Chandra Talpade Mohanty und Minnie Bruce Pratt (Hg.): Feminism and War: Confronting U.S. Imperialism. London und New York: Zed Books, 161–178
Kollontai, Alexandra 1976 [1921]: Die Situation der Frau in der gesellschaftlichen Entwicklung. Vierzehn Vorlesungen vor Arbeiterinnen und Bäuerinnen an der Sverdlov-Universität 1921. Frankfurt a. M.: Verlag Neue Kritik.
Kollontai, Alexandra 1979 [1908]: Die Frau als Arbeiterin in der gegenwärtigen Gesellschaft, in: dies.: Der weite Weg. Erzählungen, Aufsätze, Kommentare. Hg. von Christiane Bauermeister, Helene Imendörffler und Krisztina Mänicke-Gyöngyösi. Übers. von Gertraude Krueger und Eva Pilz. Frankfurt a. M.: Verlag Neue Kritik, 40–49.
Lenz, Ilse 1995: Geschlecht, Herrschaft und internationale Ungleichheit, in: Regina Becker-Schmidt und Gudrun-Axeli Knapp (Hg.): Das Geschlechterverhältnis als Gegenstand der Sozialwissenschaften. Frankfurt a. M. und New York: Campus, 19–46.
Marx, Karl 1962 [1867/1890]: Das Kapital. Kritik der politischen Ökonomie. Erster Band. Buch I: Der Produktionsprozeß des Kapitals, in: Marx-Engels-Werke. Band 23. Berlin: Dietz.
Massell, Gregory J. 1974: The Surrogate Proletariat. Moslem Women and Revolutionary Strategies in Soviet Central Asia, 1919–1929. Princeton: Princeton University Press.
McShane, Anne 2019: Bringing the Revolution to the Women of the East. The Zhenotdel Experience in Soviet Central Asia through the Lens of Kommunistka. Doktorarbeit an der University of Glasgow. ‹theses.gla.ac.uk/40903/1/2018McShanephd.pdf›.
Mies, Maria 2015 [1989]: Patriarchat und Kapital. München: bge-verlag.
Richebächer, Sabine 1982: Uns fehlt nur eine Kleinigkeit. Deutsche proletarische Frauenbewegung 1890–1914. Frankfurt a. M.: Fischer.
Zetkin, Clara 1889: Die Arbeiterinnen- und Frauenfrage der Gegenwart. Berlin: Verlag der Berliner Volks-Tribüne.
Zetkin, Clara 1957 [1896]: Nur mit der proletarischen Frau wird der Sozialismus siegen. Rede auf dem Parteitag der Sozialdemokratischen Partei Deutschlands zu Gotha am 16.10.1896, in: dies.: Ausgewählte Reden und Schriften. Band 1: Auswahl aus den Jahren 1889–1917. Berlin: Dietz, 95–111.
Zetkin, Clara 1958 [1928]: Zur Geschichte der proletarischen Frauenbewegung Deutschlands. Berlin: Dietz.

»Kritische Theorie bedeutet, analytisch ›aufs Ganze‹ zu gehen.«

Stephan Lessenich im Interview über Kritische Theorie als politische Praxis und das Verhältnis des IfS zu emanzipatorischen Bewegungen

Das Institut für Sozialforschung (IfS) hat im Mai 2023 anlässlich seines 100-jährigen Bestehens zur *Zweiten Marxistischen Arbeitswoche* eingeladen. Woraus ist die Idee entstanden und mit welchem Ziel wurde die viertägige Großveranstaltung mit Vorträgen, Lesungen, Podiumsdiskussionen und einem Stadtspaziergang sowie über 40 Workshops ausgerichtet?

Stephan Lessenich: Die Idee ist zunächst aus einer reinen Jubiläumslogik heraus entstanden. Wir haben im Organisationskomitee die Frühgeschichte des Instituts rekapituliert und sind uns dabei rasch einig geworden, dass wir zur Hundertjahrfeier nicht nur an die (gar nicht einmal so leicht zu rekonstruierenden) förmlichen Gründungsakte des IfS erinnern wollen, sondern selbstverständlich auch an die ersten inhaltlichen Aktivitäten des Instituts. Und da gerät zwangsläufig das Theorieseminar in Geraberg im Thüringer Wald in den Blick, von dem das Gruppenfoto der etwa zwanzig Beteiligten weithin bekannt und zum festen Bestandteil der die Institutsgeschichte illustrierenden Bilderwelt geworden ist.[1] Uns war klar, dass wir dieses Ereignis in Erinnerung rufen wollen, strebten aber keine Reinszenierung im engeren Sinne an. 1923 vergewisserten sich marxistische Theoretiker:innen im Lichte der in Deutschland gescheiterten Revolution und im Bewusstsein der Macht der Reaktion ihrer eigenen Zeit- und Weltdeutung und bereiteten damit in gewisser Weise die wissenschaftliche Agenda des Instituts für Sozialforschung vor. Hundert Jahre später erscheint die gesellschaftshistorische Situation irgendwie weniger dramatisch, irgendwie aber auch nicht – radikal verändert aber hat sich in jedem Fall die Situation des Instituts selbst. Für eine jahrzehntelang etablierte, in ihren eigenen Forschungsroutinen operierende Einrichtung machte es keinen Sinn, in Form einer Forschungsklausur in einer Tagungsstätte auf dem Lande zusammenzukommen und sich wie im sonstigen Institutsalltag auch untereinander auszutauschen. Vielmehr schien hier das genaue Gegenmodell am Platze: eine öffentliche Großveranstaltung, mit der das Institut sich dem akademischen, aber auch außerakademischen, insbesondere jüngeren Milieu kritischer Intellektualität zuwendet und die eigenen Fragen und Problematisierungen, Analysen und Diagnosen mit denen anderer, gleichermaßen an der Überwindung unhaltbarer Zustände interessierter Akteur:innen in den kritischen Dialog bringt.

»Unhaltbare Zustände«: So lautete der Titel der dreitägigen, wie auch schon 1923 zu Pfingsten durchgeführten Veranstaltung. Die Titelwahl war als Gegenpositionierung zu vielgestaltigen gegenwärtigen Debatten rund um den Topos der ›Nachhaltigkeit‹ gedacht, bei denen es letztlich – bisweilen in bester Absicht – darum geht, die herrschenden, schlechten Verhältnisse notdürftig zu verbessern und damit vermeintlich ›haltbar‹ zu machen, sprich: rechtfertigungs- und fortsetzungsfähig. Darum aber ging es der Kritischen Theorie, die sich seit den frühen 1930er Jahren am IfS, um das IfS und um das IfS herum – nach 1933 im US-amerikanischen Exil, seit den 1950er Jahren dann im Nachkriegsdeutschland – entwickelte, niemals. Ich erinnere nur an die in diesem Sinne zeitlosen Sätze Max Horkheimers aus seinem gewissermaßen schulbildenden Aufsatz *Traditionelle und kritische Theorie* von 1937: Dem kritischen Verhalten, verstanden als Praxis der »dialektischen Kritik der politischen Ökonomie«, so der

Direktor des damals in New York City ansässigen Instituts, gehe es nicht oder jedenfalls nicht nur darum,

> »irgendwelche Mißstände abzustellen, diese erscheinen ihm vielmehr als notwendig mit der ganzen Einrichtung des Gesellschaftsbaus verknüpft. Wenngleich es aus der gesellschaftlichen Struktur hervorgeht, so ist es doch weder seiner bewußten Absicht noch seiner objektiven Bedeutung nach darauf bezogen, daß irgendetwas in dieser Struktur besser funktioniere.« (Horkheimer 2020: 30 f.)

Keine Frage, diese negative Zielbestimmung kritisch-theoretischer Analyse gilt heute unverändert: Es kann nicht darum gehen, dem krisenhaft Funktionierenden zuzuarbeiten und es in seinen gesellschaftlichen Effekten etwas weniger zerstörerisch zu machen. Vielmehr muss es darum gehen, zur gesellschaftlichen Emanzipation und Überwindung von Verhältnissen, die systematisch individuelles und kollektives Leid produzieren, nach Kräften und mit spezifisch wissenschaftlichen Praktiken beizutragen. Deswegen auch das ausdrückliche Festhalten an der Bezeichnung einer »Marxistischen« Arbeitswoche, denn in weiten Teilen der politischen Öffentlichkeit mobilisiert die Referenz auf den Marxismus bis auf den heutigen Tag tiefliegende Reflexe, die auf die Skandalisierung vermeintlicher oder tatsächlicher ›Systemfeindschaft‹ zielen. Darüber können auch die zum Teil hemmungslos verlogenen Würdigungen der Gründerväter der Kritischen Theorie durch das rechte Feuilleton nicht hinwegtäuschen, die das IfS zu seinem 100-Jährigen des Verrats an der Tradition verdächtigten und sich über die postmarxistische Beliebigkeit seiner aktuellen programmatischen Positionierung mokierten. Nicht zuletzt hier wurde deutlich, wie im gegenwärtig sich vollziehenden politischen Kulturkampf sämtliche Register gezogen werden – und mit welchem Gegenwind eine wissenschaftliche Institution, die in ihrer Praxis »der fortwährenden Reproduktion des Bestehenden« (Horkheimer 2020: 16) ausdrücklich entgegenzutreten sucht, zu rechnen hat, heute ebenso wie vor hundert Jahren.

Auf der *Zweiten Marxistischen Arbeitswoche* ging es bei vielen Veranstaltungen auch um das Verhältnis von Theorie und Praxis, das im Zentrum des Interesses dieses Bandes steht. Häufig wurde und wird dem IfS vorgeworfen, ›praxisfern‹ zu sein. Einerseits gibt es gute historische Gründe für die Distanz zur Praxis, andererseits gibt es vielleicht heute auch Argumente, sich wieder stärker auf ›die Praxis‹ zuzubewegen. Welche Herausforderungen gibt es hinsichtlich der Gratwanderung zwischen Nähe und Distanz zu sozialen Bewegungen?

In der Tat, der Vorwurf des Attentismus, also der praktischen Zurückhaltung gegenüber der politischen Praxis, ist geradezu zum Stereotyp einer Kritik an der Kritischen Theorie geworden, seitdem Georg Lukács die »Frankfurter Schule« im Allgemeinen und Theodor W. Adorno im Besonderen beschuldigte, eine wohlfeile Analyse der gesellschaftlichen Katastrophe im behüteten und geschützten Raum des »Grand Hotel Abgrund« zu betreiben. Großen Anteil an der meines Erachtens falschen Etikettierung der Kritischen Theorie Frankfurter Provenienz als un- oder gar antipolitisch hatte aber vor allem Perry Anderson, der in seinem großen Essay zum »Western Marxism« Mitte der 1970er Jahre Lukács' Kritik erneuerte und die ›Frankfurter‹ an der Spitze einer seit den 1920er Jahren (fast) den gesamten westlichen Marxismus charakterisierenden Bewegung verortete, die sich der Entkopplung von Theorie und Praxis und der Aufkündigung der Aktionseinheit mit den revolutionären Subjekten ihrer Zeit verschrieben habe. Lukács wie Anderson waren beide den parteikommunistischen Organisationen ihrer Zeit eng verbunden, und ihre radikale Kritik bezog sich denn auch jeweils darauf, dass die marxistischen Intellektuellen ihre Verbindungen zu den stalinistischen bzw. poststalinistischen kommunistischen Parteien gekappt (oder aber diese niemals hergestellt) hätten. Liest man Andersons Verratsvorwurf heute (vgl. Anderson 2023), so kann man allerdings nicht anders, als den Protagonisten der Kritischen Theorie in ihrer parteipolitischen Skepsis noch retrospektiv Recht zu geben, und daran zu erinnern, dass es die gescheiterte Revolution herkömmlich marxistischen Typs war – mit einem als handelnde Einheit imaginierten Arbeiterklassensubjekt –, die überhaupt erst die Kritische Theorie auf den Plan rief. Nicht zu überbieten in seiner historischen Aufklärungskraft ist daher das Diktum Leo Löwenthals, dass die politische Praxis die kritischen Theoretiker verlassen habe – und nicht etwa umgekehrt (vgl. Löwenthal 1980: 78 f.). Die Aufgabe einer als kritisch sich begreifenden Theorie bestand in dieser Konstellation just darin, die gesellschaftlichen Bedingungen ihrer Notwendigkeit aufzuklären: warum nämlich und woran die Arbeiterrevolution scheiterte, wie die ausgebliebene Revolutionierung der gesellschaftlichen Verhältnisse dem Faschismus den Weg bahnte, wie sich die revolutionäre Bewegung ihrerseits im stalinistischen Staatssozialismus verschanzte, in blinder Parteisolidarität und Kadermentalität verrannte oder in selbstherrlich-größenwahnsinnigen K-Gruppen sich verlor.

Auch hierzu hat Horkheimer in seinem Gründungsdokument der Kritischen Theorie bereits Wesentliches gesagt: Aus der ökonomischen und sozialen Situation des Proletariats in der kapitalistischen Gesellschaft ergebe sich »keine Garantie der richtigen Erkenntnis« (Horkheimer 2020: 40), die Kritik der Theoretiker:innen könne sich daher durchaus »im Gegensatz zu Ansichten befinden, die beim Proletariat gerade vorherrschen« (ebd.: 49 f.). Es ging also keineswegs, und es geht auch heute nicht, um ein unreflektiertes, aus geteilter Einsicht in die Falschheit der herrschenden gesellschaftlichen Verhältnisse sich speisendes Einvernehmen mit den als potenzielle ›revolutionäre Subjekte‹ ausgemachten oder sich selbst als solche gebenden sozialen Bewegungen und politischen Akteur:innen der jeweiligen Zeit. Ganz im Gegenteil hat Kritische Theorie immer eine intellektuelle und auch praktische Distanz zu den ›politisch korrekten‹ Aktivist:innen gesellschaftlicher Transformation zu wahren – ohne freilich zu verhehlen, dass es auch ihr darum geht, die »menschliche Existenz«, wie Horkheimer dies ausdrückte, »grundlegend zu verbessern« (ebd.: 66).

Denn daran kann meines Erachtens kein Zweifel bestehen und sollte auch gegenwärtig kein Zweifel gelassen werden: Kritische Theorie ist in letzter Instanz eine Theorie, der es um eine »Veränderung zum Richtigen« (ebd.: 46) zu tun ist, auch wenn sie dieses Richtige nicht positiv auszuweisen und auszumalen vermag oder sich einer solchen vorwegnehmenden Konkretisierung richtiger – ›haltbarer‹ – Zustände aktiv verweigert. Als Theorie belässt sie es, und ich meine aus damals wie heute guten Gründen, bei dem normativen Fluchtpunkt einer »Aufhebung des gesellschaftlichen Unrechts« (ebd.: 77). Damit wird für die Negativbestimmung des zunächst idealistisch anmutenden Begriffs der ›vernünftigen‹ Verhältnisse optiert, deren Herstellung durch eine kritische Theorie der bestehenden, durch und durch ›unvernünftigen‹ Gesellschaftsordnung befördert werden soll. Kritische Theorie ist in diesem Sinne die Ausdrucksgestalt einer politischen bzw. politisierten Wissenschaft, die nicht anders kann (und nicht anders will), als die irrationale Rationalität einer Vergesellschaftungsform aufzuzeigen und bloßzustellen, deren Produktionsweise nicht etwa »auf das Leben der Allgemeinheit« abgestellt ist und in diesem Kontext dann auch »die Ansprüche der Einzelnen« erfüllt, sondern die umgekehrt dem »Machtanspruch von Einzelnen« gehorcht und dabei gleichsam nur »zur Not das Leben der Allgemeinheit« (ebd.: 39) gewährleistet.

Eine letzte, die Komplexität des Theorie-Praxis-Verhältnisses weiter steigernde Bemerkung zu dieser Frage: Das Nähe-Distanz-Problem der Theorie zur Praxis stellt sich nochmals anders dar in einer historischen Zeit der massiven gesellschaftlichen Mobilisierungserfolge und einer erneuerten politischen Deutungsmacht neofaschistischer Parteien und Bewegungen – also in unserer Gegenwart. Im Zuge und Zeichen solcher Verhältnisse erhält der kategorische Imperativ der Kritischen Theorie der Nachkriegszeit – das »Denken und Handeln so einzurichten, daß Auschwitz sich nicht wiederhole, daß nichts Ähnliches geschehe« (Adorno 1970: 356), – eine zwischenzeitlich ungeahnte, vielleicht aber auch nur erfolgreich verdrängte politische Aktualität.

Mit rund 900 angemeldeten Besucher:innen und dutzenden Referent:innen fand die *Zweite Marxistische Arbeitswoche* überraschend große Resonanz. Entlang eines dicht gestrickten Programms wurde von früh bis spät diskutiert, analysiert, um Deutungen gerungen. Immer wieder stellte sich auch die Frage nach den Möglichkeitsräumen politischer Praxis im Kontext der gegenwärtigen Krisensituation. Welche Rolle spielt das IfS früher und heute in Bezug auf emanzipatorische Bewegungen? Überschätzen wir womöglich den Einfluss kritischer Theorie auf politische Praxis?

Wenn mit »Einfluss« eine direkte oder gar direktive Wirkung der Theoriebildung auf die Zielbestimmungen und Handlungsstrategien politischer Akteur:innen und sozialer Bewegungen gemeint ist, dann würde ich auf die letzte Frage eindeutig mit »Ja« antworten. Ich gehe nicht davon aus, dass heute irgendwo irgendjemand Theoriebeiträge des IfS

– oder irgendeiner anderen akademischen Einrichtung – in politische Praxis zu ›übersetzen‹ trachtet oder gar auf politische Handlungsempfehlungen aus den Federn kritischer Theoretiker:innen wartet. Ich bin mir auch nicht sicher, wie realitätstüchtig die Vorstellung von radikal anderen theoretisch-praktischen Verhältnissen zu den Hochzeiten der Studierendenbewegung bzw. im vielzitierten »langen Sommer der Theorie« (vgl. Felsch 2015) ist – sie scheint mir doch erhebliche mystifizierende, zum Teil auch selbstmystifizierende Anteile zu enthalten. Sicher, Herbert Marcuse suchte in den 1960er Jahren mit einigen seiner Schriften die Nähe zum aktivistischen studentischen Milieu, vielleicht sogar den Schulterschluss mit ihm, und die Faszination dieser Schriften reicht teilweise noch bis in die Gegenwart. Doch muss man Marcuses politisch-intellektuelle Wirkungsmacht, und mehr noch die der sozial weniger nahbaren Repräsentant:innen der Frankfurter Schule, letztlich wohl doch als äußerst begrenzt bezeichnen. Und die spezifische Theoriefaszination des harten Kerns der studentischen und nichtstudentischen »68er:innen« vor und nach 1968 war wohl mindestens so sehr sozialen Milieunormen und Distinktionspraktiken geschuldet wie einem konkreten praktisch-politischen Impuls.

Mir scheint es angemessener zu sein, die theoretische Praxis der Kritischen Theorie selbst als eine politische Praxis zu verstehen – relativ unabhängig von einem irgendwie messbaren Einfluss auf emanzipatorische Bewegungen. Und so würde ich auch den Einsatz des IfS heute verstehen: Theoriebildung in politischer Absicht zu betreiben, ohne den Erfolg dieser Absicht sicherstellen oder auch nur dingfest machen zu können. Nicht nur die Wege des Herrn sind unergründlich, sondern auch die der kritischen Theoriebildung in die soziale Praxis – denn ob sie tatsächlich zu irgendetwas ›führen‹ kann, außer im Idealfall zu besserer Einsicht, wird sich in letzter Instanz nicht klären lassen. Und das ist vielleicht auch gut so.

Heute sind nicht die emanzipatorischen Kräfte, sondern regressive und autoritäre Problemlösungsstrategien und Bewegungen erfolgreich. Sollte sich das IfS nicht wie zu seiner Anfangszeit eher mit der Analyse dieser Tendenzen beschäftigen, anstatt nach emanzipatorischen Potenzialen zu suchen?

Ich wüsste ehrlich gesagt nicht, warum das eine Frage des Entweder-Oder sein sollte. Dass der Autoritarismus heute fröhliche bzw. traurige Urständ feiert, und zwar inter- wie transnational, im Globalen Norden und Süden, lässt sich wohl als unstrittige soziale Tatsache bezeichnen. Umstrittener dürfte die Einschätzung sein, dass die allenthalben sich manifestierenden autoritären Tendenzen die Vorboten eines neuen Faschismus sind – eine Deutung, zu der ich persönlich tendiere. Man muss nur die Normalisierung des polizeilich-militärischen Gewalteinsatzes an den europäischen Außengrenzen, den Zynismus der praktisch gesellschaftsweiten Akzeptanz einer menschenrechtsverletzenden Sicherung hiesiger Stabilitäts- und Wohlstandserwartungen oder die völkischen Reinheitsphantasien nicht mehr nur marginaler Minderheiten in den reichen Industriegesellschaften zur Kenntnis nehmen, um zu dem Befund zu gelangen, dass dem Faschismus in Europa heute eine zweite Chance gegeben wird – und dies unter der Zustimmung nennenswerter Teile auch jener jugendlichen Alterskohorten, die bis vor Kurzem noch als Bannerträger einer sozial-ökologischen Transformation der spätkapitalistischen Gesellschaften galten. Zum Verständnis des neuen Autoritarismus und seiner neofaschistischen Anwandlungen sind die klassischen Studien der Frankfurter Schule fraglos nach wie vor erhellend, was sich an der breiten wissenschaftlichen und medialen

Rezeption etwa der Untersuchung von Carolin Amlinger und Oliver Nachtwey zeigt (vgl. Amlinger und Nachtwey 2022).

In den Anfangsjahren hat sich das IfS allerdings eher mit dem Scheitern emanzipatorischer Bewegungen beschäftigt, und die nachfolgende empirisch-theoretische Forschung zum gesellschaftlichen Aufstieg des Nationalsozialismus und zur sozialen Wirkmächtigkeit des Antisemitismus war wie selbstverständlich getragen von dem ideellen Interesse an den emanzipatorischen Potenzialen, die solch verheerenden, vernichtenden Tendenzen zum Trotz in den gesellschaftlichen Verhältnissen aufgehoben zu sein schienen. Das möchte man, selbst wenn es zunehmend schwerfällt, auch heute hoffen. Die vielbeschworene Negativität der Kritischen Theorie jedenfalls war vor wie nach dem Zweiten Weltkrieg durchaus eine gebrochene, unentschiedene. Nicht dass ihre Protagonist:innen falschen Hoffnungen oder wohlfeilen Setzungen eines gesellschaftlichen Fortschritts aufgesessen wären – aber einen theoretischen Restoptimismus im Sinne verbleibender Chancen auf die Einrichtung besserer Verhältnisse haben sie sich doch nie nehmen lassen. Daran gilt es anzuschließen.

Du hast den Anspruch einer *öffentlichen* Soziologie. Was verstehst Du darunter? Welche Orte oder Gesprächsformate eignen sich, um Erkenntnisse kritischer Sozialforschung in der Öffentlichkeit zu verhandeln?

»Öffentliche Soziologie« oder allgemeiner »public science« wird nicht selten als bloße Frage der »Diffusion« von wissenschaftlichen Erkenntnissen und Befunden in eine als mehr oder weniger interessiert angenommene Öffentlichkeit verstanden – ein Anspruch, dem dann mit den immer gleichen Feuilletonbeiträgen der üblich-verdächtigen, in aller Regel männlichen ›öffentlichen Intellektuellen‹ Genüge getan zu sein scheint. Derlei Eingriffe in den zumeist ja weitgehend selbstreferentiellen »Diskurs« sind nicht das, was ich unter einer öffentlich werdenden Wissenschaft verstehe. Aus meiner Sicht geht es dabei vielmehr um den systematischen und methodisch gesicherten Abgleich von wissenschaftlichen mit alltagspraktischen Problematisierungen gesellschaftlicher Verhältnisse, bei dem tatsächlich beide Seiten im Austausch miteinander stehen und idealerweise auch beide insofern profitieren, als ihr jeweiliges Reflexionsniveau der eigenen Praxis gesteigert wird. Ein solcher Dialog zwischen wissenschaftlicher Praxis und Alltagspraxis ist äußerst voraussetzungsvoll und kann nicht »einfach mal so« ausprobiert werden.

In einem frühen Text zur Neuausrichtung des Instituts, der von den Gralshütern der Tradition unter anderem wegen seines vermeintlich ›woken‹ Plädoyers für einen erweiterten Bezugsrahmen kritischen Theoretisierens gescholten wurde, habe ich mit Blick auf mögliche Formate öffentlicher Wissenschaft davon gesprochen, dass beispielsweise Momente und Motive des epischen Theaters aufgenommen werden könnten, und mir die entsprechende soziale Anordnung leicht ironisierend folgendermaßen ausgemalt (vgl. Lessenich 2022: 123): »Dann berichten, so imaginiere ich die Situation, auf der Dachterrasse des Instituts an einem lauen Sommerabend, mit allmählich abebbender Verkehrsgeräuschuntermalung und aufflackernder Hochhausbeleuchtung als Kulisse, Forscher:innen des IfS aus Fallstudien und Feldaufenthalten, von Gruppendiskussionen und Theoriereflexionen – und nicht nur die interessiert Zuhörenden, Nachfragenden und Kommentierenden, sondern auch die Berichterstattenden selbst ›erinnern sich an ihre Kämpfe vom Vormittag‹ (Brecht 1967: 49)«. Wo ich das jetzt hier neuerlich wiedergebe und selbst noch einmal lese, erscheint mir die Vorstellung nach wie vor attraktiv und gar nicht so abwegig. Vor allem was den erinnernden Austausch von Wissenschafts- und sonstigen

Arbeiter:innen über die womöglich ja einander gar nicht so unähnlichen Kämpfe in ihrem Arbeitsalltag angeht. Ich bin davon überzeugt, dass solch praktisch-dialogische Pfade beschritten werden müssten, wenn wissenschaftliches Arbeiten irgendeine weiterreichende und tiefergehende Form der gesellschaftlichen Resonanz erfahren soll.

Was bedeutet »Kritische Theorie« für Dich? Was sind für Dich die wissenschaftlichen wie politischen Anforderungen an eine materialistische Gesellschaftstheorie, vor allem mit Blick auf das IfS, in den nächsten Jahren?

Kritische Theorie bedeutet für mich, analytisch ›aufs Ganze‹ zu gehen: Den gesellschaftlichen Gesamtzusammenhang zu sehen, problematische Verhältnisse hier und da, an den verschiedensten sozialen Orten und in den unterschiedlichsten sozialen Beziehungen, in ihrer gesellschaftlichen Vermittlung zu verstehen. Kritische Theorie nimmt gesellschaftliche Produktions-, Konsum-, Arbeits-, Sorge-, Geschlechter-, Partizipations-, Repräsentationsverhältnisse als Herrschaftsverhältnisse in den Blick und begreift sie als durchdrungen und vermittelt durch die kapitalistische Verwertungs-, Ausbeutungs-, Konkurrenz-, Subjektivierungs-, Exklusions-, Verwilderungslogik. In unseren Ende 2023 veröffentlichten Forschungsperspektiven (vgl. IfS 2023) skizzieren wir eine »Krisentheorie des Funktionierenden«, die darauf abzielt, die Reproduktionsfähigkeit eines in vielfacher Hinsicht zerstörerischen gesellschaftlichen Zusammenhangs als das eigentliche Krisenphänomen der Gegenwart begreifbar zu machen. Dass es so weiter geht, so könnte man in Anlehnung an Walter Benjamin sagen, ist die Katastrophe: Was in vielen Regionen der Welt seit Langem alltagspraktische Erfahrung großer Bevölkerungsmehrheiten ist, wird nun allmählich auch in den Zentren des globalen Kapitalismus ruchbar.

Kritische Theorie zeichnet sich aber auch dadurch aus, dass sie die Gesellschaftlichkeit ihrer wissenschaftlichen Praxis, ihre eigene Bestimmtheit durch die gesellschaftlichen Verhältnisse, wahrnimmt und reflektiert. Das bedeutet, weder eine allwissende Instanz sein zu wollen noch eine neutrale Position einnehmen zu können, sondern sich selbst als eine widerwillige Agentin der – und sei es der nicht-identischen – Reproduktion des Bestehenden zu begreifen. Auch diesbezüglich finden sich in Horkheimers programmatischem Beitrag aus dem Jahr 1937 bereits grundlegende Erkenntnisse: zur Illusion wissenschaftlicher Autonomie, zum Mythos der »Wertfreiheit«, zum positivistischen Selbstbetrug einer vermeintlich apolitischen Wissenschaft. Wobei festzuhalten ist, dass auch diese Illusion, dieser Mythos, der kollektive Selbstbetrug bis heute funktionieren – und Kritische Theorie als wahlweise besserwisserisches Nörgeln oder penetrantes Schlechtmachen erscheinen lassen. Die verbreiteten Abwehrreaktionen gegen die kritisch-theoretische Negation des schlechten Gegebenen sind nachvollziehbar, allemal von Seiten der gesellschaftlich Herrschenden und sozial Privilegierten, aber auch unter der Mehrheit der Beherrschten, bei denen schon Horkheimer die unbewusste Furcht am Werk sah, die Öffnung für kritisches Denken »könnte die mühsam vollzogene Anpassung an die Realität als verkehrt und überflüssig erscheinen lassen« (Horkheimer 2020: 64).

Das verweist auf den Fluchtpunkt unserer aktuellen forschungsprogrammatischen Überlegungen, die in einer »Praxistheorie des Möglichen« münden. Hier bestehen wir auf der Einsicht, dass die fortgesetzte Funktionsfähigkeit des bestehenden Vergesellschaftungszusammenhangs eine praktische Frage ist: ob dieser nämlich tatsächlich in der Alltagspraxis der Leute am Leben erhalten wird oder eben nicht. Dass ein in vielerlei Hinsicht – von der systematischen ökologischen Verwüstung bis zum Massensterben im Mittelmeer – geradezu irrsinniges System sich halten kann, wird nur durch kollektiv-individuelle Praktiken ermöglicht. Genau deshalb aber, wegen der existenziellen Praxisbedürftigkeit dieses Systems, sind Brüche im und ein Bruch mit dem System ebenso möglich; wobei die Brüche durchaus real sind, der Bruch hingegen ein unrealisiertes Potenzial darstellt. Die zentrale wissenschaftliche und politische Anforderung an eine materialistische Gesellschaftstheorie unserer Zeit besteht meines Erachtens darin, dieses zutiefst widersprüchliche Verhältnis von unhaltbaren Zuständen, ihrer verzweifelten Aufrechterhaltung, den bereits realisierten Möglichkeiten anderer sozialer Beziehungsweisen und der irreal erscheinenden Eventualität eines radikalen Bruchs mit der gesellschaftlich herrschenden ›Irr-Rationalität‹ auszuleuchten und begreifbar zu machen. Auf der Webseite des IfS prangt in großen Lettern Horkheimers Existenzialurteil über die historisch-konkrete Gesellschaftsformation seiner Zeit: »es muss nicht so sein, die Menschen können das Sein ändern, die Umstände dafür sind jetzt vorhanden« (Horkheimer 2020: 57). Auch wenn eine bloße Wiederholung dieses Urteils heute, im Zeichen eines allerorten sich regenden neuen Faschismus, wohlfeil und unangemessen erscheinen mag, so gilt es doch, auf seiner analytischen Substanz zu bestehen. Es muss nicht so sein: Eine kritische Gesellschaftstheorie, die anderes behaupten würde, würde sich selbst und den gesellschaftlichen Verhältnissen, in denen sie sich bewegt, nicht gerecht.

Das Interview wurde von Mirko Broll und Eva Fleischmann Anfang 2024 schriftlich geführt.

Anmerkung

1 Die Fotografie findet sich etwa auf dem Cover von Gunzelin Schmid Noerrs und Willem van Reijens *Grand Hotel Abgrund. Eine Photobiographie der Frankfurter Schule* (1990).

Literatur

Adorno, Theodor W. 1970 [1966]: Negative Dialektik. Frankfurt a. M.: Suhrkamp.

Amlinger, Carolin und Oliver Nachtwey 2022: Gekränkte Freiheit. Aspekte des libertären Autoritarismus. Berlin: Suhrkamp.

Anderson, Perry 2023 [1976]: Über den westlichen Marxismus. Übers. von Reinhard Kaiser. Mit einem Nachwort von Stephan Lessenich. Berlin: Dietz.

Brecht, Bertolt 1967: Gesammelte Werke. Band 15: Schriften zum Theater 1. Hg. in Zusammenarbeit mit Elisabeth Hauptmann. Frankfurt a. M.: Suhrkamp.

Felsch, Philipp 2015: Der lange Sommer der Theorie. Geschichte einer Revolte 1960–1990. München: C.H.Beck.

Horkheimer, Max 2020 [1937]: Traditionelle und kritische Theorie. Hg. von Frieder Vogelmann. Ditzingen: Reclam.

IfS 2023: 100 Jahre IfS | Perspektiven. IfS Working Paper Nr. 20. Frankfurt a. M.: Institut für Sozialforschung. ‹www.ifs.uni-frankfurt.de/publikationsdetails/ifs-ifs-perspektiven-perspectives-perspectivas.html›.

Lessenich, Stephan 2022: Petite Auberge Aufbruch. Zu den Möglichkeitsräumen kritischer Sozialforschung heute, in: SOZIOLOGIE 51(2): 115–126.

Löwenthal, Leo 1980: Mitmachen wollte ich nie. Ein autobiographisches Gespräch mit Helmut Dubiel. Frankfurt a. M.: Suhrkamp.

Schmid Noerr, Gunzelin und Willem van Reijen 1990: Grand Hotel Abgrund. Eine Photobiographie der Frankfurter Schule. Hamburg: Junius.

Die Autor:innen

Ina Braune ist wissenschaftliche Mitarbeiterin im DFG-Projekt »Psychotherapeutische Behandlung arbeitsbezogenen Leidens in Deutschland« am Institut für Sozialforschung. Sie studierte Psychologie und Soziologie in Jena und Frankfurt am Main und promoviert zur Bedeutung von Geschlecht in (sorge-)arbeitsbezogenen Handlungsorientierungen psychotherapeutischer Fachkräfte. Zu ihren Forschungsinteressen gehören feministische Theorien, Wissenssoziologie und Methoden qualitativer Sozialforschung.

Mirko Broll ist wissenschaftlicher Mitarbeiter und Referent für Öffentlichkeitsarbeit am Institut für Sozialforschung in Frankfurt am Main. Seine Dissertation, die im Beltz Verlag erschienen ist, befasst sich mit der solidarischen Gesundheitsversorgung in Griechenland in Zeiten der Austerität. Er forscht gegenwärtig zu globalen sozialen Ungleichheiten sowie zu einer kritischen Theorie des Tourismus.

Christina Engelmann promoviert am Institut für Sozialforschung mit einer sozialphilosophischen Arbeit zur »Freiheit des Kapitals« und arbeitet zu Clara Zetkin und der proletarischen Frauenbewegung an der Justus-Liebig-Universität Gießen. Sie hat Philosophie, Soziologie, Politikwissenschaft und Germanistik in Frankfurt am Main und an der Université Paris IV-Sorbonne studiert.

Eva Fleischmann ist wissenschaftliche Mitarbeiterin und Referentin für Veranstaltungsorganisation am Institut für Sozialforschung in Frankfurt am Main. Ihre Dissertation ist im Beltz Verlag erschienen und analysiert das zivilgesellschaftliche Phänomen der ›Willkommenskultur‹ im Jahr 2015 in München. Ihre Forschungsinteressen umfassen Fragen der Migrationssoziologie und der sozialen Ungleichheit.

Sabine Flick studierte Soziologie, Politologie und Psychoanalyse in Frankfurt am Main. Nach ihrer Promotion 2012 an der Goethe-Universität Frankfurt lehrte und forschte sie an verschiedenen Instituten in Deutschland, Israel, Österreich und in den USA, unter anderem an der University of California, Berkeley, der Tel Aviv University und der Universität Graz. Inzwischen ist sie Professorin für Allgemeine Soziologie an der Pädagogischen Hochschule Freiburg. Sie ist Mitglied bei medico international und am Institut für Sozialforschung.

Anton Fromageot studiert Politische Theorie an der Goethe-Universität Frankfurt mit einem Schwerpunkt auf kritischer Migrationsforschung und internationaler politischer Ökonomie. Dazu ist er in der Klimagerechtigkeitsbewegung sowie zum Zusammenhang von Rassismus und Wohnungslosigkeit politisch aktiv.

Lukas Geisler studiert Politische Theorie an der Goethe-Universität Frankfurt. Er ist Mitherausgeber des Sammelbandes *Organisierte Halbbildung. Studieren 25 Jahre nach der Bologna-Reform* und veröffentlicht unter anderem in *nd.DieWoche*, der *Frankfurter Rundschau* und in der Zeitschrift *LuXemburg. Gesellschaftsanalyse und linke Praxis*. Bei »End Fossil: Occupy!« und dem Kollektiv »Die Druckerei für Alle!« ist er für Presse- und Öffentlichkeitsarbeit zuständig.

Gianna Gumgowski studiert Politische Theorie an der Goethe-Universität Frankfurt mit einem Schwerpunkt auf (Post-) Operaistische Theorien, kritische Migrationsforschung und Neuen Materialismus. In Frankfurt ist sie aktivistisch an politischen Auseinandersetzungen für eine klimagerechte, soziale und selbstverwaltete Gestaltung der Stadt beteiligt.

Lisa Yashodhara Haller studierte Politikwissenschaft an der Freien Universität Berlin und der Philipps-Universität Marburg. Sie wurde an der Universität Kassel zur Frage nach staatlichen Einflussfaktoren auf die Arbeitsteilung junger Eltern promoviert. Aktuell befasst sie sich mit den Vermittlungszusammenhängen zwischen der staatlichen Steuerung der kapitalistischen Wirtschaft und vermeintlich privaten Entscheidungen des Alltags. Als Autorin schreibt sie rund um das Thema Elternschaft, Kapitalismus, Sozialpolitik und Feminismus.

Alexander Herold studierte Soziologie und Politikwissenschaft in Frankfurt am Main, Marburg und Madrid. Er ist Mitarbeiter im DFG-Projekt »Psychotherapeutische Behandlung arbeitsbezogenen Leidens in Deutschland« am Institut für Sozialforschung. In seiner Promotion fokussiert er auf die Deutungen und Normierungen von Klasse durch die Behandler:innen in psychosomatischen Kliniken.

Janina Hirth ist Politikwissenschaftlerin und Arbeitssoziologin. Sie arbeitet am Referat Chancengleichheit und Diversity an der Frankfurt University of Applied Sciences. Bei »tie« ist sie vor allem aktiv im ExChains-Netzwerk und in der europäischen Vernetzung von gewerkschaftlichen Akteuren.

Alexander Kern promoviert am Institut für Sozialforschung und an der Goethe-Universität in Frankfurt am Main. Am Fall der spanischen Exklave Melilla forscht er qualitativ und ethnografisch zur Produktion sozialer Ungleichheit. Zuvor studierte er Philosophie, Soziologie und Volkswirtschaftslehre in Frankfurt am Main und an der University of Toronto.

Geoffroy de Lagasnerie ist Philosoph und Soziologe und lehrt als Professor an der École nationale supérieure d'arts de Cergy-Pontoise. Er meldet sich regelmäßig politische Fragen betreffend in der französischen Öffentlichkeit zu Wort.

Martin Lechner ist gelernter Informatiker und studierte Politische Theorie an der Goethe-Universität Frankfurt und der Technischen Universität Darmstadt. Er koordiniert bei »tie« das internationale Wein-Netzwerk von Beschäftigten in der südafrikanischen Agrarindustrie und im Lebensmittelhandel.

Stephan Lessenich ist Professor für Gesellschaftstheorie und Sozialforschung an der Goethe-Universität und Direktor des Instituts für Sozialforschung in Frankfurt am Main. Seine jüngste Buchveröffentlichung *Nicht mehr normal. Gesellschaft am Rande des Nervenzusammenbruchs* erschien 2022 bei Hanser Berlin.

Robin Mohan ist wissenschaftlicher Mitarbeiter am Institut für Sozialforschung und arbeitet dort an dem Forschungsprojekt »Krankenhauspflege im gesellschaftlichen Wandel. Organisationale Dynamiken der Auf- und Abwertung einer Care-Arbeit«. 2018 promovierte er an der Goethe-Universität Frankfurt mit der bei transcript erschienenen soziologischen Arbeit *Die Ökonomisierung des Krankenhauses. Eine Studie über den Wandel pflegerischer Arbeit.*

Janina Puder ist Soziologin und promovierte zur Überausbeutung migrantischer Arbeitskräfte in der südostasiatischen Palmölindustrie an der Friedrich-Schiller-Universität Jena und forschte unter anderem in Argentinien, Indonesien und Malaysia. Als wissenschaftliche Mitarbeiterin war sie an den Universitäten in Jena und Duisburg tätig. Aktuell forscht sie an der Universität Kassel zu Ökologie, Arbeit und Migration.

Ihre Forschungsschwerpunkte umfassen unter anderem Kapitalismus- und Klassentheorie, Arbeit und Ökologie sowie sozial-ökologische Transformation und Arbeitsmigration.

Lena Reichardt studierte Sozialwissenschaften, insbesondere Soziologie, psychoanalytisch fundierte Sozialpsychologie und Politikwissenschaften in Hannover sowie Gesellschaftstheorie in Jena. Seit Dezember 2021 arbeitet sie als wissenschaftliche Mitarbeiterin am Institut für Sozialforschung in Frankfurt am Main. Dabei liegen ihre Forschungsinteressen auf Kritischer Gesellschaftstheorie und der politischen Ökonomie von Sorge(-Arbeit).

Sarah Speck ist Professorin für Soziologie mit dem Schwerpunkt Frauen- und Geschlechterforschung an der Goethe-Universität sowie Mitglied des Kollegiums und stellvertretende Direktorin des Instituts für Sozialforschung in Frankfurt am Main. Derzeit befasst sie sich unter anderem mit dem Wirken von Frauen am IfS und ist Mitherausgeberin des demnächst in *IfS Aus der Reihe* erscheinenden fünften Bandes *Im Schatten der Tradition. Eine Geschichte des IfS aus feministischer Perspektive.*

Jenny Stupka promoviert an der Freien Universität Berlin zu einer politischen Kritik privaten Eigentums. Sie beschäftigt sich dafür unter anderem mit Ontologie und Ästhetik von Widerständen gegen Privateigentum. Sie ist seit 2017 Mitglied der Initiative »Deutsche Wohnen & Co enteignen« und arbeitet dort in der Öffentlichkeitsarbeit.

Institut für Sozialforschung
Senckenberganlage 26
60325 Frankfurt am Main
www.ifs.uni-frankfurt.de

Gegründet und eröffnet in den Jahren 1923/24, steht das Institut für Sozialforschung (IfS) seither für eine kritische Theorie der Gesellschaft, die den herrschenden sozialen Verhältnissen den Spiegel ihrer uneingelösten Möglichkeiten vorhält. Es begreift sich als ein Ort kooperativer, öffentlicher und intervenierender Gesellschaftswissenschaft.

IfS Aus der Reihe: Die 2022 initiierte Publikationsreihe umfasst Reflexionen und Interventionen in gesellschaftstheoretischer Absicht. Hier werden die pluralen wissenschaftlichen Diskussionsprozesse aus den Arbeitskreisen, Workshops und aus anderen Kontexten des Instituts für Sozialforschung (IfS) einer breiteren Öffentlichkeit zugänglich gemacht. In der Konzeption und Produktion von *IfS Aus der Reihe* spiegelt sich auch die kooperative Arbeitsweise am Institut wider. Die Beiträge der Bände stehen in der Tradition des Essays als freier und offener Form. Eine Reihe außer der Reihe eben.

Reihengestaltung: Lena Haubner, Weimar
Satz: Bertz + Fischer GbR
Schriften: Theinhardt und Utopia Std
Druck und Bindung: UAB Standart Impressa, www.standart.lt, Vilnius, Litauen

Franz-Mehring-Platz 1
10243 Berlin
www.bertz-fischer.de

ISBN 978-3-86505-853-9

Gesellschaften unter Handlungszwang

Klimawandel, Armutsmigration, Krieg: Wir stehen vor einer ganzen Reihe existenzieller Probleme, die spätmoderne Gesellschaften ebenso herausfordern wie deren Gesellschaftswissenschaften – und beide allem Anschein nach überfordern. Der Band fragt danach, wie der Problemschwere zunächst wissenschaftlich, sodann aber auch gesellschaftlich überhaupt Rechnung zu tragen wäre: Was bräuchte es, um den existenziellen Charakter von Problemen zu realisieren, also zum einen zu erkennen, zum anderen aber auch zur Leitlinie des eigenen Handelns zu machen? Was verhindert die so verstandene Realisierung der großen Fragen unserer Zeit? Und wie wäre es um die überkommenen Formen gesellschaftlicher Normalitätsproduktion bestellt, wenn existenzielle Probleme als solche anerkannt und angegangen würden? Das Buch ist als Debattenband konzipiert, in dem die Herausgeber auf kritische Repliken zu ihren jeweiligen Positionen gemeinsam Stellung beziehen.
Mit Beiträgen von Christine Hentschel, Susanne Krasmann, Henning Laux, Stephan Lessenich und Thomas Scheffer.

Stephan Lessenich / Thomas Scheffer (Hg.)
Gesellschaften unter Handlungszwang.
Existenzielle Probleme, Normalität und Kritik
IfS Aus der Reihe 2
128 Seiten | Paperback, 11 x 17 cm | € 15,- [D]